清明上河图（局部）

朱元璋像

朱棣像

《步辇图》局部

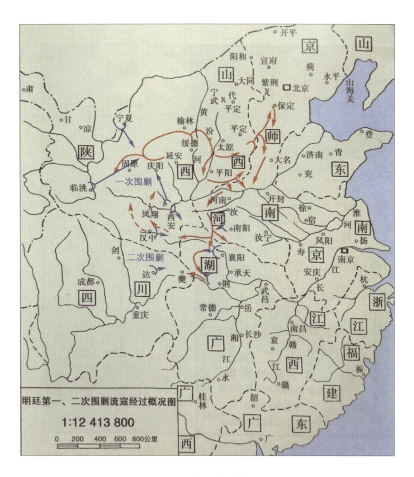

明廷第一、二次围剿流寇经过概况图

第一軍司令部附各將校

清朝时期日军军官合影

光绪像

袁世凯像

LISHI DE
JINGZI

# 历史的镜子

吴　晗／著

李慧泉／编

民主与建设出版社

·北京·

**图书在版编目（CIP）数据**

历史的镜子 / 吴晗著；李慧泉编. -- 北京：民主
与建设出版社，2024.2
ISBN 978-7-5139-4389-5

Ⅰ.①历… Ⅱ.①吴… ②李… Ⅲ.①史学—研究
Ⅳ.①K0

中国国家版本馆CIP数据核字（2023）第191470号

## 历史的镜子
LISHI DE JINGZI

| | | |
|---|---|---|
| 著　者 | 吴　晗 | |
| 编　者 | 李慧泉 | |
| 责任编辑 | 刘树民 | |
| 封面设计 | 宋双成 | |
| 出版发行 | 民主与建设出版社有限责任公司 | |
| 电　话 | （010）59417747　59419778 | |
| 社　址 | 北京市海淀区西三环中路10号望海楼E座7层 | |
| 邮　编 | 100142 | |
| 印　刷 | 三河市天润建兴印务有限公司 | |
| 版　次 | 2024年2月第1版 | |
| 印　次 | 2024年2月第1次印刷 | |
| 开　本 | 880毫米×1230毫米　1/32 | |
| 印　张 | 12 | |
| 字　数 | 238千字 | |
| 书　号 | ISBN 978-7-5139-4389-5 | |
| 定　价 | 55.00元 | |

注：如有印、装质量问题，请与出版社联系。

# 目 录

**附　录**

政治篇

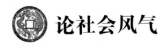# 论社会风气

宋人张端义在他所著的《贵耳集》中有一段话：

古今治天下多有所尚，唐虞尚德，夏尚功，商尚老，周尚亲，秦尚刑法，汉尚材谋，东汉尚节义，魏尚辞章，晋尚清谈，周隋尚族望，唐尚制度文华，本朝尚法令议论。

把每一个时代的特征指出。"尚"从纵的方面，可以说是时代精神，从横的方面，可以说是社会风气。

一时代有它的特殊时代精神、社会风气，也就是有所"尚"，这是合乎历史事实的。成问题的是所尚的"主流"，是发端于"治天下者"？是被治的下层民众？是中间阶层的士大夫集团？

就历代所"尚"而说，三代渺远，我们姑且搁开不说，秦以下的刑法、材谋、节义、辞章、清谈、族望、制度文华、法令议论，大体上似乎都和小百姓无干，治天下者的作用也只是推波助澜，主流实实在在发于中层的士大夫集团，加以上层的提倡，下层的随和，才会蔚为风气，磅礴一世。不管历史对所"尚"的评价如何，就主流的发动而论，转变社会风气，也就是所谓移风易俗，只有中层的士大夫集团才能负起责任。

就上述的所"尚"而论，有所"尚"同时也有所弊。社会风气的正常或健全与否，决定这一社会人群的历史命运，往古

如此，即在今日也还是如此。例如秦尚刑法，其弊流为诽谤之诛，参族之刑，残虐天下，卒以自灭。东汉尚节义，固然收效于国家艰危之际，可是也造成了处士盗虚声，矫名饰行，欺世害俗的伪孝廉、伪君子。晋尚清谈，生活的趣味是够条件了，其弊流为只顾耳目口腹的享受，忘掉国家民族的安危。王夷甫一流人的死是不足塞责的。周隋尚族望（唐也还未能免此），流品是"清"了，黄散令仆子弟的入仕，都有一定的出身。谱牒之学也盛极一时，可是用人唯论门第，不责才力，庸劣居上位，才俊沉下品，政治的效率和纲纪也就谈不到了。高门子弟坐致三公，尽忠于所事的道德也当然说不上了。宋尚法令议论，史实告诉我们，宋代的敕令格式，一司一局的海行往往一来就是几百千卷，结果是文吏疲于翻检，夤缘为奸。议论更是不得了，当靖康艰危之际，敌人长驱深入，政府群公还在议战、议和、议守、议逃，议论未决，和战未定，敌人已经不费一兵一卒渡过了黄河进围开封了。饶是兵临城下，还是在议论和战，和战始终不决，战也不能战，和也和不了，终于亡国。

史实明明白白地告诉我们，社会风气所尚的正面，给一群特殊人物以方便，尚族望的给高门子弟以仕进的优先权，尚法令议论的给文墨之士以纵横反覆的际会。反面呢，寒士拮据一生，终被摈斥于台阁之外，国民杀敌破家，不能于国事置喙一字，他们的血是无代价地被这群人所牺牲了。

从历史上的社会风气的正反面，来衡量近三十年来的变局，也许可以给我们一个反省的机会。

最近三十年间的变革，不能不归功于致力新文化运动的先辈，他们负起了转移社会风气的责任。举具体的例子来说，他们把人从旧礼教旧家庭之下解放出来，他们打倒了父母之命媒妁之言的买卖式婚姻，妇女再嫁和离婚已不再成为社会的话柄。受之父母的头发给剪掉了，缠足解放了。诘屈难解的文言代替以明白易懂的白话，对于旧的传说和史实重新予以科学的评价，传统的经典也从语言学比较文字学各方面予以新的意义。他们也介绍了西洋的新思想，民主与科学，奠定了新时代的学术风气，综合地说明这时期的社会风气，可以说是所尚在"革"。

反面呢？破坏了旧的以后，新的一套还不曾完备地建设起来，小犊偾辕，前进的青年凭着热情、毅力，百折不回地着手建设所憧憬的乐园，他们不顾险阻，不辞劳瘁，继续前进，要完成新文化运动所启示的后果，结局是遇到障碍，时代落在他们的后面。他们的血汇合起来成为一条大河，滋润后一代人的心灵，给史家以凭吊的资料。

这一转变正在继续迈进中，光明已经在望了，突然爆发了不甘奴役的抗战，前后经过了十四年的艰苦挣扎，创造了新的时代精神，前一时期的思想的解放，于此转变为整个民族的解放了。

十四年来的抗战，完成了民族统一的伟业，提高了国际地位，就对外的同仇敌忾这一点来说，我们做到了史无前例、全国人民一心一德的地步。可是就对内方面说，似乎过度动荡紧张的情绪，使整个社会失去了常态，"人"重新归纳在民族抗战的前提之下，前一时期所破坏的对象，又以另一姿态出现，另一名词出现了。近几年来随着不正常的物价狂跌，安居乐业的悠闲趣味已被生存问题所威胁，随之社会风气也起了重大的空前的变化，这变化根本变化了个人的思想信仰，被变化了的人所做的不正常的活动，也根本促进社会风气的再变化，循环激荡，互相因果，变化的痕迹有线索可寻，病象也极明白，举目前能够看出来而又可说的大概有几方面：

第一是过去造成社会风气的主流，所谓中层集团的渐趋消灭。这集团包括曾受教育的智识分子和小有产者。在历史上这个集团的政治意识是最保守的，下层民众的叛乱，多由这个集团负责任压制和敉平，元末豪族之抵抗香军，清代后期曾、胡、左、李诸人之对抗太平天国即是著例。这七八年来，这集团的人一小部分离开原来的岗位，长袖善舞，扶摇直上，爬到上层去了。大部分人则被自然所淘汰，固定的收入减为战前的百分之四，终日工作所得不及一引车卖浆者流，失去产业，失去过去可以自慰的优越感，鸠形鹄面，捉襟露肘，儿女啼饥号寒，甚至倒毙路旁，冤死床笫，被推落在下层。中间阶层将被肃清了。以后会只剩了上层和下层，一富一贫，形成鲜明的对比。

第二是道德观念的改变。前一时代的社会舆论，所称扬的是有才有能的人（这类人虽然事实上并不很多），并不一定以财富为标准，著名的贪官污吏，军阀劣绅，虽然满足于个人生活的享受，却也还知道清议可畏，不敢用圣经贤传的话来强自粉饰。现在则正好相反，能弄钱和赚钱最多的是合乎生存条件的优胜者，社会并不追问他的钱是由于贪污，由于走私，由于囤积，只要腰缠万贯，即使是过去不齿于乡党的败类，也可遨游都市，号为名流，经商入仕，亦商亦官，无不如意。至于遵守法纪，忠心职业的人，不是被排挤，就是困死病死，即使不死，也永远无声无臭，得不到社会的尊敬，更得不到朋友的同情、乡党的称誉。道德的观念，因社会的变革而需要重新估价了。

第三是职业的混淆与贪污。就几年来的见闻，靠固定收入来维持生活的人，逼于环境，非兼差或兼业不能生存，有人甚至于同时兼任三四个机关有给的职务，或者兼管有倍蓰利润的商业，不但学商不分，工商不分，连官商也不分了。东边画卯，西边报到，日夜奔波，以正业为副业，敷衍了事，以兼业为本分，全神贯注，习与性成，以为天经地义，无可非议。不但做事效率无从谈起，单就各行各业各机关的人事异动来说，人人都存三日京兆之心，随时都准备作乔迁之计，人不安业，业也不能择人，社会的国家的损失，在这种职业的混淆和流动之下，简直是不可以数字来计算。更进一步，若干败类借口于收入不足以赡家养身，公开收受贿赂，营私舞弊，破法坏法，贪污成为风气，置国法清议于不顾，大官小官，都成利薮，大事小事，尽是财源，上行下效，惘然不知廉耻之为何物，这种不正常的现象如不纠正，未来的建国大业，恐怕会有无从下手的困难。

就以上所指出的几方面，综合起来，就历史系统而强为归纳，这时期所尚的恐怕是"利"！美名之为拜金主义。这是一个可怕的病态，比敌人的侵略更可怕的病症。目前如不努力设法转变，用社会的力量来移风易俗，则抗战虽然胜利，恐怕我们的损失将会比失败更为可怕。

##  论贪污

古语说："无敌国外患者国恒亡。"这是历代相传的名言，颠扑不破的真理。其实，征之于过去的史实，这句话还可引申为："内政修明而有敌国外患者国必不亡！""内政不修而无敌国外患者国恒亡"。

内政不修的含义极广，举实例说明之，如政出多门，机构庞冗，横征暴敛，法令滋彰，宠佞用事，民困无告，货币紊乱，盗贼横行，水旱为灾等等都是，而最普遍最传统的一个现象是贪污。这现象是"一以贯之"，上述种种实例都和她有母子关系，也可以说贪污是因，这些实例是果。有了这些现象才会有敌国外患，反之如政治修明，则虽有敌国外患也不足为患。

贪污这一现象，假如我们肯细心翻读过去每一朝代的历史，不禁令人很痛心地发现"无代无之"，竟是与史实同寿！我们这时代，不应该再讳疾忌医了，更不应该蒙在鼓里夜郎自大了。翻翻陈账，看看历代覆亡之原，再针对现状，求出对症的药石，也许可以对抗建大业有些小补。

一部二十四史充满了贪污的故事，我们只能拣最脍炙人口的大人物举几个例，开一笔账，"豺狼当道，安问狐狸！"下僚小吏，姑且放开不谈。

过去历史上皇帝是国家元首，皇帝的宫廷财政和国家财政向来分开，但是有时候皇帝昏乱浪费，公私不分，以国产为私产，恣意挥霍，闹得民穷财尽，这种情形，史不绝书。最奇的是皇帝也有贪污的，用不正当的方法收受贿赂，例如汉灵帝和明神宗。汉灵帝为侯时常苦贫，及即位后，每叹桓帝不能作家居，曾无私钱，故卖官聚钱，以为私藏。光和元年（公元178）初开西邸卖官，二千石二千万，四百石四百万，公千万，郎五百万，富者先入钱，贫者到官然后倍输。崔烈入钱五百万拜司徒，拜日天子临轩，百僚毕会。灵帝忽然懊悔，和左右说，这官卖得上当，那时只要稍为揸住一下，他会出一千万的。大将如段颍、张温虽然有功，也还是用钱买，才能作三公。又收天下之珍货，每郡国贡献，先输内廷，名为导引费。又税天下田亩什钱修宫室，内外官迁除都先到西园讲价钱，大郡至二三千万，付了钱才能上任，关内侯值钱五百万。他把国库的金钱缯帛取归内府，造万金堂贮之，藏不下的寄存在小黄门常侍家。黄巾乱起，卒亡汉社。无独有偶，一千四百年后的明神宗也是爱钱胜过爱民的皇帝，他要增值私产，到处派太监榷税采矿，大珰小监，纵横绎骚，吸髓饮血，以供进奉，有的称奉密旨搜金宝，募人告密，有的发掘历代陵寝，豪夺民产，所至肆虐，民不聊生，大小臣工上疏谏止的一概不理，税监有所纠劲的却朝上夕报,立得重遣。结果内库虽然金银山积,民间却被逼叛乱四起,所遣税监高淮激变于辽东,梁永激变于陕西,陈奉激变于江夏,李奉激变于新会,孙隆激变于苏州,杨荣激变于云南,刘成激变于常镇,潘相激变于江西,瓦解土崩,民流政散,甚至遣使到菲律宾采金,引起误会,侨民被杀的至二万五千人,国库被挪用空乏,到了外患内乱迭起、无可应付时,请发内库存金,却靳靳不肯,再三催讨,才勉强发出一点敷衍面子。他死后,不过二十多年,明朝就亡国了,推原根本,亡国的责任应该由他的贪污行为负责。

**明神宗像**

皇后贪污亡国的,著名的例子有五代唐庄宗的刘后。刘后出身寒微,既贵,专务蓄财,薪蔬果茹,都贩鬻充私房,到了做皇后时四方贡献，分作两份，一上天子，一上中宫，又广收货赂，营私乱政，宫中宝货山积，皇后的教和皇帝的制敕并行，藩镇奉之如一。邺都变起后，仓储不足，军士有流言，政府请发内库金帛给军，庄宗要答应，她却说自有天命，不必理会。大臣再三申论，她拿出妆具和三个银盆，又叫三个皇子出去说，人家说宫中蓄积多，不知都已赏赐完了，只留下这些，请连皇子卖了给军士罢。到庄宗被弑后，她却打叠珍宝驮在马鞍上，首先逃命。余下带不走的都被乱军所得。

大臣贪污乱国的更是指不胜屈，著例如唐代的杨国忠、元载，宋代的秦桧、贾似道，明代的严嵩，清代的和珅。史书记元载籍没时单胡椒一项就有八百斛，钟乳五百两。严嵩的家产可支军饷数年，籍没时有黄金三万余两、白银二百余万两，其他珍宝不可胜计。隐没未抄的不可计数。和珅的家产可以供给全国经费二十年，以半数就够付清庚子赔款。

太监得君主信任的，财产的数目也多得惊人。例如明代的王振，籍没时有金银六十余库，玉盘百，珊瑚高六七尺者二十余株。刘瑾擅权不过六七年，籍没时有大玉带八十束，黄金二百五十万两，银五千万余两，其他珍宝无算。

一般官僚的贪污情形，以元朝末年作例。当时上下交征，问人讨钱，各有名目，所属始参曰拜见钱，无事白要曰撒花钱，逢节曰追节钱，生辰曰生日钱，管事而索曰常例钱，送迎曰人情钱，勾追曰赍发钱，论诉曰公事钱。觅得钱多曰得手，除得州美曰好地，补得职近曰好窠。遇事要钱，成为风气，种下了亡国的祸根。

武人的贪污在历史上也不能例外，有个著名的故事说，五代时有一个军阀被召入朝，百姓喜欢极了，说是从今拔去眼中钉了，不料这人在朝廷打点花了大钱，又回旧任，下马后即刻征收"拔钉钱"。又有一军阀也被召入朝，年老的百姓都摸摸胡子，会心微笑，这人回任后，也向百姓要"摸胡子钱"。

上下几千年，细读历史，政简刑清，官吏廉洁，生民乐业的时代简直是黄钟大吕之音，少得可怜。史家遇见这样稀觏的时代，往往一唱三叹，低徊景仰而不能自已。

历朝的政治家用尽了心力，想法子肃清贪污，树立廉洁的吏治，不外两种办法，第一种是厚禄，他们以为官吏之所以不顾廉耻，倒行逆施，主要原因是禄不足以养廉，如国家所给俸禄足够生活，则一般中人之资，受过教育的应该知道自爱。如再违法受赃，便是自暴自弃，可以重法绳之。第二种是严刑，国家制定法令，犯法的立置刑章，和全国共弃之。前者例如宋，后者例如明初。

宋代官俸最厚，京朝官有月俸，有春冬服（绫绢绵），有禄粟，有职钱，有元随傔人衣粮、傔人餐钱。此外又有茶酒厨料之给，薪蒿炭盐诸物之给，饲马刍粟之给，米面羊口之给。外官则别有公用钱，有职田。小官无职田者别有茶汤钱，给赐优裕，入仕的人都可得到生活的保障，不必顾念身家，一心一意替国家做事。一面严刑重法，凡犯赃的官吏都杀无赦，太祖时代执法最严，中外官犯赃的一定弃市。太宗时代也还能维持这法令，真宗时从轻改为杖流海岛。仁宗以后，姑息成风，吏治也日渐腐败，和初期的循良治行不可同日而语了。明代和宋代恰好相反，明太祖有惩于元代的覆败，用重刑治乱国，凡贪官污吏重则处死，轻也充军或罚作苦工，甚至立剥皮之刑，一时中外官吏无不重足屏息，奉公畏法，仁宣两代继以宽仁之治，一张一弛，倒也建设了几十年的清明政治。正统以后，情形便大不相同了，原因是明代官俸本来不厚，洪武年代还可全支，后来便采用折色的办法，以俸米折钞，又以布折俸米，朝官每月实得米不过一二石，外官厚者不过三石，薄的一石二石，其余都折钞布，钞价贬值到千分之二三，折算实收一个正七品的知县不过得钱一二百文。仰无以事父母，俯无以蓄妻子，除了贪污，更无别的法子可想。这情形政府当局未尝不了解，却始终因循敷衍，不从根本解决，上下相蒙，贪污成为正常风气，时事也就不可问了。

由于上述两个例子，宋代厚禄，明初严刑，暂时都有相当效果，却都不能维持久远。（但是比较地说，宋代一般的吏治情形要比明代好一点。）原因是这两个办法只能治标，对贪污的根本原因不能发生作用。治本的唯一办法，应该从整个历史和社会组织去理解。

一直到今天为止，我们的政治，我们的社会组织，我们的文化都是以家族为本位的。在农村里聚族而居，父子兄弟共同劳作，在社会上工商也世承其业，治国平天下的道理也从修身齐家出发。孝友睦姻是公认的美德，几代同居的大家族更可以夸耀乡党。做官三辈爷，不但诰封父母，荫及妻子，连亲戚乡党也鸡犬同升。平居父诏其子，兄诏其弟以做官发财，亲朋也以此相勉，社会也以此相钦羡，"个人"在这环境下不复存在，一旦青云得路，父族、妻族、儿女、姻戚和故旧乡里都一拥而来，禄薄固不能支给，即禄厚又何尝能够全部应付，更何况上官要承迎，要人要敷衍，送往迎来，在在需钱！如不贪污非饿死冻死不可！固然过去也有清官，清到儿女啼饥号寒，死后连棺材也买不起的。也有做官一辈子，告休后连住屋也没有一间的。可是这类人并不多，一部正史的循吏传也不过寥寥十数人而已。而且打开天窗说亮话，这些人之所以做清官，只是用礼法勉强约束自己，有一个故事说某一清官对人说钱多自然我也喜欢，只是名节可畏，正是一个好例。

根据这个理解，贪污的根绝，治本的办法应该是把"人"从家族的桎梏下解放出来。个人生活的独立，每一个人都为工作而生存，人与人之间无倚赖心。从家族本位的社会组织改变为个人本位的社会组织，自然，上层的政治思想文化也都随而改变。"人"能够独立存在以后，工作的收入足够生活，法律的制裁使他不愿犯禁，厚禄严刑，交互为用，社会上有公开的舆论指导监督，政府中有有力的监察机关举劾纠弹，"衣食足而后知荣辱"，贪污的肃清当然可操左券。

（原载于《云南日报》，1943 年 11 月 14 日）

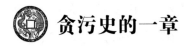# 贪污史的一章

吏治的贪污在我国整个历史上，是一个最严重、最值得研究的问题。

两个月前作者曾略举历史的例证，撰《论贪污》一文，发表于《云南日报》。在这短文中曾指出："贪污这一现象，假如我们肯细心翻读过去每一朝代的历史，不禁令人很痛心地发现'无代无之'，竟是与史实同寿！我们这时代，不应该再讳疾忌医了，更不应该蒙在鼓里夜郎自大了，翻翻陈账，看看历代覆亡之原，再针对现状，求出对症的药石，也许可以对抗建大业有些小补。"结论是，治本的办法应该是把"人"从家族的桎梏下解放出来，个人生活的独立，每一个人都为工作而生存，人与人之间无倚赖心。从家族本位的社会组织改变为个人本位的社会组织，自然，上层的政治思想文化也都随而改变。"人"能够独立存在以后，工作的收入足够生活，厚禄严刑，交互为用，社会有公开的舆论指导监督，政府中有有力的监察机关举劾纠弹，"衣食足而后知荣辱"，贪污的肃清当然可操左券。所说多属通论，意犹未尽，现在专就一个时代研究贪污的现象和背景，作为贪污史的一章。

我所挑选的一个代表时代是明朝，因为这时代离我们近，史料也较多，《明史·循吏传序》说："明太祖下逮宣仁，抚循休

息，民人安乐，吏治澄清者百余年。英武之际，内外多故，而民心无土崩瓦解之虞者，亦由吏鲜贪残，故祸乱易弭也。嘉隆以后，资格既重……庙堂考课，一切以虚文从事，不复加意循良之选，吏治既已日偷，民生由之益蹙。"陈邦彦在他的《中兴政要》书中也说："嘉隆以前，士大夫敦尚名节，游宦来归，客或询其囊橐，必嗤斥之，今天下自大吏于百僚，商较有无，公然形之齿颊，受铨天曹，得膴地则更相庆，得瘠地则更相吊。宦成之日，或垂囊而返，则群相讥笑，以为无能。士当齿学之初，问以读书何为，皆以为博科第，肥妻子而已。一行作吏，所以受知于上者非贿赂不为功，而相与文之以美名曰礼。"检《明史·循吏传》所记循吏一百二十五人，从开国到正德（公元 1368—1521）一百五十三年中有一百二十人，从嘉靖到明亡（公元 1521—1644）一百二十四年只有五人！清儒赵翼赞叹明代前期的吏治说："崇尚循良，小廉大法，几有两汉之遗风。"

其实这只是一种比较的说法，事实上嘉隆以前的贪污现象并未绝迹。举著例如洪武时代的勾捕逃军案，兵部侍郎王志受赃二十二万，盗粮案户部侍郎郭桓侵没至千万，诸司官吏系狱至数万人。成祖朝纪纲之作恶，方宾之贪赃，宣宗朝刘观之黩货，英宗朝王振之赂贿竞集，逮杲门达之勒贿乱政，宪宗朝汪直尚铭，武宗朝刘瑾、江彬、焦芳、韩福、张绥之权震天下，公然纳贿，几乎没有一个时代是不闹得乌烟瘴气的。和嘉靖以来的严嵩、魏忠贤两个时代比较，只是程度上的差异而已。假如像《循吏传》所说，前后两时期真有划然不同之点，那就是陈邦彦所指出的，前一时期，社会尚指斥贪污为不道德，一般士大夫还知道守身自爱，后一时期则贪污成为社会风气，清廉自矢的且被斥为无能。这一风气的变化是值得今日士大夫思之重思之的。

明代吏治的贪污如上举诸例，都已为学人所谂知，不必赘及，现在要说明的是一般的情形。前期如宣德朝可说这朝代的全盛时期，吏治最修明的一阶段了。宣德三年（公元1428）敕谕说："比者所司每缘公务，急于科差，贫富困于买办，丁中之民服役连年，公家所用十不二三，民间耗费，常数十倍。加以郡邑宦鲜得人，吏肆为奸，征收不时，科敛无度，假公营私，弊不胜纪，以致吾民衣食不足，转徙逃亡，凡百应输，年年逋欠，国家仓廪，月计不足。"十年后，英宗初政，三杨当国，有人上疏政府叙述地方吏治情形说："今之守令，冒牧民之美名，乏循良之善政，往往贪泉一酌而邪念顿兴，非深文以逞，即钩距之求，或假公营私，或诛求百计，经年置人于犴狱，滥刑恒及于无辜，甚至不任法律而颠倒是非，高下其手者有之，刻薄相尚而避己小嫌入人大辟者有之，不贪则酷，不怠则奸，或通吏胥以贾祸，或纵主案以肥家，殃民蠹政，莫敢谁何。"到七年后王振用事，公开地纳贿，公开地勒索，连政府仅存的一点纪纲都扫地而尽了。

到后期上下贪污相蒙，互相援引，辇毂略遗，往来如织，民苦贪残者宦称卓异，不但不为察典所黜，而且连连升擢。地方官司捕者以捕为外府，收粮者以粮为外府，清军者以军为外府，长吏则有科罚，有羡余，刑驱势逼，虽绿林之豪，无以复加。搜刮聚敛，号为常例，公开声说这钱为朝觐、为考课之用，上言之而不讳，下闻之而不惊，驯至国家颁一法令，地方兴建事业，都成为官吏的利薮，以搜刮所得经营升调，"以官爵为性命，以钻刺为风俗，以贿赂为交际，以嘱托为当然，以循情为盛德，以请教为谦厚"。萧然而来，捆载而去。即使被铨司察黜，最多也不过罢官，即使被抚按弹劾，最多也不过为民，反正良田大宅，歌儿舞女，不但自己受用，连子孙的基业也已打好，区区一官，倒也无足留恋了。

**宣德铜钱**

入仕必由科第，科场的关节，用钱买题目的技术也发现了。做官要作宰相，行贿入阁也成公开的秘密了。科名和辅相都可用金钱取得，其他的情形当然类推可知。

纳贿的技术也随时代而进步，前期孝宗时太监李广惧罪自杀，他家的账簿登载文武大臣纳贿数目的被查出，明载某人送黄米若干石，某人白米若干石，孝宗一看吓呆了说，李广能吃多少？后来才知道黄米代表金，白米代表银。后期改以雅称，号为书帕。外官和京官交际，公开有科（给事中）三道（御史）四的比例。开头还假托小书名色，列柬投递标书十册二十册，袖手授受，不让人见，有点忌讳。后来渐渐公开，由白银而黄金而珠玉，数目也逐渐增多。外官和京官出使回来的都以书帕为人情，免不得买一些新书，刻几种新书来陪奉金银珠宝。明代后期刻书之多之滥，就是这个道理。

滔滔者举世皆是也！如饮狂泉，如膺痼疾，上下男女老幼都孜孜矻矻唯利是图，唯钱是贵，不但国家民族的利益谈不到，即是家人、父子、夫妇、兄弟、朋友的感情，也以钱来决定其是否持续。

这种风气是怎样造成的？我们最好用当时人的话来说明。

第一是社会教育。读书受苦是为得科名，辛苦得科名是为做官，做官的目的是发财。由读书到发财成为一连串的人生哲学。黄省曾在《吴风录》中说："吴人好游托权要之家，家无担石者入仕二三年即成巨富。由是无不以仕为贵。而求入学庠者肯捐百金图之，以大利在后也。"谢肇淛《五杂俎》更说得明白："今之人教子读书，不过取科第耳，其于立身行己不问也。故子弟往往有登膴仕而贪虐恣睢者，彼其心以为幼之受苦，政为今日耳。志得意满，不快其欲不止也。"刘宗周也说："士习之坏也，自科举之学兴而士习日坏。明经取金紫，读易规利禄，自古而然矣。父兄之教，子弟之学，非是不出焉。士童而习之，几与性成，未能操觚，先熟钻刺，一入学校，闯行公庭。等而上之，势分虽殊，行迳一辙。以嘱托为通津，以官府为奴隶，伤风败俗，寡廉鲜耻，即乡里且为厉焉，何论出门而往？尚望其居官尽节，临难忘身，一效之君父乎？此盖已非一朝一夕之故矣。"

贪污在这种社会风气之下，习与性成，诚然，非一朝一夕之故矣！

第二是社会环境。一般读书人在得科名的一天，也就是开始负债的一天。吴应箕在他的《拟进策》里说："士始一窭人子耳。一列贤书，即有报赏宴饮之费，衣宴舆马之需，于是不得不假贷戚友，干谒有司，假贷则期报以异日，谒见则先丧其在我。黠者因之，而交通之径熟，圆巧之习成。拙者债日益重，气日益衰，盖未仕而所根柢于仕者已如此矣。及登甲榜，费且数倍，债亦如之。彼仕者即无言营立家私，但以前此之属债给于民，能堪之乎？"甚至一入仕途，债家即随之赴任，京债之累，使官吏非贪污不可。陶奭龄说："今寒士一旦登第，诸凡舆马仆从饮食衣服之类，即欲兴膏粱华腴之家争为盛丽，秋毫皆出债家。谒选之后，债家即随之而至，非盗窃帑藏，朘削闾阎，何以偿之？"周顺昌在做官后，被债主所逼，向他的亲戚诉苦说："诸亲友之索债者填门盈户，甚至有怒面相詈者。做秀才时艰苦备历，反能以馆谷怡二人，当大事。今以滥叨之故，做一不干净人，五年宦游，不能还诸债主，官之累人也多矣。"这是一个不合时代的书呆子，难怪他日后死于魏忠贤之手。

第三是政治环境。皇帝要进献，得宠的内官要贿赂，内阁要，吏部也要，有关的京官也要，上层的抚按要，知府更非多送不可，层层贿赂，层层剥削，钱一本说："以远臣为近臣府库，以远近之臣为内阁府库。"刘宗周说："一令耳，上官之诛求，自府而道，自道而司，自司而抚而按，而过客，而乡绅，而在京之权要，递而进焉，肆应不给……"举实例如刘瑾用事时，凡人觐出使官，皆有厚献。给事中周钥勘事归，以无金自杀，令天下巡抚入京受敕，输瑾赂，延绥巡抚刘宇不至，逮下狱。宣府巡抚陆完后至，几得罪，既赂乃令试职视事。上下左右都是贪污的环境，如不照样行贿，不但做不成官，反要得罪，教人如何能不贪污！

第四是政治制度。明代官俸之薄，是有史以来所少见的。宣德时朝臣月薪只给米一石，外官不过三石，原来的俸钞，因为贬值，每贯只实值二三钱。举例说正一品官月俸米八十七石，七品官米七石五斗。洪武时代官俸全给米，有时以钱钞折支，照物价钞一贯钱一千抵米一石，到后钞价日落，才增定每石米折钞十贯。正统时又规定五品以上，米二钞八，六品以下，米三钞七。后又改在外官月支本色米二石，其余俱支折色。照比例推算，正一品月俸得米十七石四斗，余折钞五百九十六贯，以贯值三钱计，合钱一千七百八十八文。外任正七品官知县实得米二石，得钞五十五贯，合钱一百六十五文。结果内外官都无以为生，朝官至于放遣皂隶，责以薪炭。正统元年（公元1436）副都御史吴讷要求增俸，举出一实例说："洪武年间京官俸全支，后因营造减省，遂为例，近小官多不能赡。如广西道御史刘准，由进士授官，月支俸米一石五斗，不能养其母妻子女，贷同官俸米三十余石，去年病死，竟负无还。"六年巡按山西监察御史曹春也上奏说："今在内诸司文臣，去家远任，妻子随行，然禄厚者月给米不过三石，禄薄者不过一石二石而已，其所折钞，急不得济，九载之间，仰事俯蓄之具，道路往来之费，亲故问遗之需，满罢闲居之用，其禄不赡，则不免移其所守，此所以陷于罪者多也。"他要求廷臣会议，酌量加俸，使其足够养廉。俸额提高以后，如仍有贪污冒法者，立置重典。可是户部以为定制难改，竟不理会。此后几十年，改折的办法虽然稍有调整，但是离生活水准还是很远，中叶以后钞已成废纸，不值一钱，政府收入的款项改为银子，但官员的薪俸折色，却还是照定制发钞，一直未改。除去上述一切情形，单就官俸说，明代的官吏贪污也是实逼使然，是环境造成的。

# 报纸与舆论

世界上的民主国家，或者多多少少有点民主气味的国家，报纸的主要任务是报道正确的消息，反映、发扬人民对于政府措施的意见、批评、指责，提出纠正，贡献意见，都是人民应有的权利。即使是战时，除掉泄露军事机密可资敌人利用这一点，国内消息照例不受检查，社评尤其无须乎送检。

民主国家有一个特点，便是多党政治。在野的政党有堂堂正正批评政府的权利，倒过来，在野党执政了，执政党在野，同样保有这权利。彼此互相批评，互相责难，一方面有权提出以事实为根据的质问，被质问的也有义务提供解释的事实，是非曲直，取决于人民的舆论，舆论所表现的工具，最主要的是报纸。

一个国家的前途，发展或停滞，向前或落后，繁荣或衰落，最好的测验器是这一个国家的报纸能不能、敢不敢代表舆论，这也是说明了这国家是为人民所统治，是为人民谋幸福，或是为少数人所统治，为少数人争权利。

拿这个尺度来权衡我国的前途，真使人感慨万端，有不知从何处说起之苦。几十年来我们沐猴而冠，事事学人家，学得都有点样子，例如人家有政府，我们也有，人家有委员会，我们也有，人家有政党，我们也有好几个，人家有报纸，我们居然也有几十百个大大小小的报纸，所不同的是我们的政府是一元的，委员会是一元的，甚至报纸也属于一元的，报纸的消息属于一元，舆论自然也无例外。

就报纸而论，国内外消息由一个机构发出，凡是对某一方面感觉不快或者不方便的，永远不会让人民知道。因之，全国的报纸具有同型的、千篇一律的、整齐的、可爱的面目。就杂志而论，新旧检查条例有十几种之多，现行的一种光是条文就有好几百条。图书杂志内容关于政治的、军事的、外交的，都必须事先送检。尽管全国人民在要求言论自由、思想自由、出版自由，政府也放宽了检查尺度，然而，在事实上，这尺度不但未曾放宽，而且更加紧加严了。社论要送检，专载要送检，甚至连通讯、书评、补白也要送检。国内政党关系不许谈，外国法西斯不许谈，连历史上几百年前的专制的黑暗也不许谈，人民的批评意见不许发表，外国的批评指责不许发表，甚至连"履春冰，蹈虎尾"一类警惕的话，也不许发表，于是，所有的报纸图书杂志，尽管种类不同，名目不同、地点不同、时间不同，内容都举一可以反三，全部相同，这不但浪费人力、物力、财力，其结果也会使人民的脑子一型化、僵化、硬化。有计划的桎梏，这国度内的人民将会重返自然，成为木石，成为猿鹿，为葛天氏之民，为无怀氏之民，为羲皇上之人！

目前的事实，是报纸杂志和舆论分了家，舆论被埋没在每一人民的胸坎中，报纸杂志离开了现实，背叛了人民，孤零零地挂在半空中，不上不下，不进不退，不左不右，不死不活，只作为这时代的一个应有的点缀品罢了。

即就单纯的报道正确消息这一点而说，举一个实例，两个月以前，昆明学术界宪政研究会所发动的昆明各界双十节纪念大会，全国报纸有哪一家曾把这一事实报道过？又如两星期前，昆明文化界包括三个大学，十几个中学，若干学术文化团体所主办的云南护国起义纪念大会，地点在云南大学，参加的好几千人，会中有行营和省府的代表演讲，有省参议会的主席演讲，有护国耆宿的演讲，会后有大规模的游行，口号是立即实行宪政，保障人民身体自由，铲除贪官污吏，保卫大西南，不但完全合理，而且是完全合法的。不但纪念会和游行的秩序非常良好，而且，这一天是国定的纪念日，中央政府在举行纪念，全国各地在举行纪念，即在昆明同一市区，同日上午省党部在举行纪念，同日晚间，官方还举行提灯大游行。然而，第二天的报纸除官方的纪念和游行大书特书而外，人民的庆祝、人民的纪念、人民的庄严而伟大的游行，却一字不见、一字不提。这一件历史事实被隐没了，被挖去了，人民的愿望被报纸封锁了，画地为牢，人民的要求被无言的威力圈禁了。这一件铁一般的事实，说明旧时代里的老话："只许州官放火，不许百姓点灯。"只消把州字代以另一个字，完全适合于当前的情景。时代在变，环境在变，可是这精神还是屹立不变，且更变本加厉。

我们禁不住要质问昆明大大小小几家报纸杂志，它们不是没有采访消息，它们不聋不盲，并非没有看见这一史实，为什么不能报道？为什么不敢报道？

我们也禁不住要对下令免登这消息的机构，提出抗议，凭哪一条法令，凭什么理由滥用权力、封锁报纸、压制舆论，以一手掩尽天下耳目？

与世无争，与人无争，是懦夫的行为，受辱不争，受害不争，是比懦夫更下一等的奴才行径，我们是懦夫，还是奴才？

我们在这样一个时代，一个被侵略、被压迫的时代，要解放自己，要解放国家，应该先以铲除这不争的恶根性开始。

我们要建设真正的民主政治、自由世界，要从报纸能尽报道批评的责任，替人民服务，用公正的舆论来监督政府，指导政府开始。

报纸与舆论的合一，应该是当前最迫切的人民的要求。

# 治人与法治

历史上的政治家经常提到的一句话是："有治人，无治法。"意思是徒法不足以为治，有能运用治法的治人，其法然后足以为治。法的本身是机械的，是不能发生作用的，譬如一片沃土，辽阔广漠，虽然土壤十分宜于种植，气候也合宜，假如不加以人力，这片地还是不能发生生产作用。假如利用这片土地的人不是一个道地有经验的农人、一个种植专家，而是一个博徒、一个游手好闲的纨绔子弟，一曝十寒，这片地也是不会有好收成的。反之，这块好地如能属于一个勤恳精明的老农，有人力，有计划，应天时，顺地利，耕耨以时，水旱有备，丰收自然不成问题。这句话不能说没有道理，就历史的例证看，有治人之世是太平盛世，无治人之世是衰世乱世。因之，有些人就以之为口实，主张法治不如人治。

反之，也有人主张："有治法，无治人。"法是鉴往失，顺人情，集古圣先贤遗教，全国聪明才智之士的精力，穷研极讨所制成的。法度举，纪纲立，有贤德的领袖固然可以用法而求治，

相得益彰，即使中才之主，也还可以守法而无过举。法有永久性，假定是环境不变的时候，法也有伸缩性，假定环境改变了，前王后王不相因，变法以合时宜所以成后王之治，法之真精神真作用即在其能变。所谓变是因时以变，而不是因人以变，至于治人则间世不多得，有治人固然能使世治，但是治人未必能有治人相继，尧舜都是治人，其子丹朱、商均却都不肖，晋武帝、宋文帝都是中等的君主，晋惠帝却是个白痴，元凶劭则禽兽之不若。假使纯以人治，无大法可守，寄国家民族的命运于不肖子白痴低能儿枭獍之手，其危险不问可知，以此，这派人主张法治，以法纲纪国家，全国人都应该守法。君主也不能例外。

就人治论者和法治论者所持论点而论，两者都有其颠扑不破的理由，也都有其论据上的弱点。问题是人治论者的治人从何产生，在世业的社会组织下，农之子恒为农，父兄之教诲，邻里之启发，日兹月兹，习与性成，自然而然会成为一个好农人，继承父兄遗业，纵然不能光大，至少可以保持勿失。治人却不同了，子弟长于深宫，习于左右，养尊处厚，不辨菽麦，不知人生疾苦，和现实社会完全隔绝，中才以上的还肯就学，修身砥砺，有一点教养，却无缘实习政事，一旦登极执政，不知典故，不识是非，任喜怒爱憎，用左右近习，上世的治业由之而衰，幸而再传数传，一代不如一代，终致家破国灭，遗讥史册。中才以下的更不用说了，溺于邪佞，移于嬖幸，骄悍性成，暴恣自喜，肇成祸乱，身死国危，史例之多，不可胜举。治人不世出，治人之子不必贤，而治人之子却依法非治国不可，这是君主世袭制度所造成的人治论者的致命打击。法治论者的缺点和人治论者一样，以法为治固然是天经地义，问题是如何使君主守法，过去的儒家、法家都曾费尽心力，用天变来警告，用人言来约束，用谏官来谏净，用祖宗成宪来劝导。可是这些方法只能诱引中才以上的君主，使之守法，对那些庸愚刚愎的下才，就无能为力了，法无废君之条，历史上偶尔有一两个例子，如伊尹放太甲，霍光废昌邑，都是不世出的惊人举动，为后来人所不敢效法。君主必须世袭，而世袭的君主不必能守法，虽有法而不能守，有法等于无法，法治论者到此也技穷而无所措手足了。

这两派持论的弱点到这世纪算是解决了，解决的枢纽是君主世袭制度的废除。就人治论者说，只要有这片地，就可以找出一个最合于开发这片地的条件的治人，方法是选举。选出的人干了几年无成绩或成绩不好，换了再选一个。治人之后必选治人相继，选举治人的全权操在这片地的全数主人手上。法治论者的困难也解决了，由全数主人建立一个治国大法，然后再选出能守法的治人，使之依法管理，这被选人如不守法，可由全数主人的公意撤换，另选一个能守法的继任，以人治，亦以法治，治人受治于法，治法运用于治人，由治法而有治人，由治人而励行法治，人治论者和法治论者到此合流了，历史上的争辩告一解决了。

就历史而论，具有现代意义的治法的成文法，加于全国国民的有各朝的法典，法意因时代而不同，其尤著者有唐律和明律。加于治国者虽无明文规定，却有习俗相沿的两句话："国以民为本，民以食为天。"现代的宪法是被治者加于治国者的约束，这两句话也正是过去国民加于治国者的约束。用这两句话来作尺度，衡量历史上的治国者，凡是遵守约束的一定是治人，是治世，反之是敌人，是乱世。这两句话是治法，能守治法的是治人。治人以这治法为原则，一切施政，以民为本，裕民以足食为本，治民以安民为本，事业以国民的利害定取舍从违，因民之欲而欲之，因民之恶而恶之，这政府自然为人民所拥戴爱护，国运也自然炽盛隆昌。

历史上的治人试举四人作例子说明，第一个是汉文帝，第二个是魏太武帝，第三个是唐太宗，第四个是宋太祖。

汉文帝之所以为治人，是在他能守法和爱民。薄昭是薄太后弟，文帝亲舅，封侯为将军，犯法当死，文帝绝不以至亲曲宥，流涕赐死，虽然在理论上他是有特赦权的。邓通是文帝的弄臣，极为宠幸，丞相申屠嘉以通小臣戏殿上大不敬，召通诘责，通叩头流血不解，文帝至遣使谢丞相，并不因幸臣被屈辱而有所偏护。至于对人民的爱护，更是无微不至，劝农桑，敦孝弟，恭俭节用，与民休息，达到了海内殷富、刑罚不用的境界。

魏太武帝信任古弼，古弼为人忠慎质直，有一次为了国事见太武帝面奏，太武帝正和一贵官围棋，没有理会，古弼等得不耐烦，大怒起捽贵官头，掣下床，搏其耳，殴其背，数说朝廷不治，都是你的罪过，太武帝失容赶紧说，都是我的过错，和他无干。忙谈正事，古弼请求把太宽的苑囿，分大半给贫民耕种，也满口答应。几月后太武帝出去打猎，古弼留守，奉命把肥马作猎骑，古弼给的全是瘦马，太武帝大怒说：笔头奴敢克扣我，回去先杀他（古弼头尖，太武帝形容为笔头）。古弼却对官属说，打猎不是正经事，我不能谏止，罪小。军国有危险，没有准备，罪大。敌人近在塞外，南朝的实力也很强，好马应该供军，弱马供猎，这是为国家打算，死了也值得。太武帝听了，叹息说："有臣如此，国之宝也。"过了几日，又去打猎，得了几千头麋鹿，兴高采烈，派人叫古弼征发五百乘民车来运，使人走后，太武帝想了想，吩咐左右曰，算了吧，笔公一定不肯，还是自己用马运吧。回到半路，古弼的信也来了，说正在收获，农忙，迟一天收，野兽鸟雀风雨侵耗，损失很大。太武帝说，果不出我所料，笔公真是社稷之臣。他不但为民守法，也为国执法，以为法是应该上下共守，不可变易，明于刑赏，赏不遗贱，刑不避亲。大臣犯法，无所宽假，节俭清素，不私亲戚，替国家奠定下富强的基础。

唐太宗以武勇定天下，治国却用文治。内举不避亲，外举不避仇，长孙无忌是后兄，王珪、魏徵都是仇敌，却全是人才，一例登用，无所偏徇顾忌，忧国爱民，至公守法。《唐史》记："上以选人多诈冒资荫，敕令自首，不首者死。未几有诈冒事觉者，上却杀之，大理少卿戴胄奏据法应流，上怒曰，卿欲守法而使朕失信？对曰，敕者出于一时喜怒，法者国家所以布大信于天下也。陛下忿选人之多诈，故欲杀之，而即知其不可，复断之以法，此乃忍小忿而全大信也。上曰，卿能执法，朕复何忧。"又："安州都督吴王恪数出畋猎，颇损居人，侍御史柳范奏

弹之，恪坐免官，削户三百。上曰，长史权万纪事吾儿，不能
匡正，罪当死，柳范曰，房玄龄事陛下，犹不能止畋猎，岂得
独罪万纪。上大怒，拂衣而入。久之，独引范谓曰：何面折我！
对曰，陛下仁明，臣敢不尽愚直，上悦。"前一事他能捐一时之
喜怒，听法官执法。后一事爱子犯法，也依法削户免官，且能
容忍侍臣的当面折辱。法平国治，贞观之盛的基础就建筑在守
法这一点上。

汉文帝像

魏太祖像

唐太宗像

宋太祖像

　　　　　　　　　　　　　　　　　　历史的镜子

宋太祖出身于军伍，也崇尚法治，《宋史》记："有群臣当迁官，太祖素恶其人不与，宰相赵普坚以为请，太祖怒曰，朕固不为迁官，卿若如何？普曰：刑以惩恶，赏以酬功，古今通道也。且刑赏天下之刑赏，非陛下之刑赏，岂得以喜怒专之！太祖怒甚起，普亦随之，太祖入宫，普立于宫门口，久之不去，太祖卒从之。"皇后弟杀人犯法，依法处刑，绝不宽贷，群臣犯赃，诛杀无赦。

从上引四个伟大的治人的例子，说明了治人之所以使国治，是遵绳于以民为本的治法，治法之所以为治，是在治人之尊重与力行。治人无常而治法有常。治人或不能守法，即有治法的代表者执法以使其就范，贵为帝王，亲为帝子，元舅后弟，宠幸近习，在尊严的治法之下，都必须奉法守法，行法从上始，风行草偃，在下的国民自然兢兢业业，政简刑清，移风易俗，臻于至治了。

就历史的教训以论今日，我们不但要有治法，尤其要有治人。治人在历史上固不世出，在民主政治的选择下，却可以世出继出。治人之养成，选出罢免诸权之如何运用，是求治的先决条件。使有治法而无治人，等于无法，有治人而无治法，无适应时宜的治法，也是缘木求鱼，国终不治。

治人与治法的合一，一言以蔽之，曰实行民主政治。

# 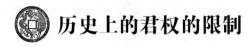 历史上的君权的限制

　　近四十年来，坊间流行的教科书和其他书籍，普遍的有一种误解，以为在民国成立以前，几千年来的政体全是君主专制的，甚至全是苛暴的、独裁的、黑暗的，这话显然有错误。在革命前后持这论调以攻击君主政体，固然是一个合宜的策略，但在现在，君主政体早已成为历史陈迹的现在，我们不应厚诬古人，应该平心静气地还原其本来的面目。

　　过去两千年的政体，以君主（皇帝）为领袖，用现代话说是君主政体，固然不错，说全是君主专制却不尽然。至少除开最后明清两代的六百年，以前的君主在常态上并不全是专制。苛暴的、独裁的、黑暗的时代，历史上虽不尽无，但都可说是变态的，非正常的现象。就政体来说，除开少数非常态的君主个人的行为，大体上说，一千四百年的君主政体，君权是有限制的，能受限制的君主被人民所爱戴。反之，他必然会被倾覆，破家亡国，人民也陪着遭殃。

　　就个人所了解的历史上的政体，至少有五点可以说明过去的君权的限制，第一是议的制度，第二是封驳制度，第三是守法的传统，第四是台谏制度，第五是敬天法祖的信仰。

　　国有大业，取决于群议，是几千年来一贯的制度。春秋时子产为郑国执政，办了好多事，老百姓不了解，大家在乡校里

纷纷议论，有人劝子产毁乡校，子产说，不必，让他们在那里议论吧，他们的批评可以作我施政的参考。秦汉以来，议成为政府解决大事的主要方法，在国有大事的时候，君主并不先有成见，却把这事交给廷议，廷议的人员包括政府的高级当局如丞相、御史大夫及公卿、列侯，二千石以至下级官如议郎、博士以及贤良、文学。谁都可以发表意见，这意见即使是恰好和政府当局相反，可以反复辩论不厌其详，即使所说的话是攻击政府当局。辩论终了时理由最充分的得了全体或大多数的赞成（甚至包括反对者），成为决议，政府照例采用作为施政的方针。例如汉武帝以来的监铁榷酤政策，政府当局如御史大夫桑弘羊及丞相等官都主张继续专卖，民间都纷纷反对，昭帝时令郡国举贤良、文学之士，问以民所疾苦，教化之要。皆对曰，愿罢监铁榷酤均输官，无与天下争利。于是政府当局以桑弘羊为主和贤良、文学互相诘难，词辩云涌，当局几为贤良、文学所屈，于是诏罢郡国榷酤关内铁官。宣帝时桓宽推衍其议为《盐铁论》十六篇。又如汉元帝时珠崖郡数反，元帝和当局已议定，发大军征讨，待诏贾捐之上疏独以为当罢郡，不必发军。奏上后，帝以问丞相、御史大夫，丞相以为当罢，御史大夫以为当击，帝卒用捐之议，罢珠崖郡。又如宋代每有大事，必令两制侍从诸臣集议，明代之内阁、六部、都察院、通政司、六科诸臣集议，清代之王大臣会议，虽然与议的人选和资格的限制，各朝不尽相同，但君主不以私见或成见独断国家大政，却是历朝一贯相承的。

封驳制度概括地说，可以分作两部分。汉武帝以前，丞相专决国事，权力极大，在丞相职权以内所应作的事，虽君主也不能任意干涉。武帝以后，丞相名存职废，光武帝委政尚书，政归台阁，魏以中书典机密，六朝则侍中掌禁令，逐渐衍变为隋唐的三省——中书、门下、尚书——制度，三省的职权是中书取旨，门下封驳，尚书施行，中书省有中书舍人掌起草命令，中书省在得到君主同意或命令后，就让舍人起草，舍人在接到词头（命令大意）以后，认为不合法的便可以缴还词头，不给起草。在这局面下，君主就得改换主意。如坚持不改，也还可以第二次、第三次发下，但舍人仍可第二次、第三次退回，除非君主罢免他的职务，否则，还是拒绝起草。著例如宋仁宗时，富弼为中书舍人封还刘从愿妻封遂国夫人词头。门下省有给事中专掌封驳，凡百司奏钞，侍中审定，则先读而署之，以驳正违失，凡制敕宣行，大事覆奏而请施行，小事则署而颁之，其有不便者，涂窜而奏还，谓之涂归。著例是唐李藩迁给事中，制有不便，就制尾批却之，吏惊请联他纸，藩曰，联纸是牒，岂得云批敕耶。这制度规定君主所发命令，得经过两次审查，第一次是中书省专主起草的中书舍人，他认为不合的可以拒绝起草，舍人把命令草成后，必须经过门下省的审读，审读通过，由给事中签名副署，才行下到尚书省施行。如被封驳，则此事便当作为罢论。这是第二次也是最后一次的审查。如两省官都能称职，坚定地执行他们的职权，便可防止君主的过失和政治上的不合法行为。从唐到明这制度始终为政府及君主所尊重，在这个时期内君权不但有限制，而且其限制的形式，也似乎不能为现代法西斯国家所接受。

法有两种，一种是成文法，即历朝所制定的法典，一种是不成文法，即习惯法，普通政治上的相沿传统属之。两者都可以纲纪政事，维持国本，凡是贤明的君主必得遵守。不能以喜怒爱憎，个人的感情来破法坏法。即使有特殊情形，也必须先经法的制裁，然后利用君主的特赦权或特权来补救。著例如汉文帝的幸臣邓通，在帝旁有怠慢之礼，丞相申屠嘉因言朝廷之礼不可以不肃，罢朝坐府中檄召通到丞相府，不来且斩，通求救于帝，帝令诣嘉，免冠顿首徒跣谢，嘉谓小臣戏殿上，大不敬当斩，史今行斩之，通顿首，首尽出血不解，文帝预料丞相已把他困辱够了，才遣使向丞相说情，说这是我的弄臣，请你特赦他，邓通回去见皇帝，哭着说丞相几杀臣。又如宋太祖时有群臣当迁官，太祖素恶其人不与，宰相赵普坚以为请，太祖怒曰，朕固不为迁官，卿若之何！普曰，刑以惩恶，赏以酬功，古今通道也，且刑赏天下之刑赏，非陛下之刑赏，岂得以喜怒专之。太祖怒甚起，普亦随之，太祖入宫，普立于宫门口，久久不去，太祖卒从之。又如明太祖时定制，凡私茶出境，与关隘不讥者并论死，驸马都尉欧阳伦以贩私茶依法赐死。（伦妻安庆公主为马皇后所生）。类此的传统的守法精神，因历代君主的个性和教养不同，或由于自觉，或由于被动，都认为守法是做君主的应有的德行，君主如不守法则政治即失常轨，臣下无所准绳，亡国之祸，跷足可待。

为了使君主不做错事，能够守法，历朝又有台谏制度。一是御史台，主要的职务是纠察官邪，肃正纲纪，但在有的时代，御史亦得言事。谏是谏官，有谏议大夫左右拾遗、补阙及司谏正言等官，分属中书门下两省（元废门下，谏职并入中书，明废中书，以谏职归给事中兼领）。台谏以直陈主夫，尽言直谏为职业，批龙鳞，捋虎须，如沉默不言，便为失职，史记唐太宗爱子吴王恪好畋猎损居人田苗，侍御史柳范奏弹之，太宗因谓侍臣曰，权万纪事我儿，不能匡正，其罪合死。范进曰，房玄龄事陛下，犹不能谏正畋猎，岂可独坐万纪乎？又如魏徵事太宗，直言无所避。若谏取已受聘女，谏作层观望昭陵，谏怠于受谏，谏作飞仙宫，太宗无不曲意听从，肇成贞观之治。宋代言官气焰最盛，大至国家政事，小至君主私事无不过问。包拯论事仁宗前，说得高兴，唾沫四飞，仁宗回宫告诉妃嫔说，被包拯唾了一面。言官以进言纠箴为尽职，人君以受言改过为美德，这制度对于君主政体的贡献可说很大。

　　两汉以来，政治上又形成了敬天法祖的信条，敬天是适应自然界的规律，在天人合一的政治哲学观点上，敬天的所以育人治国。法祖是法祖宗成宪，大抵开国君主的施为，因时制宜，着重在安全秩序保持和平生活。后世君主，如不能有新的发展，便应该保守祖宗成业，不使失坠；这一信条，在积极方面说，固然是近千年来我民族颓弱落后的主因，但在消极方面说，过去的台谏官却利用以劝告非常态的君主，使其安分，使其不做意外的过举。因为在理论上君主是最高的主宰，只能抬出祖宗，抬出比人君更高的天来教训他，才能措议，说得动听。此类的例子不可胜举，例如某地闹水灾或旱灾，言官便说据五行水是什么，火是什么，其灾之所以成是因为女谒太盛，或土木太侈，或奸臣害政，君主应该积极采取相对的办法斥去女谒，罢营土木，驱诛奸臣，发赈救民。消极的应该避殿、减膳、停乐素服，下诏引咎求直言以应天变。好在大大小小的灾异，每年各地总有一些，言官总不愁无材料利用，来批评君主和政府，再不然便引用祖宗成宪或教训，某事非祖宗时所曾行，某事则曾行于祖宗时，要求君主之改正或奉行。君主的意志在这信条下，多多少少为天与祖宗所束缚，不敢做逆天或破坏祖宗成宪的事。两千年来只有一个王安石，他敢说"天变不足畏，祖宗不足法，人言不足恤"，除他以外，谁都不敢说这话。

就上文所说，国有大事，君主无适无莫，虚心取决于群议。其命令有中书舍人审核于前，有给事中封驳于后，如不经门下副署，便不能行下尚书省。其所施为必须合于法度，如有违失，又有台谏官以近臣之地位，从中救正，或谏止于事前，或追论于事后，人为之机构以外，又有敬天法祖之观念，天与祖宗同时为君权之约束器。在这样的君主政体下，说是专制固然不尽然，说是独裁，尤其不对，说是黑暗或苛暴，以政治史上偶然的畸形状态，加上于全部历史，尤其不应该。就个人所了解，六百年以前的君权是有限制的，至少在君主不肯受限制的时候，还有忠于这个君主的人敢提出指责，提出批评。近六百年来，时代愈进步，限制君权的办法逐渐被取消，驯至以桀纣之行，文以禹汤文武之言，诰训典谟，连篇累牍，"朕即国家"和西史暴君同符。历史的覆辙，是值得读史的人深切注意的。

# 历史上的政治的向心力和离心力

历史上有若干时代，军权、政权、法权、财权一切大权，始终握于中央政府之手，各级地方政府唯唯听命，中央之于地方，犹躯干之于手足，令出必行。地方之于中央，犹众星之拱北辰，环侍唯谨。例如宋代和明代。

也有若干时代，中叶以后，大权旁落，地方政府自成单位，其强大者更是操纵中枢，形成尾大不掉之势。中枢政令只及于直属的部分，枝强干弱，失去均衡。例如汉末六朝和唐的后期、清的后期。

前者用科学的术语说，我们叫它作政治上的向心力时代，用政治上的术语说，可叫作中央集权时代。后者则是政治上的离心力时代，也可叫作地方分权时代。为避免和现代的政治术语混淆起见，我们还是用向心力和离心力这两个名词较为妥当。

要详细说明上举几个不同时代的各方面情形，简直是一部中国政治史，颇有不知从何处说起之苦，并且篇幅也不容许。我们不妨用简笔画的办法，举几个有趣的例子来说明。办法是看那个时代人愿意在中央做事，还是在地方做事，前者举宋朝作例，后者举唐朝作例。

宋承五代藩镇割据之后，由大分裂而一统。宋太祖采用谋臣赵普的主意，用种种方法收回地方的兵权、政权、法权、财权。中央直属的军队叫禁军，挑选全国最精锐的军人组成，战斗力最强，挑剩的留在地方的叫厢军，全国各地的厢军总数才和禁军的总数相等，以此在质、量两方面禁军都超过了厢军。各地方政府的长官也都直接由中央任免。地方的司法和财政也都由中央派专使，提点刑狱公事和转运使直辖。府县的长官大部分都带有在中央服务的职名，任满后仍须回中央供职，到地方做事只算是出差（差遣）。在这一个系统之下，就造成了政治上的向心力。宋代的各级官吏，都以到地方服务为回到中央供职的过程，内外虽迭用，但最后的归结还是台阁监寺以至两地。如地位已到了台阁侍从，则出任州守，便算谴谪。反之由外面内召，能到曹郎，便是美迁。"故仕人以登台阁，升禁从为显宦，而不以官之迟速为荣滞，以差遣要剧为贵途，而不以阶勋爵邑有无为轻重。"一般士大夫大多顾恋京师，轻易不肯离去阙下，叶梦得《避暑录话》下记有一则范纯仁的故事说：

范尧夫每仕京师，早晚二膳，自己至婢妾皆治于家，往往镵削，过为简俭，有不饱者，虽晚登政府亦然。补外则付之外厨，加料几倍，无不厌余。或问其故，曰：人进退虽在己，然亦未有不累于妻孥者。吾欲使居中则劳且不足，在外则逸而有余，故处吾左右者，朝夕所言，必以外为乐，而无顾恋京师之意，于吾亦一佐也。前辈严于出处，每致其意如此。

范尧夫是哲宗时的名臣名相，尚且以克削饮食的手段，来节制出处，可见当时一般重内轻外的情形。南渡后半壁江山，政治重心却仍因制度的关系，维护在朝廷，外官纷纷要求京职。

《宋会要稿》九五《职官》六〇之二九：

> 绍兴九年（1139）五月二十三日，殿中侍御史周英言：士大夫无安分效职之心，奔走权势，惟恐不及，职事官半年不迁，往往有滞淹之叹。

又一〇六《职官》七九之一二：

> 庆元二年（西元1196）十月十四日，臣僚言，近日监司帅守，到任之后，甫及半考，或几一年，观风问俗，巡历未周，承流宣化，抚字未遍，即致书当路，自述劳绩，干求朝堂，经营召命。

> 四年八月二十四日，臣僚言，比年以来，州县官吏，奔竞躁进，相师成风，嘱托请求，恬不知耻，贿赂杂沓于往来之市。汗牍旁午于贵要之门，上下玩习，不以为怪。故作县未几，即求荐以图院辖。作倅未几，即求荐以图作州。作州未几，即求荐以图特节。既得节矣，复图职名，得职名矣，复图召命。

以上二例，固然是政治的病态，却也可看出这时代向心力的程度。

再就唐代说，安史之乱是一个路标，乱前内重外轻，乱后内轻外重。乱前的府兵属于国家，乱后节镇兵强，中央衰弱。乱前官吏任免由朝廷，乱后地方多自辟僚属，墨版假授。乱前财政统一，乱后财赋有留州留使，仅上供是朝廷的收入。乱前中央官俸厚，地方官俸薄，乱后恰好相反。至于河北山东割据的藩镇，则索性一切自主，完全和中央无干。乱前士大夫多重内官，轻外职。此种风气，唐初已极显著，贞观十一年（西元

637）马周上疏即提到这问题，他说：

今朝廷独重内官，刺史县令，颇轻其选。刺史多是武夫勋人，或京官不称职始外出，边远之处，用人更轻，所以百姓未安，殆由于此。[1]

长安四年（西元704）李峤也上疏说：

安人之方，须择刺史，窃见朝廷物议，莫不重内官，轻外职，每除牧伯，皆再三披诉。比来所遣外任，多是贬累之人，风俗不澄，实由于此。[2]

神龙元年（西元705）赵冬曦也说：

今京职之不称者，乃左为外任，大邑之负累者，乃降为小邑，近官之不能者，乃迁为远官。[3]

直至开元五年（西元721）源乾曜还说：

臣窃见势要之家，并求京职，俊乂之士，出任外官，王道均平，不合如此。[4]

这种畸轻畸重的形势，深为当时有识的政治家所忧虑，唐太宗以此自简刺史，令五品以上京官举县令一人。武后时以台阁近臣分典大州，中宗时特敕内外官吏更用，玄宗时源乾曜请出近臣子弟为外官，都想矫正这种弊端。不过全无用处，外官之望京职，有如登仙。《新唐书·倪若水传》：

开元初为中书舍人，尚书右丞，出为汴州刺史……时天下久平，朝廷尊荣，人皆重内任，虽自冗官擢方面，皆自谓下迁。班景倩自扬州采访使入为大理少卿，过州，若水饯于郊，顾左右曰：班公是行若登仙，吾恨不得为驺仆！

等到"渔阳鼙鼓动地来"，胡笳一声，立刻把这一种向心力转为相反的离心力。《新唐书·李泌传》说：

贞元三年（西元787）……时州刺史月俸至千缗，方镇所取无艺，而京官禄寡薄。自方镇入至八座，至谓罢权。薛邕由左丞贬歙州刺史，家人恨降之晚。崔祐甫任吏部员外，求为洪州别驾。使府宾，佐有所忤者，荐为郎官，其迁台阁者，皆以不赴取罪去。泌以为外太重，内太轻，乃请随官闲剧，倍增其俸，时以为宜。而窦参多沮其事，不能悉如所请。

元和时（西元806-820）李鄘为淮南节度使，内召做相，至祖道泣下，固辞不就。《新唐书》本传：

吐突承璀数称荐之，召拜门下侍郎同中书门下平章事。鄘不喜由宦幸进，及出，祖乐作，泣下谓诸将曰：吾老安外镇，宰相岂吾任乎？至京师，不肯视事，引疾固辞。

这情形恰好是乱前乱后绝妙的对照。士大夫都营求外任，不肯赴阙，人才分散在地方，政府无才可用，末期至用朱朴、郑綮做相，"履霜坚冰至"其由来也渐矣。

明代政治组织较前代进步，内阁决大政，六部主庶务，都督府司兵籍，都察院司弹劾监察，官无虚设，职与事符。并且卫军全属于国家，地方无私兵。地方政府的组织也较前代简单而严密，严格说只有府县两级，均直属中央。原来的三司（布政使司，按察使司，都指挥使司）皆带使名，以中央官外任，后来增设巡抚，也是以中央大员出巡。总督主两省以上的军务，事定即罢。士大夫以内召为宠命。诏书一下，全国上下奉行唯谨。清代因承明制，却有一部分没有学到家，总督军务成为地方常设的经制的疆吏，权限过大过重，前期国势强盛，尚可以一纸命令节制调动。中叶以后，八旗军力衰弱，代以绿营，洪杨乱起，绿营不能用，复代以练勇。事定后，各省疆吏拥兵自重，内中淮军衍变为北洋系，犹自成一系统，潜势力可以影响国政，义和团乱起，南方各省疆吏竟成联省自立的局面。中央政令不行，地方形同割据。革命起后，北洋系的军人相继当国，形成十六年割据混战的局面。在这期间内，政治上的离心力大过向心力，一般智识分子，多服务于地方，人才分散。我们回顾这两千年的专制政治，无论向心或者离心，都是以独夫之心，操纵数万万人之事。而历朝皇帝，都生怕天下把得不稳，于是大量引用戚族，举全国人的血汗，供一家之荣华富贵，荒淫奢侈。自今而后，我们需要向心，我们更需要统一，但我们必须向心于一个民主的政权，我们必须统一于一个民主的政府之下。

 注　释

[1]《唐会要》六八《刺史》上。
[2]《唐会要》六八《刺史》上。
[3]《唐会要》六八《刺史》上。
[4]《唐会要》五三。

# 说 士

现代词汇中的军人一名词，在古代叫作士，士原来是又文又武的，文士和武士的分立，是唐以后的事。

在春秋时代，金字塔形的统治阶级，王诸侯大夫以下的阶层就是士，士和以上的阶层比较，人数最多，势力也最大。其下是庶民和奴隶，是劳动者，是小人，应该供养和侍候上层的君子。王诸侯大夫都是不亲庶务的，士介在上下层两阶级之间，受特殊的教育，在平时是治民的官吏，在战时是战争的主力。就上层的贵族阶级说，是维持治权的唯一动力，王诸侯大夫如不能得到士的支持，不但政权立刻崩溃，身家也不能保全。就下层的民众说，士又是庶政的推动和执行人，他们当邑宰，管理租赋，审判案件（以此，士这名词又含有司法官的意义，有的时候也叫作士师），维持治安，当司马管理军队，当贾正管理商人，当工正管理工人，和民众的关系最为密切，因之又惯常和民众联在一起。就职业的区分，士为四民之首，其下是农工商。再就教育的程度和地位说，士和大夫最为接近，因之士大夫也就成为代表相同的教育程度和社会地位的一个专门名词。

士在政治上、社会上负有特殊任务，在四民中，独享教育的特权，为着适应士所负荷的业务，课程分作六种，称为六艺：礼、乐、射、御、书、数。内中射御是必修科，其他四种次之。

射是射箭和战争技术的训练，御是驾车，在车战时代，这一门功课也是非常重要的。礼是人生生活的轨范，做人的方法，礼不下庶人，在贵族社会中，是最实际的处世之学。乐是音乐，是调剂生活和节制情感的工具，士无故不辍琴瑟，孔子在齐闻韶，三月不知肉味的故事，正可以代表古代士大夫对于音乐的爱好和欣赏的能力，奏乐时所唱的歌词是诗，在外交或私人交际场合，甚至男女求爱时，都可用歌词来表达自己的意思，这些诗被记录下来，保存到现在的叫《诗经》。书是写字，数是算数，要当一个政府或地方官吏，这两门功课也是非学不可的。

士不但受特殊的教育训练，也受特殊的精神训练。过去先民奋战的史迹，临难不屈，见危授命，牺牲小我以保全邦国的可歌可泣的史诗，和食人之禄忠人之事的理论，深深印入脑中。在这两种训练下，养成了他们的道德观念——忠！忠的意义是应该把责任看得重于生命，荣誉重于安全，在两者发生冲突时，毫不犹豫牺牲生命或安全，去完成责任，保持荣誉。

在封建时代，各国并立，士的生活由他的主人诸侯或大夫所赐的田土维持，由于这种经济关系，士只能效忠于主人。到了秦汉的统一的大帝国成立以后，诸侯大夫这一阶层完全消灭，士便直属于君主于国家，忠的对象自然也转移到对君主对国家了。士分为文武以后，道德观念依然不变，几千年以来的文士和武士，轰轰烈烈，为国家为民族而战争，而流血，而牺牲，不屈不挠，前仆后继，悲壮勇决的事迹，史不绝书。甚至布衣白丁，匹妇老妪，补锅匠，卖菜佣，乞丐妓女，一些未受教育的平民百姓，在国家危急时，也宁愿破家杀身，不肯为敌人所凌辱，这种从上到下，几千年来的一贯信念，是我国的立国精神，是我中华民族始终昂然永存，历经无数次外患而永不屈服，终能独立自主的真精神。

士原来受文事武事两种训练，平时治民，战时治军，都是本分。春秋时代列国的卿大夫，一到战时便统率军队作战，前方后方都归一体（晋名将郤縠以敦诗书礼乐见称，是个著例）。到战国时代，军事渐趋专业化，军事学的著作日益增多，军事学家、战术家、战略家辈出，文官和军人渐渐开始分别，可是像孟尝君、廉颇、吴起等人，也还是出将入相，既武且文。汉代的大将军、车骑将军、前将军、后将军都是内廷重臣，遇有征伐时，将军固然应该奉命出征，外廷的大臣如御史大夫和九卿也时常以将军号统军征伐，而且文武互用，将军出为外廷文官，外廷文臣改官将军，不分畛域，末年如曹操、孙权都曾举孝廉，曹操横槊赋诗，英武盖世，诸葛亮相蜀，行军时则为元帅，虽然有纯粹的职业军人如吕布、许褚之流，纯粹的文人如华歆、许靖之流，在大体上仍是文武一体。一直到唐代李林甫当国以前，还是边帅入为宰相，宰相出任边帅，内外互用，文武互调。

李林甫作宰相以后，要擅位固宠，边疆将帅多用胡人，胡人不识汉字，虽然立功，也只能从军阶爵邑上升迁，不能入主中枢大政，从此文武就判为两途。安史之乱后的郭子仪，奉天功臣李晟，虽然名义上都是宰相，都是汉人，都通文义，却并不与闻政事，和前期李靖、李勣出将入相的情形完全不同了。

经过晚唐五代藩镇割据之乱，宋太祖用全力集权中央，罢诸将军权，地方守令都以文士充任，直隶中枢，文士治国，武士作战，成为国家用人的金科玉律，由之文士地位日高，武士地位日低，一味重文轻武的结果，使宋朝成为历史上最不重武的时代。仁宗时名将狄青南北立功，做了枢密使，一些文士便群起攻击，逼使失意而死，南宋初年的岳飞致力恢复失地，也为宰相秦桧所诬杀。文武不但分途，而且成为对立的局面。明代文武的区分更是明显，文士任内阁部院大臣，武士任官都督府卫所，遇着征伐，必以文士督师，武士统军陷阵，武士即使官为将军总兵，到兵部辞见时，对兵部尚书也必须长跪。能弯八石弓，不如识一丁字，一般青年除非科举无望，岂肯弃文就武。致武士成为只有技勇膂力而无智识教养的人，在社会上被目为粗人，品质日低，声誉日降，偶尔有一两个武士能通文翰吟咏，便群相惊诧，以为儒将。偶尔有一两个武士发表对当前国事的意见，便群起攻击，以为干政。结果武士自安于军阵，本来无教养学识的，以为军人的职责只是作战，不必求学识。这种心理的普遍化，使上至朝廷，下至间巷，都以武士不文为当然，为天经地义。武士这一名词省去下一半，武而不士，只好称为武人了。

李靖像

李勣像

近百年来的外患，当国的文士应该负责，作战的武士，亦应该负责。七年来的艰苦作战，文士不应独居其功，大功当属于前线流血授命的武士。就史实所昭示，汉唐之盛之强，宋明之衰之弱，士的文武合一和分立，殆可解释其所以然。古代对士的教育和训练，应加以重视，尤其应该着重道德观念——对国家对民族尽责的精神的养成。提高政治水准，为什么而战和有所不为，彻头彻脑明白战争的意义。要提高士的社会地位，必须文事和武事并重，必须政治水准和社会地位提高，这是今后全国所应全力以赴的课题。

#  宋代两次均产运动——人民的历史之一章

十世纪末年（993—995）四川成都平原爆发了伟大的农民均产运动。

十二世纪初期（1130—1135）湖南洞庭湖一带产米区又爆发了和上次意义相同的运动。

在地主官僚贵族的高压统治之下，有组织的正规军，犀利的武器，加上全国的财力，这两次均产运动当然是被"肃清"了。失败的鲜血在历史上写下了辉煌的一页。

宋代这两次失败的运动之所以值得现代人特别研究，是因为它们提出了明显的经济的政治的要求，改革的方案，具体的实践，是自觉的人民的呼声，是人民的历史的一章。

第一次的均产运动，宋李攸《宋朝事实》卷十七记：

淳化四年（993）青城县民王小波聚徒起而为乱。谓其众曰，吾疾贫富不均，今为汝均之。贫民附者益众，先是国家平孟氏（昶）之乱，成都府库之物，悉载归于内府。后来任事者竞功利，于常赋外，更置博买务，禁商贾不得私市布帛。蜀地土狭民稠，耕稼不足以给，由是群众起而为乱。

说明了刺激这运动的两个政治经济的因素，第一是宋军平蜀，把蜀中的财赋都当作战利品运到开封。第二是新治权的统制商业行为，使人民生活陷于绝境。这两个因素造成了蜀人的心理反抗，不甘于被征服者的奴役、剥削，起来要求经济上的均等和政治上的解放。

宋王辟之《渑水燕谈录》所记大体相同，他说：

本朝王小波李顺王均辈，啸聚西蜀，盖朝廷初平孟氏，蜀之帑藏，尽归京师。其后言利者争述功利，置博易务，禁私市，商贾不行，蜀民不足，故小波得以激怒其人曰，吾疾贫富不均，今为汝均之。贫者附之益众。

清明上河图　宋　张择端　北京故宫藏

均贫富的方案和实践，宋沈括《梦溪笔谈》二十五记（王明清《挥麈后录》五同）：

> 李顺本蜀江王小博之妻弟。始王小博反于蜀中，不能抚其众，众乃推顺为主。顺初起，悉召乡里富人大姓，令具其家所有财粟，据其生齿足用之外，一切调发，大赈贫乏，录用材能，存抚良善，号令严明，所至一无所犯。时两蜀大饥，旬日之间，归之者数万人，所向州县，开门延纳，传檄所至，无复完垒。及败，人尚怀之，故顺得脱去三十余年，乃始就戮。

就是把富豪地主的过剩的，除开生活必需以外的财粟，用公开的手续，让他们自己报告，由人民调发，分配给贫民，这一新的经济措施自然获得广大的贫民阶层的支持。相对严明的军纪和合理的政治，使这一运动更获得广大的发展，虽然遭遇政府正规军，为数和质都占优势的大军所围剿而消灭，然而，在几十年后，这一运动的成果仍然温暖地被保存于蜀中父老子弟的心坎中。

第二次的均产运动的背景，绍兴三年（1133）伪齐尚书户部郎中兼权给事中冯长宁尚书右司员外郎许同伯同修什一税法，报告北宋的税制，给豪富地主以兼并的机会，造成贫富对立的尖锐现象说：

> 宋之季世，税法为民大蠹，权要豪右之家，交通州县，欺侮愚弱，恃其高赀，择利兼并，售必膏腴，减落税亩，至有入其田宅而不承其税者，贫民下户，急于贸易，俯首听之。间有陈词，官吏附势，不能推割，至有田产已尽，而税籍犹在者，

监锢拘囚，至于卖妻鬻子，死徙而后已。官司摊逃户赋，则牵连邑里，岁使代输，无有穷已。折变之法，小估大折，名曰实直，巧诈欺民，十倍榨取，舍其所有，而责其所无。至于检灾之蠲放分数，方田之高下土色，不公不实，率毕大姓享其利，而小民被其害。贪虐相资，诛求不辍，朝行宽恤之诏，夕下割剥之令，元元穷蹙，群起为盗。[1]

　　洞庭湖沿岸是最饶足的米仓，贫富对立的现象也就特别显著。当宋徽宗正在穷奢极欲，搜敛豪取，建宫室，崇道教，求长生的时候，洞庭西岸武陵的农民钟相，相对地在宣扬等贵贱、均贫富的新教义。《建炎以来系年要录》卷三十一记：

　　建炎四年（1130）正月甲午，鼎州（常德）人钟相作乱，自称楚王。初金人去潭州（长沙），群盗乃大起，东北流移之人，相率渡江……相武陵人，以左道惑众，自号天大圣，言有神灵与天通，能救人疾患。阴语其徒，则曰，法分贵贱贫富，非善法也，我行法，当等贵贱，均贫富。持此语以动小民，故环数百里间，小民无知者翕然从之，备粮谒相，谓之拜父，如此者二十余年。相以故家赀巨万，及湖湘盗起，相与其徒结集为忠义民兵，士大夫避免者多依之。相所居村曰天子岗，遂即其处筑垒浚壕，以捍贼为名。会孔彦舟入澧州，相乘人情惊扰，因托言拒彦舟以聚众。至是起兵，鼎澧荆南之民响应。相遂称楚王，改元天战，行移称圣旨，补授一用黄牒，一方骚然。遂焚官府城市寺观及豪右之家，凡官吏儒生僧道巫医卜祝之流，皆为所杀。

钟相的作风比李顺又进一步，不但要均贫富，而且要等贵贱，就现在的意义说，不只是彻底消灭地主贵族集团的经济特权，而是更进一步，消除更根本的这一集团人搜刮剥削的政治特权。使人人有平等的经济的享受，有过问政治、运用政权的权利。这一运动所消灭的对象，是贪污不法的官吏，武断乡曲的儒生，不劳而食的僧道和劳苦民众的寄生虫巫医卜祝，四种靠原始迷信生活的废物。所破坏的对象是特权阶级所凭借的官府，和保护官府安全的城市，僧道所在的为民脂民膏所经营的寺观，以及豪右之家，农民所最痛恨的吸血鬼的巢穴。

这一运动经过几次的挫折，最后，于1135年为名将岳飞所荡平。

 注 释

[1] 李心传《建炎以来系年要录》卷六五。

# 明代的锦衣卫和东西厂

## （一）

在旧式的政体之下，皇帝只是代表他的家族以及外环的一些特殊集团的利益，比较被统治的人民，他的地位，不但孤立，而且永远是在危险的边缘，尊严的神圣宝座之下，酝酿着待爆发的火山。为了家族的威权和利益的持续，他们不得不想尽镇压的法子，公开的律例、刑章，公开的军校和法庭不够用，也不便用，他们还需要造成恐怖空气的特种组织、特种监狱和特种侦探，来监视每一个可疑的人，可疑的官吏。他们用秘密的方法侦伺、搜查、逮捕、审讯、处刑。在军队中，在学校中，在政府机关中，在民间，在茶楼酒馆，在集会场所，甚至在交通孔道，大街小巷，处处都有这类人在活动。执行这些任务的特种组织，历代都有。在汉有"诏狱"和"大谁何"，在唐有"丽景门"和"不良人"，在宋有"诏狱"和"内军巡院"，在明有"锦衣卫"和东西厂，在袁世凯时代则有"侦缉队"。

**明代锦衣卫木印**

锦衣卫和东西厂明人合称为厂卫。从十四世纪后期一直到十七世纪中叶，这两机关始终存在（中间曾经几度短期地废止，但不久即复设）。锦衣卫是内廷的侦查机关，东厂则由宦官提督，最为皇帝所亲信，即锦衣卫也受其侦察。锦衣卫初设于明太祖时，是内廷亲军，皇帝的私人卫队，不隶都督府。其下有南北镇抚司，南镇抚司掌本卫刑名，北镇抚司专治诏狱，可以直接取诏行事，不必经过外廷法司的法律手续，甚至本卫长官亦不得干预。[1] 锦衣卫的正式职务，据《明史·职官志》说是"掌侍卫缉捕刑狱之事，凡盗贼奸宄街涂沟洫，密缉而时省之"。经过嘉靖初年裁汰后，缩小职权，改为"专察不轨妖言人命强盗重事"[2]。其实最主要的还是侦察"不轨妖言"，不轨指政治上的反动者或党派，妖言指宗教的集团如弥勒教、白莲教、明教等。明太祖出身于香军，深知"弥勒降生"和"明王出世"等宗教传说，对于渴望改善生活的一般农民，所发生的政治作用，是如何重大。他尤其了解聚众结社对现实政权有如何重大的意义和威胁，他从这两种活动中得到政权，也已为这政权立下基础，唯一使他焦急的问题是如何才能永远子子孙孙都能不费事地继承这政权。他所感觉到的严重危机有两方面，其一是并肩起事的诸将，个个都身经百战，枭悍难制。其二是出身豪室的文臣，他们有地方的历史势力，有政治的声望，又有计谋，不容易对付。这些人在他在位的时候，固然镇压得下，但也还惴惴不安。身后的继承人呢，太子忠厚柔仁，只能守成，不能应变。到太子死后，他已是望七高年，太孙不但幼稚，而且比他儿子更不中用，成天和一批腐儒接近，景慕三王，服膺儒术，更非制驭枭雄的角色。他为着要使自己安心，要替他儿孙斩除荆棘，便不惜用一切可能的残酷手段，大兴胡蓝党案，屠杀功臣，又用整顿吏治，治乱国用重刑的口实，把中外官吏地主豪绅也着实淘汰了一下，锦衣卫的创立和授权，便是发挥这个作用。经过几次的大屠杀以后，臣民侧足而立，觉得自己的地位已经安定了。为了缓和太过紧张的空气，洪武二十年（公元1387）下令焚毁锦衣卫刑具，把锦衣卫所禁闭的囚徒都送刑部。再隔六年，胡党蓝党都已杀完，不再感觉到政治上的逼胁了，于是又解除锦衣卫的典诏狱权，诏内外狱毋得上锦衣卫，大小案件都由法司治理。天下从此算太平了。[3]

不到十年，帝位发生争执，靖难兵起，以庶子出藩北平的燕王入居大位，打了几年血仗，虽然到了南京，名义上算做了皇帝，可是地位仍不稳固。因为，第一，建文帝有出亡的传说，宫内自焚的遗体中不能决定建文帝是否也在内，假如万一建文帝未死，很有起兵复国的可能。第二，他以庶子僭位，和他地位相同的十几个亲王都看着眼红，保不住也重玩一次靖难的把戏。（这一点在他生前算是过虑，可是到孙子登位后，果然又闹了一次叔侄交兵。）第三，当时他的兵力所及的只是由北平到南京一条交通线，其他地方只是外表表示服从。第四，建文帝的臣下，在朝的如曹国公李景隆、驸马都尉梅殷等，在地方的如盛庸、平安、何福等都曾和他敌对作战。其他地方官吏、文武臣僚也都是建文旧人，不能立地全盘更动。这使他感觉有临深履薄的恐惧。在这样的情况之下，他用得着他父亲传下的衣钵，于是锦衣卫重复活动，一直到亡国，始终做皇帝的耳目，担任猎犬和屠夫的双重任务。

锦衣卫虽然亲近，到底是外官，也许会徇情面，仍是不能放心。明成祖初起时曾利用建文帝左右的宦官探消息，即位以后，以为这些内官忠心可靠，特设一个东厂，职务是"缉访谋逆妖言大逆等"，完全和锦衣卫相同。属官有贴刑，以锦衣卫千百户充任，所不同的是用内臣提督，通常都以司礼监秉笔太监第二人或第三人派充，关系和皇帝最密切，威权也最重。[4] 以后虽有时废罢，名义也有时更换为西厂或外厂，或东西厂内外厂并设，或在东西厂之上加设内行厂，连东西厂也在伺察之下。但在实际上，厂的使命是没有什么变更的。

厂与卫成为皇帝私人的特种侦探机关，其系统是锦衣卫监察侦伺一切官民，东（西）厂侦察一切官民及锦衣卫，有时或加设一最高机构，侦探一切官民和厂卫，如刘瑾的内行厂和冯保的内厂，皇帝则直接监督一切侦缉机关。如此层层缉伺，层层作恶，人人自疑，人人自危，造成了政治恐怖。

## （二）

厂卫同时也是最高法庭，有任意逮捕官吏平民，加以刑讯判罪和行刑的最高法律以外的权力。

卫的长官是指挥使，其下有官校，专司侦察，名为缇骑。嘉靖时陆炳官缇帅，所选用卫士缇骑皆都中大豪，善把持长短，多布耳目，所睚眦无不立碎。所召募畿辅秦晋鲁卫骈胁超乘迹射之士以千计。卫之人鲜衣怒马而仰度支者凡十五六万人。[5]四出迹访："凡缙绅之门，各有数人往来其间，而凡所缉访，止属风闻，多涉暧昧，虽有心口，无可辩白。各类计所获功次，以为升授。凭其可逞之势，而邀其必获之功，捕风捉影，每附会以仇其奸，非法拷讯，时威逼以强其认。"[6]结果，一般仕宦阶级都吓得提心吊胆，"常晏起早阖，毋敢偶语，旗校过门，如被大盗"[7]。抓到了人时先找一个空庙祠宇榜掠一顿，名为打桩，"有真盗幸免，故令多攀平民以足数者，有括家囊为盗贼，而通棍恶以证其事者，有潜种图书陷人于妖言之律者，有怀挟伪批坐人以假印之科者，有姓名仿佛而荼毒连累以死者"。访拿所及，则"家资一空，甚至并同室之有而席卷以去，轻则匿于档头火长校尉之手，重则官与瓜分"。被访拿的一入狱门，便无生理，"五毒备尝，肢体不全。其最酷者曰琵琶，每上百骨尽脱，汗下如水，死而复生，如是者二三次，荼酷之下，何狱不成"[8]。

其提人则止凭驾帖，弘治元年（公元1488）刑部尚书何乔新奏："旧制提人，所在官司必验精微批文，与符号相合，然后发遣。近者中外提人，只凭驾帖，既不用符，真伪莫辨，奸人矫命，何以拒之？"当时虽然明令恢复批文提人的制度，可是锦衣旗校却依旧只凭驾帖拘捕。[9]正德初周玺所说："迩者皇亲贵幸有所奏陈，陛下据其一面之词，即行差官赍驾帖拿人于数百里之外，惊骇黎庶之心，甚非新政美事。"[10]便是一个例子。

东厂的体制，在内廷衙门中最为隆重。凡内官奉差关防皆曰某处内官关防，唯东厂篆文为"钦差监督东厂官校办事太监关防"[11]。《明史》记"其隶役皆取给于卫，最轻巧儇佶者乃充之。役长曰档头，帽上锐，衣青素裤褶，系小绦，白皮靴，专主伺察。其下番子数人为干事，京师亡命诓财挟仇视干事者为窟穴，得一阴事，由之以密白于档头，档头视其事大小先予之金，事曰起数，金曰买起数。既得事，帅番子至所犯家，左右坐曰打桩，番子即突入执讯之无有左证符牒，贿如数径去，少不如意，榜治之名曰乾酢酒，亦曰搬罾儿，痛楚十倍官刑，且授意使牵有力者，有力者予多金即无事，或靳不予，子不足，立闻上，下镇抚司狱，立死矣"。对于行政官吏所在，也到处派人伺察："每月旦，厂役数百人掣签庭中，分瞰官府。"有听记坐记之别，"其视中府诸处会审大狱，北镇抚司拷讯重犯者曰听记，他官府及各城门缉访曰坐记"。所得秘密名为打事件，即时由东厂转呈皇帝，甚至深更半夜也可随时呈进，"以故事无大小，天子皆得闻之，家人米盐猥事，宫中或传为笑谑，上下惴惴，无不畏打事件者"[12]。

锦衣卫到底是比不上东厂亲近，报告要用奏疏，东厂则可以直达。以此，厂权就高于卫。

东厂的淫威，试举一例。当天启时，有四个平民半夜里偷偷在密室喝酒谈心。酒酣耳热，有一人大骂魏忠贤，余三人听了不敢出声。骂犹未了，便有番子突入，把四人都捉去，在魏忠贤面前把发话这人剥了皮，余三人赏一点钱放还，这三人吓得魂不附体，差一点变成疯子。

锦衣卫狱即世所称诏狱，由北镇抚司专领。北镇抚司本来是锦衣卫指挥使的属官，品秩极低，成化十四年（公元1478）增铸北司印信，一切刑狱不必关白本卫，连卫所行下的公事也可直接上请皇帝裁决，卫指挥使不敢干预，因之权势日重。[13]外廷的三法司（刑部，大理寺，都察院）不敢与抗。嘉靖二年（公元1523），刑科给事中刘济上言："国家置三法司以理刑狱，其后乃有锦衣卫镇抚司专理诏狱，缉访于罗织之门，锻炼于诏狱之手，裁决于内降之旨，而三法司几于虚设矣。"[14]其用刑之惨酷，有非人类所能想象，沈德符记："凡厂卫所廉谋反杀逆及强盗等重辟，始下锦衣之镇抚司拷问，寻常止曰打着问，重者加好生二字，其最重大者则曰好生着实打着问，必用刑一套，凡十八种，无不试之。"[15]用刑一套为全刑，曰械，曰镣，曰棍，曰才杽，曰夹棍，五毒备具，呼号声沸然，血肉溃烂，婉转求死不得。[16]诏狱"室卑入地，墙厚数仞，即隔壁号呼，悄不闻声，每市一物入内，必经数处检查，饮食之属十不能得一，又不得自举火，虽严寒不过啖冷炙披冷衲而已。家人辈不但不得随人，亦不许相面。惟于拷问之期，得遥于堂下相见"[17]。天启五年（公元1625）遭党祸被害的顾大章所作《狱中杂记》里说："予入诏狱百日而奉旨暂发（刑）部者十日，有此十日之生，并前之百日皆生矣。何则，与家人相见，前之遥闻者皆亲证也。"拿诏狱和刑部狱相比，竟有天堂地狱之别。瞿式耜在他的《陈时政急著疏》中也说："往者魏崔之世，凡属凶网，即烦缇骑，一属缇骑，即下镇抚，魂飞汤火，惨毒难言，苟得一送法司，便不啻天堂之乐矣。"[18]被提者一入抚狱，便无申诉余地，坐受榜掠。魏大中《自记年谱》："十三日入都羁锦衣卫东司房，二十八日许显纯、崔应元奉旨严鞫，许既迎二魏（忠贤、广微）意，构汪文言招辞而急毙之以灭口。对簿时遂断断如两造之相质，一榜敲一百，穿梭一夹，敲五十板子，打四十棍，惨酷备至，而抗辨之语悉阂不得宣。""六君子"被坐的罪名是受熊廷弼的贿赂，有的被刑自忖无生理，不得已承顺，希望能转刑部得生路，不料结果更坏，厂卫勒令追赃，"遂五日一比，惨毒更甚。比时累累跪阶前，呵诉百出，裸体辱之，弛杻则受榜，弛榜则受夹，弛榜与夹则仍戴杻镣以受棍，创痛未复，不再宿复加榜掠。后讯时皆不能跪起荷桎梏，平卧堂下"[19]。终于由狱卒之手秘密处死，死者家人至不知其死法及死期，苇席裹尸出牢户，虫蛆腐体。"六君子"是杨涟、左光斗、顾大中、袁化中、周朝瑞、顾大章，都是当时的清流领袖，朝野表率，为魏忠贤臣所忌，天启五年（公元1625）相继死于诏狱。

除了在狱中的非刑以外，和厂卫互相表里的一件恶政是廷杖，锦衣卫始自明太祖，东厂为明成祖所创设，廷杖却是抄袭元朝的。

在元朝以前，君臣之间的距离还不十分悬绝，三公坐而论道，和皇帝是师友，宋朝虽然臣僚在殿廷无坐处，却也还礼貌大臣，绝不加以非礼的行为，"士可杀不可辱"这一传统的观念，上下都能体会。蒙古人可不同了，他们根本不了解士的地位，也不能用理论来装饰殿廷的庄严。他们起自马上，生活在马上，政府中的臣僚也就是军队中的将校，一有过错，拉下来打一顿，打完照旧办事，不论是中央官，地方官，在平时，或是在战时，臣僚挨打是家常便饭，甚至中书省的长官，也有在殿廷被杖的记载。明太祖继元而起，虽然一力"复汉官之威仪"，摒弃胡俗胡化，对于杖责大臣这一故事，却习惯地继承下来，著名的例子，被杖死的如亲侄大都督朱文正，工部尚书薛祥，永嘉侯朱亮祖父子，部曹被廷杖的如主事茹太素。从此殿陛行杖，习为祖制，正德十四年（公元 1519）以南巡廷杖舒芬等百四十六人，死者十一人，嘉靖三年（公元 1523）以大礼之争廷杖丰熙等百三十四人，死者十六人。循至方面大臣多毙杖下，幸而不死，犯公过的仍须到官办事，犯私仇者再下诏狱处死。[20] 至于前期和后期廷杖之不同，是去衣和不去衣，沈德符说："成化以前诸臣被杖者皆带衣裹毡，不损肤膜，然犹内伤困卧，需数旬而后起，若去衣受笞，则始于逆瑾用事，名贤多死，今遂不改。"[21] 廷杖的情形，据艾穆所说，行刑的是锦衣官校，监刑的是司礼监："司礼大珰十辈捧驾帖来，首喝曰带上犯人来，每一喝则千百人一大喊以应，声震甸服，初喝跪下，宣驾帖杖吾二人，着实打八十棍，五棍一换，总之八十棍换十六人。喝着实打，喝打阁上棍，次第凡四十六声，皆大喊应如前首喝时，喝阁上棍者阁棍在股上也。杖毕喝踩下去，校尉四人以布袱曳之而行。"[22] 天启时万璟被杖死的情形，樊良材撰《万忠贞公传》说："初璟劾魏珰疏上，珰恚甚，矫旨廷杖一百。褫斥为民。彼一时也，缇骑甫出，群聚蜂拥，绕舍骤禽，饱恣拳棒，摘发捉肘，拖沓摧残，曳至午门，已无完肤。迨行杖时逆档领小竖数十辈奋袂而前，执金吾（锦衣卫指挥使）止之曰留人受杖，逆珰瞋目监视，倒杖张威，施辣手而甘心焉。杖已，血肉淋漓，奄奄待尽。"

廷杖之外，还有立枷，创自刘瑾，锦衣卫常用之："其重枷头号者至三百斤，为期至二月，已无一全。而最毒者为立枷，不旬日必绝。偶有稍延者，命放低三数寸，则顷刻殒矣。凡枷未满期而死，则守者掊土掩之，俟期满以请，始奏闻领埋，若值炎暑，则所存仅空骸耳，故谈者谓重于大辟云。"[23]

诏狱、廷杖、立枷之下，士大夫不但可杀，而且可辱，君臣间的距离愈来愈远，"天皇圣明，臣罪当诛"，打得快死而犹美名之曰恩谴，曰赐杖，礼貌固然谈不到，连主奴间的恩意也因之而荡然无存了。

## （三）

厂卫之弊，是当时人抗议最集中的一个问题，但是毫无效果，并且愈演愈烈。著例如商辂《请革西厂疏》说："近日伺察太繁，法令太急，刑网太密，官校提拿职官，事皆出于风闻，暮夜搜检家财，初不见有驾帖，人心汹汹各怀疑畏。内外文武重臣，托之为股肱心膂者也，亦皆不安于位。有司庶府之官，资之以建立政事者也，举皆不安于职，商贾不安于市，行旅不安于涂，士卒不安于伍，黎民不安于业。"[24] 在这情形下，任何人都有时时被捕的危险。反之，真是作恶多端的巨奸大憝，只要能得到宫廷的谅解，更可置身法外。《明史·刑法志》说："英宪以后，钦恤之意微，侦伺之风炽，巨恶大憝，案如山积，而旨从中下，纵不之问。或本无死理，而片纸付诏狱，为祸尤烈。"明代二祖设立厂卫之本意，原在侦察不轨，尤其是注意官吏的行动。隆庆中刑科给事中舒化上疏只凭表面事理立论，恰中君主所忌，他说："朝廷设立厂卫，所以捕盗防奸细，非以察百官也。驾驭百官乃天子之权，而奏劾诸司责在台谏，朝廷自有公论。今以暗访之权归诸厂卫，万一人非正直，事出冤诬，是非颠倒，殃及善良，陛下何由知之。且朝廷既凭厂卫，厂卫必委之番役，此辈贪残，何所不至！人心忧危，众目睚眦，非盛世所宜有也。"[25]至于苛扰平民，则更非宫廷所计及，杨涟劾魏忠贤二十四大罪疏中曾特别指出："东厂原以察奸细，备非常，非扰平民也。自忠贤受事，鸡犬不宁，而且直以快恩怨，行倾陷，片语违，则驾帖立下，造谋告密，日夜未已。"[26]甚至在魏忠贤失败以后，厂卫的权力仍不因之动摇，刘宗周上疏论其侵法司权限，讥为人主私刑，他说："我国家设立三法司以治庶狱，视前代为独详，盖曰刑部所不能决者，都察院得而决之，部院所不能平者，大理寺得而平之，其寓意至深远。开国之初，高皇帝不废重典以惩巨恶，于是有锦衣之狱。至东厂缉事，亦国初定都时偶一行之于大逆大奸，事出一时权宜，后日遂相沿而不复改，得与锦衣卫比周用事，致人主有私刑。自皇上御极以后，此曹犹肆罗织之威，日以风闻事件上尘睿览，辇毂之下，人人重足。"结果是："自厂卫司讥访而告奸之风炽，自诏狱及士绅而堂廉之等夷，自人人救过不给而欺罔之习转盛，自事事仰承独断而谄谀之风日长，自三尺法不伸于司寇而犯者日众。"[27]

厂卫威权日盛，使厂卫二字成为凶险恐怖的象征，破胆的霹雳，游民奸棍遂假为恐诈之工具，京师外郡并受荼毒，其祸较真厂卫更甚。崇祯四年（公元 1631）给事中许国荣《论厂卫疏》刘举例证说："如绸商刘文斗行货到京，奸棍赵瞎子等口称厂卫，捏指漏税，密擒于崇文门东小桥庙内，诈银二千余两。长子县教官推升县令，忽有数棍拥入其寓内，口称厂卫，指为营干得来，诈银五百两。山西解官买办黑铅照数交足，众棍窥有余剩在潞细铺内，口称厂卫，指克官物，捉拿王铺等四家，各诈银千余两……蓟门孔道，假侦边庭，往来如织……至于散在各衙门者，藉口密探，故露踪迹，纪言纪事，笔底可操祸福，书吏畏其播弄风波，不得不酿金阴饵之，遂相沿为例而莫可问。"[28]崇祯十五年（公元 1642）御史杨仁愿疏《论假番及东厂之害》说："臣待罪南城，所阅词讼多以假番故称冤，夫假称东厂，害犹如此，况其真乎？此由积重之势然也。所谓积重之势者，功令比较事件，番役每悬价以买事件，受买者至诱人为奸盗而卖之，番役不问其从来，诱者分利去矣。挟忿首告，诬以重法，挟者志无不逞矣。伏愿宽东厂事件而后东厂之比较可缓，东厂之比较缓而番役之买事件与卖事件者俱可息，积重之势庶可稍轻。"[29]抗议者的理由纵然充分到极点，也不能消除统治者孤立自危的心理。《明史》说："然帝（思宗）倚厂卫益甚，至国亡乃已。"

民国二十三年十二月旧稿，三十三年五月
为纪念甲申三百周年重写于昆明

# 🪙 注释

[1]王世贞《锦衣志》。

[2]《明史·刑法志》。

[3]《明史·刑法志》。

[4]《明史·刑法志》《明史·职官志》。

[5]王世贞《锦衣志》。

[6]傅维麟《明书》卷七三。

[7]《明史·刑法志》。

[8]《明书》卷七三。

[9]《明史·刑法志》。

[10]《垂光集》卷一《论治化疏》。

[11]刘若愚《酌中志》一六。

[12]《明史·刑法志》。

[13]《明书》卷九五。

[14]《明世宗实录》。

[15]《野获编》卷二一。

[16]《明史·刑法志》。

[17]《野获编》。

[18]《瞿忠宣公集》卷一。

[19]《明史纪事本末》卷七一。

[20]《明史·刑法志》。

[21]《野获编》卷一八。

[22]《熙亭先生文集》卷四《恩谴记》。

[23]《野获编》卷一八。

[24]《商文毅公集》卷一。

[25]《春明梦余录》卷六三。

[26]《杨忠烈公文集》二。

[27]《刘子全书》卷一六《痛陈时艰疏》。

[28]《春明梦余录》卷六三。

[29]《明史·刑法志三》。

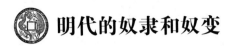

# 明代的奴隶和奴变

## 一、奴隶的来源

元末明初的学者陶宗仪，在所著《辍耕录》卷十七奴婢条，说明这时代的奴隶情形，他指出了几点：第一蒙古、色目人的臧获，男曰奴，女曰婢，总称为驱口，这类人是元初平定诸国所俘到的男女匹配为夫妇，所生的子孙，永为奴婢。第二是由于买卖，由元主转卖与人，立券投税，称为红契买到。第三是陪送，富人嫁女，用奴婢标拨随女出嫁。这三类来源不同，性质一样，在法律上和奴隶对称的是良人，买良为驱，就法律说是被禁止的，因为良人是国家的公民，驱口或奴隶则是私人的财产。

其次，奴隶的婚姻限于同一阶级，奴婢只可自相婚嫁，例不许聘娶良家，除非是良家自愿娶奴隶的女儿，至于奴娶良家妇女，则绝对为法律为社会所不容许。

主奴关系的改变，有一种情形。奴隶发了财，成为富人，主子眼红，故意找出一点小过错，打一顿关起来，到他家席卷财物而去，名为抄估。家倾了，产荡了，依然是奴才。除非是自己识相，自动献出家财以求脱免奴籍，主人出了放良凭执，才能取得自由人的地位。

在法律上，私宰牛马杖一百，打死驱口或奴隶呢，比平人减死一等，杖一百七，奴隶的生命和牛马一样！

奴婢所生的子女叫家生孩儿。

买卖奴隶的红契，据姚燧《牧庵集》十二《浙西廉访副使潘公神道碑》说：凡买卖人口，都要被卖人在契上打手指印，用的是食指，男左女右，以指纹的疏密来判断人的短长壮少。这位潘廉访就曾用指纹学，集合同年龄的十个人的指纹，来昭雪一件良人被抑为奴的冤狱。

买奴的实例，最值得我们注意的是1555年杨继盛的遗嘱，他在被杀前写信给儿子处分后事，有一条说：

麹钺，他若守分，到日后亦与他地二十亩，村宅一小所。若是生事，心里要回去，你就合你两个丈人商议告着他。——原是四两银子买的他，放债一年，银一两得利六钱，按着年问他要，不可饶他，恐怕小厮们照样行，你就难管。

奴隶作为财产处分的实例，小说《今古奇观》"徐老仆义愤成家"是根据《明史》二百九十卷《阿寄传》写的，淳安徐家兄弟三人分家，大哥分得一匹马，二哥分得一头牛，老三被欺侮，分得五十多岁的老奴阿寄，寡妇成天悲哭，以为马可以骑，牛可以耕田，老奴才光会吃饭，老奴才气急了，发愤经商，发了大财，临死时说："老奴牛马之报尽矣！"

## 二、《大明律》中的奴隶

驱口这一名词在明代似乎不大用了，奴隶的社会地位和生活情形却并不因为朝代之改变而有所不同。

为了维持阶级的尊严，庶民是不许蓄养奴隶的，《明律》四《户律》一：

庶民之家养奴婢者，杖一百，即放一奴婢从良。

良贱绝对不许通婚，《明律》六《户律》一：

凡家长与奴娶良人女为妻者，杖八十。女家减一等。不知者不坐，其奴自娶者罪亦如之。家长知情者减二等，因而入籍为婢者杖一百。若妄以奴婢为良人而与良人为夫妻者，杖九十，各离异改正。

奸淫的处刑也不问行为，只问所属阶级，《明律》二十五《刑律》八：

凡奴及雇工人奸家长妻女者各斩。妾各减一等，强者亦斩。凡奴奸良人妇女者，加凡奸罪一等。良人奸他人婢者减一等，奴婢相奸者以凡奸论。

殴骂杀伤也是一样，《明律》二十《刑律》三：

凡奴婢殴良人等加凡人一等，至笃疾者绞，死者斩。其良人殴伤他人奴婢者减凡人一等，若死及故杀者绞。若奴婢自相殴伤杀者，各依凡斗伤法，相侵财物者不用此律。

凡奴婢殴家长者皆斩，杀者皆凌迟处死，过失杀者绞，伤者杖一百，流三千里。

若奴婢殴旧家长，家长殴旧奴婢者以凡人论。

凡奴婢骂家长者绞。若雇工人骂家长者，杖八十，徒二年。

大体地说来，私人畜养的奴隶愈多，国家的人民就愈少，租税力役的供给就会感觉到困难。以此政府虽然为代表官僚贵族地主的少数集团利益而存在，但是，这少数集团的过分发展将要动摇政府生存的基础时，政府也会和这少数集团争夺人口，发生内部的斗争。著例如洪武五年（公元1372）五月下诏解放过去因战争流亡，因而为人奴隶的大量奴隶。正统十二年（1447）云南鹤庆军民府因为所辖诸州土官，家僮庄户，动计千百，不供租赋，放逸为非，要求依照品级，量免数丁，其余悉数编入民籍，俾供徭役。政府议决的方案是四品以上免十六丁，五品六品免十二丁，七品以下递减二丁，其余尽数解放，归入民籍，但是，在实际上，这些法令是不会发生效力的，因为庶民不许畜养奴隶，而畜养奴隶的人正是支持政府的这少数官僚贵族地主集团，法令只是为庶民而设，刑不上大夫，这法令当然是落空的。

### 三、奴隶的生活

明代统治集团畜养奴婢的数量是值得注意的，单就吴宽《匏翁家藏集》的几篇墓志铭说，卷五十七《先世事略》：

先母张氏，勤劳内助，开拓产业，僮奴千指，衣食必均。

七十四《承事郎王应详墓表》：

家有僮奴千指。

何乔新《何文肃公集》三十一《故承事郎赵孺人董氏墓表》：

无锡赵氏族大资厚，僮使千指。

唐顺之《荆川文集》十一《葛母传》：

葛翁容庵，游于商贾中，殖其家，僮婢三百余指。

嘉靖时名相徐阶家人多至数千。① 至于军人贵族，那更不用说了，洪武时代的凉国公蓝玉蓄庄奴假子数千人。② 武定侯郭英私养家奴百五十余人。③ 大量奴隶的畜养，除开少数的家庭奴隶，为供奔走服役的以外，大部分是用来作为生产力量的。用于农业的例子如《匏翁家藏集》五十八《徐南溪传》：

> 徐讷不自安逸，率其僮奴，服劳农事，家用再起。

六十五《封文林郎江西道监察御史王公墓志铭》：

> 吴江王宗吉置田使僮奴隶以养生，久之，困有余粟。

《何文肃公文集》三十《先伯父稼轩先生墓志铭》：

> 买田一区，帅群僮耕之。

用于商业的例子如《匏翁家藏集》六十一《裕庵汤府君墓志铭》：

> 世勤生殖，有兄弟八人，其仕者曰渭，他皆行货于外，其家出者，率僮奴能协力作居，而收倍蓰之息。

六十二《李君信墓志铭》：

> 益督僮奴治生业，入则量物货，出则置田亩，家卒赖以不堕。

用于工业的如《榖山笔麈》所记：

> 吴人以织作为业，即士大夫家多以纺织求利，其俗勤音好殖，以故富庶。然而可议者如华亭相（徐阶）在位，多蓄织妇，岁计所织，与市为贾，公仪休之所不为也。

高度的劳动力的剥削，造成这些统治集团大量的财富，奴隶过着牛马一样的生活，在精神上也被当作牛马一样看待。谢肇渊《五杂俎》十四《事部》说，福建长乐奴庶之别极严，为人奴者子孙不许读书应试，违者必群击之。新安之俗，不禁出仕，而禁婚姻。江苏娄县则主仆之分尤严，据《研堂见闻杂记》：

> 吾娄风俗极重主仆，男子入富家为奴，即立身契，终身不敢雁行立。有役呼之，不敢失尺寸。而子孙累世不得脱籍，间有富厚者，以多金赎之，即名赎而终不得与等肩，此制御人奴之律令也。

## 四、明末的奴变

奴隶在统治集团的政治和军力控制之下，他们受尽了虐待，受尽了侮辱。然而，一到这集团腐烂了，政治崩溃了，军队解体了，整个社会组织涣散无力了，他们便一哄而起，要索还身契，解放自己和他的家族了。明代末年的奴隶——奴隶解放运动，可以说是历史上最光辉的一件大事。这运动从崇祯十六年到弘光元年（公元1644—1646），地域从湖北蔓延到江浙。

徐鼒《小腆纪年》卷二：

> 崇祯十六年四月，张献忠连陷麻城。楚士大夫仆隶之盛甲天下，而麻城尤甲于全楚。梅刘田李诸姓家僮不下三四千人，雄张里闾间。寇之将作也，（奴）思齐以民伍为相蔽，听其纠率同党，坎牲为盟为里仁会。诸家兢饰衣冠以夸耀之，其人遂炮烙衣冠，推刃故主，城中大乱。城外义兵围之，里仁会之人大惧，其渠汤志杀诸生六十人，而推其与己合者曰周文江为主，缒城求救于献忠。献忠自残破后，步卒多降于自成，麾下惟骑

士七千人，闻麻城使至，大喜，进兵城下，义兵解围走，献忠逐入麻城，城中降者五万七千人，献忠别立一军名曰新营，改麻城为州，以文江知州事。

次年北都政权覆灭后，嘉定又起奴变，《小腆纪年》卷六：

崇祯十七年五月，嘉定华生家客勾合他家奴及群不逞近万人，突起劫杀，各缚其主而数之，倨坐索身契。苏松巡抚祁彪佳捕斩数人，余尽掩诣狱，令曰，有原主来者得免死，于是诸奴搏颡行匄原主以免。

金堡《偏行堂集》卷六《朱它园传》：

东南故家奴树党版主，所在横行。翁家綦奴谋乘宗祠长至之祀，围而焚之。翁即从山中，归预祭毕，门外剑戟林立，翁久以恩信孚诸健儿，里无赖闻声辄敛手。

至是出叱之去，群奴尽靡，翁密语当涂，诛其首恶，主仆之分始明。

虽然被地方政府用军力压服，可是这运动还是在继续发展，《研堂见闻杂记》记 1646 年娄县的情形：

乙酉乱，奴中有黠者，倡为索契之说，以鼎革故，奴例何得如初。一呼千应，各至主门，立逼身契。主人捧纸待，稍后时即举火焚屋，间有缚主人者。虽最相得受恩，此时各易面孔为虎狼，老拳恶声相加。凡小奚佃婢在主人所者，立即扶出，不得缓半刻。其大家不习井任事者，不得不自举火。自城及镇及各村，而东村尤甚，鸣锣聚众，每日有数千人，鼓噪而行，群夫至家，主人落魄，杀劫焚掠，反掌间耳，如是数日而势稍定。

到建州政权在各地奠定以后，这些旧地主官僚和资本家又得到新主人的荫蔽了，他们替新主人镇压人民，维持秩序，搜刮财富，征发劳役，自然，所得到的报酬是财产的尊重和奴隶的控制。

一部分人民的厄运，又因大清帝国的成立，而延续了将近三百年。

 ## 三百年前的历史教训

今年，假如我们不太健忘的话，正好是明代亡于外族的三百周年纪念。

历史是一面镜子，三百年前，有太多的事情，值得我们追念。

三百年前，当明思宗殉国以后。李自成西走，清人借吴三桂的向导，占领北平分兵南下的时候，南京小朝廷领袖弘光帝，正在粉饰升平，兴建宫室，大备百官，征歌选舞，夜以继日。他的父亲死于非命，原配离散不知下落，国君殉国，国土一部分沦于"流寇"，一部分被异族兵威所蹂躏，人民流亡离散，被战争所毁灭，被饥饿瘟疫所威胁，覆巢之中无完卵，即使是禽兽也该明白当前危机的严重。然而这位皇帝还是满不在乎，人生行乐耳，对酒当歌，南京沦陷的前夕，他还在排演当代有名的歌剧燕子笺！

三百年前，当南京小朝廷覆亡的前夕，清兵迫近江北，流寇纵横晋陕，民穷财尽，内忧外患交迫的时候。宰相马士英凭了一点拥立的私恩，独擅朝权，排斥异己，摈史可法于江北，斥刘宗周、黄道周于田野，迎合弘光帝的私欲，滥费国帑，搜刮金帛，卖官鬻爵，闹得"职方多似狗，都督满街走!"左良玉举兵东下，以清君侧为名，他才着了急，尽撤防江的军队来堵住西兵，给清军以长驱深入的机会，他宁可亡国于外族，不肯屈意于私争。到南京沦陷以后，他却满载金帛，拥兵到浙江，准备再找一个傀儡皇帝，又富又贵，消遣他的余年。

三百年前，当国家民族存亡系在一发的严重关头，过去名列阉党，做魏忠贤干儿子，倒行逆施，为士大夫所不齿的阮大铖勾结了马士英，奉承好了弘光帝，居然做了新朝廷的兵部尚书，综全国军政，负江防全责，在大权在握的当儿，他的作为不是厉兵秣马，激励士气，也不是构筑工事，协和将帅，相反的他提出分别邪正的政策，他是多年来被摈斥的阉党，素来和清流对立的，趁时机把所有在朝的东林党人一一摈斥，代以相反的过去名在逆案的阉党。他造出十八罗汉五十三参的黑名单，把素所不快的士大夫留在北都不能出来的，和已经逃亡南下的，都依次顺列，定以罪名。对付一般读书人，他也不肯放松，咬定他们与东林和左良玉有关，开了名单，依次搜捕。天不如人意，这些计划都因南都倾覆而搁浅。他只好狼狈逃到浙江，清军赶到，叩马乞降，不久又为清军所杀，结束他不光明的一生。

明廷第三次围剿流寇经过概况图

　　三百年前，当外族铁蹄纵横河朔，"流寇"主力恣张晋豫，
国破民散，民不聊生的时候，拥兵数十万虎踞长江上游的左良
玉，却按兵不动，坐观兴亡。他看透了政局的混乱，只要自己
能保全实力，舍出一点贿赂当局，自然会加官晋爵，封妻荫子。

在这个看法之下，他不肯用全力来消灭"流寇"，却用全力来扩充队伍。政府也仰仗他全力对付"流寇"，不肯调出来对付外敌。驻防在江北的四镇，又是一种看法，一面用全副精神勾结权要，一面用全副力量来争夺防区，扬州是东南最繁荣的都会，也就是这些军阀眼红的目标。敌人发动攻势了，他们自己还发动内战，杀得惊天动地。好容易和解了，指定了任务，北伐的一个被部下暗杀了，全师降敌，其他两个，清兵一到，不战而降，只有一个战死。左良玉的部队东下，中途良玉病死，全军都投降了清朝，作征服两浙闽广的先头部队。

三百年前，当前方战区的民众，在被敌人残杀奴役，焚掠抢劫，辗转于枪刀之下，流离于沟壑之中的时候，后方的都市，后方的乡村，却像另一个世界，和战争无关，依然醉生梦死，歌舞升平，南京的秦淮河畔，盛极一时，豪商富贾，文人墨士，衣香鬟影，一掷千金，画舫笙歌，穷奢极欲。杭州的西湖，苏州的阊门，扬州的平山堂，都是集会的胜地，文人们结文社，谈八股，玩古董，捧戏子，品评妓女，研究食谱，奔走公堂，鱼肉乡里。人民也在欢天喜地，到处迎神赛佛，踏青赏月，过节过年，戏班开演，万人空巷。商人依旧在计较锱铢，拿斤拈两。在战区和围城中的，更会居奇囤积，要取厚利。大家似乎都不知道，也不愿意知道当前是什么日子，更发生什么变局。他们不但是神经麻木，而且患着更严重的瘫痪症。敌人一到，财产被占夺了，妻女被糟蹋了，伸颈受戮，似乎是很应该的事情。《扬州十日记》和《嘉定三屠记》所描写的正是这些人物的归宿，糊里糊涂过活的结局。

三百年前，从当局到人民，从将军到文士，都只顾自己的享受、儿女的幸福，看不见国家民族的前途，个人的腐化、社会的腐化，宣告了这个时代的毁灭。虽然有史可法，黄道周，刘宗周，张煌言，瞿式耜，李定国，郑成功，一些代表民族正气的人物，却都无救于国家的沦亡，民族的被奴化！

三百年后，我们想想三百年前的情形，殷鉴不远，在夏后氏之世。

 ## 论晚明"流寇"

明末"流寇"的兴起，是一个社会组织崩溃时必有的现象，像瓜熟蒂落一样，即使李自成、张献忠这一班暴民领袖不出来，那由贵族、太监、官吏和地主绅士所组成的统治集团，已经腐烂了、僵化了，肚子吃得太饱了，搜刮到的财富已经堆积得使他们窒息了，只要人民能够自觉，团结成为伟大的力量，要求生有的权利，这一个高高的挂在半空中的恶化的无能的机构，是可以一蹴即倒的。

朱明政权的被消灭，被消灭于这政权和人民的对立，杀鸡求卵。被消灭于财富分配的不均，穷人和地主的对立。在三百年前，崇祯十七年（1644）正月兵科都给事中曾应遴明白地指出这现象，用书面警告政府当局，他说："臣闻有国家者不患寡而患不均，不患贫而患不安。今天下不安甚矣，察其故原于不均耳。何以言之？今之绅富率皆衣租食税，安坐而吸百姓之髓，平日操奇计赢以役愚民而独拥其利，有事欲其与绅富出气力，同休戚，得乎？故富者极其富而至于剥民，贫者极其贫而甚至于不能聊生，以相极之数，成相恶之刑，不均之甚也。"富者愈富，贫者愈贫，绅富阶级利用他们所有的富力，和因此而得到的特殊政治势力，加速地加重地剥削和压迫农民，吸取最后的一滴血液，农民穷极无路，除自杀，除逃亡以外，唯一的活路是起来反抗，团结起来，用暴力推翻这一集团的吸血鬼，以争得生存的权利。

十七世纪初年的农民反抗运动，日渐开展，得到一切被压迫人民的支持、参加，终于广泛地组织起来，用生命去搏斗，无情地对统治集团进攻，加以打击、消灭。这运动，当时的统治集团和后来的正统派史家称之为"流寇"。

"流寇"的发动、成长和实力的扩充，自然是当时统治集团所最痛心疾首的。他们有的是过分的充足的财富、舒服、纵佚，淫荡，美满而无耻的生活。他们要维持现状，要照旧加重剥削来维持欲望上更自由的需要，纵然已有的产业足够子子孙孙的社会地位的保证，仍然像饥饿的狼，又馋又贪，永远无法满足。然而，当前的变化明朗化了，眼见得被消灭，被屠杀了，他们不能不联合起来，用一切可能的方法，加强统制，加强武力，侮蔑，中伤对方，做最后的挣扎。同时，集团的利益还是不能消除个人利害的冲突，这一集团的中坚分子，即使在火烧眉睫的时候，彼此间还是充满了嫉妒、猜疑、钩心斗角，互相算计。在整三百年前，北平的形势最紧张的时候，政府请勋贵大臣、富贾巨商献金救国，话说得极恳切，希望自己人能自己想办法，可是，结果，最著名的一个富豪出得最少，他是皇帝的亲戚，皇帝皇后都动了气，才添了一点点，其他的人自然不会例外，人民虽然肯尽其所有报效国家，可惜的是他们早已被榨干了。三月十九日北平陷落后，这些悭吝的高贵的人们，被毫无怜悯的夹棍几十板子，大量的金子银子珠宝被搜出以后，一批一批地斩决，清算了他们对人民所造的孽债。皇宫被占领以后，几十间尘封灰积的库房也打开了，里面堆满了黄的金子，白的银子！皇宫北面的景山，一棵枯树下，一条破席子，躺着崇祯皇帝和他的忠心的仆人的尸身！

站在相反的场合，广大的农民群众，他们是欢迎"流寇"的，因为同样是在饥饿线上挣扎的人们。举几个例子，山西的许多城市，没有经过什么战斗便被占领了，因为饿着肚子的人们到处都是，他们做内应，做先遣部队，打开城门，请敌人进来。山东、河南的城市，得到"流寇"的安民牌以后，人民恨透了苛捐，恨透了种种名目的征输，更恨的是在位的地方官吏，他们不约而同，一窝蜂起来赶走了地方官，持香设酒，欢迎占领军的光临，有的地方甚至悬灯结彩，远近若狂。又如宣府是京师门户，北方重镇，被围以后，巡抚朱之冯悬重赏募人守城，没人理会。再三申说，城中的军民反而要求准许开城纳款，朱之冯急了，自己单独上城，指挥炮手发炮，炮手又不理会，毫无办法，急得自己点着火线，要发炮，又被军民抢着拉住手，不许放，他只好叹一口气说："人心离叛，一至如此！"

由于政治的腐败，政府军队大部分是勇于抢劫、怯于作战的，他们不敢和"流寇"正面相见，却会杀手无寸铁的老百姓报功，"将无纪律，兵无行伍，淫污杀劫，惨不可言，尾贼而往，莫敢奋臂，所报之级，半是良民"。民间有一个譬喻，譬"流寇军"如梳，政府军如梳，到这田地，连剩下些过于老实的良民也不得不加入"流寇军"的集团去了。名将左良玉驻兵襄樊，奸淫掳掠，无所不为，老百姓气苦，半夜里放火烧营房，左良玉站不住脚，劫了一些商船逃避下流，左兵未发，老百姓已在椎牛设酒欢迎"流寇"了。其他一些将领，更是尴尬，马扩奉命援凤阳，凤阳被焚劫了四天以后，敌人走了，他才慢慢赶到。归德已经解围，尤玘才敢带兵到城下，颍、亳、安、庐一带的敌人已经唱得胜歌凯旋了，飞檄赴援的部队，连影子也看不见。将军们一个个脑满肠肥，要留着性命享受用人格换来的财富，士兵都是出身于贫困阶层的农民，穿不暖，吃不饱，脸黄肌瘦，走路尚且艰难，更犯不着替剥削他们的政权卖命，整个军队的纪律破坏了，士气消沉，军心涣散，社会秩序，地方安宁都无法维持，朱明政权也不能不随之解体了。

"流寇"的初起，是各地方陆续发动的，人自为战，目的只在不被饥饿所困死。后来势力渐大，兵力渐强，政府军每战必败，才有推翻统治集团的企图。最后到了李自成在 1643 年渡汉江陷荆襄后，恍然于统治集团的庸劣无能，才决定建立一新政权，从此便攻城守地，分置官守，作争夺政权的步骤，一反过去流窜的作风，果然不到两年，北京政府便被消灭，长江以北大部分被放在新政权之下。这是在李自成初起时所意料不及的。其实与其说这是李自成的成功，还不如说是社会经济的自然崩溃比较妥当。

分析朱明政权的倾覆，就政府当局说，最好的评论是戴笠的《流寇长篇序》，他说："主上则好察而不明，好佞而恶直，好小人而疑君子，速效而无远计，好自大而耻下人，好自用而不能用人。廷臣则善私而不善公，善结党而不善自立，善逢迎而不善执守，善蒙蔽而不善任事，善守资格而不善求才能，善大言虚气而不善小心实事。百年以来，习以为然。有忧念国事者则共诧之如怪物。"君臣都是亡国的负责人，独裁、专制、加上无能的结果是自掘坟墓。

就整个社会组织的解体说，文震孟在 1635 年上疏《论致乱之源》说："堂陛之地，猜欺愈深，朝野之间，刻削日甚。缙绅蹙靡骋之怀，士子嗟束湿之困。商旅咨叹，百工失业，本犹全盛之海宇，忽见无聊之景色，此致乱之源也。"他又指出政府和人民的对立："边事既坏，修举无谋，兵不精而日增，饷随兵而日益，饷重则税重，税重则刑繁，复乘之以天灾，加之以饥馑，而守牧惕功令之严，畏参罚之峻，不得不举鸠形鹄面无食无衣之赤子而笞之禁之，下民无知，直谓有司仇我虐我，今而后得反之也，此又致乱之源也。"驱民死地，为丛殴雀，文震孟是政府的一员大官，统治集团的一个清流领袖，委婉地说出致乱之源是由于政府的上下当局所造成，官逼民反。

正面的指斥是李自成的檄文，他指斥统治集团的罪状说："明朝昏主不仁，宠宦官，重科第，贪税敛，重刑罚，不能救民水火，日罄师旅，掳掠民财，奸人妻女，吸髓剥肤。"完全违反农民的利益，剥夺人民的生存权利，接着他特别提出他是代表农民利益，而且他本身是出身农民阶层的，他说："本营十世务农良善，急兴仁义之师，拯民涂炭，士民勿得惊惶，各安生理。各营有擅杀良民者，全队皆斩。"他提出鲜明的口号："吃他娘，着他娘，吃着不尽有闯王，不当差，不纳粮！"以除力役，废赋税，保障生活为号召，以所掠得统治集团的财富散给饥民，百姓喜欢极了，叫这政府所痛恨的军队为"李公子仁义兵"。他标着鲜明的农民革命的旗帜，向统治集团作致命的打击。在这情势下，对方还是执迷不悟，茫然于当前的危机，抱定对外和平、对内高压的政策，几次企图和关外对峙的建州部族，讲求以不失面子为光荣的和平，只用一小部分军力在山海关内外，堵住建州入侵的门户，作消极的防卫，对内却用全力来消灭"流寇"。同时，内部又互相猜嫌排斥，"有忧念国事者则共诧之如怪物"，继续过着荒淫无耻的生活。对人民则更加强压迫，搜刮出最后的血液，驱其反抗。政府和人民的对立情势达于尖锐化，以一小数的腐烂的统治集团来抵抗全体农民的袭击，自然一触即摧，朱明的政权于此告了终结。

李自成流窜及其兴灭图（自《中国历代战争史》）

十七世纪前期的政府和人民的对立，政府军包围，追逐"流寇"，两个力量互相抵消，给关外的新兴的建州部族以可乘之机，乘虚窜入，建立了大清帝国。这新政权的本质是继承旧传统的，又给铲除未尽的地主绅富以更苏的机会，民族的进展活力又被窒息了三百年！

附带地提出两件事实：

其一是距今三百零一年前的七月二十五日，当外寇内乱最严重的时候，江苏枫桥，举行空前的赛会，绅衿士庶男女老幼，倾城罢市，通国若狂。

其二是距今三百年前的四月初二，江苏吴江在得到北都倾覆的消息以后，举行郡中从来未有的富丽异常的赛会。

这两次亡国的狂欢之后，接着就是嘉定三屠，扬州十日！

此文原名《晚明"流寇"之社会背景》，1934 年 10 月发表于天津《大公报·史地周刊》第 5、6 期。

1944 年 3 月重写于昆明

 论五四

在中国历史上留下辉煌纪录的五四运动，到今天，屈指已二十六年，人民年年此日举行纪念，尤其是学生，青年的学生，更热爱这一天，憧憬这一天，因为这一天是他们自己的日子。

二十六年占一世纪的四分之一，在中国，三十年为一世，不算太短的时期。当年的青年，过了一世的日子，如今都已鬓发苍苍，在岸然的道貌、崇高的地位掩护下，劝告青年应该"明哲保身，勿偏勿枉"了。当年才出生的婴孩，过了一世的日

子，如今也都年富力强，在受大学教育，或者已出校门，为社会服务，为人类争正义，争自由，争解放，争民主，正走着一世以前的青年所曾走的道路。累得中年人老年人在颦眉蹙额，不是说世风不古，而是慨叹世风之复古了！

上一代的青年在反抗旧传统，对礼教宣战，这一代的青年又在反抗上一代的青年，要求自由，要求民主。上一代青年要的是民主和科学，这一代青年所要的还是民主和科学。这一世纪的四分之一，可惜，真如我们中国人的口头禅"虚度"了。

不，不只是虚度，更使人痛心，更使人伤心的是这二十六年是血的时代，以万计、以千百万计的青年的头颅，换得了支持民族命运的廿六年，换得了一块镀银描金的什么什么招牌，换得了……

"天下有道，庶人不议。"就整个的历史说，有东汉末季的宦官专政，卖官鬻爵，才引起太学生的清议，以致闹成党锢之祸。有建炎时代汪伯彦、黄潜善的朋比乱政，主和误国，才引起太学生陈东、欧阳澈的上疏言事，汪、黄不除，二生被杀，金人长驱南下，宋朝几乎全部沦亡。有明末的魏忠贤盗政乱国，阉党横行，才引起东林党议。历代的学生运动都在亡国的前夕，都是对当前的腐烂政治，对误国的权奸，加以针砭，加以讨伐，都是知其不可为而为之，都是被传名追捕，望门投止，身膏草野，喋血市朝，这种至死不屈，为正义、为人民服务的至大、至刚的精神，真可以惊天地而泣鬼神，为百世师，为子孙式！

历史上时代末叶的学生运动，到现在颠倒了过来，在中华民国开国之初，就爆发了史无前例的五四运动，接着是"五卅"，"三一八"，"九一八"，"一二·九"，以至最近各大学的学生对时局的宣言运动，天真热诚的青年在为国家民族的前途担忧着急，食不甘味，寝不安席地在为国事奔走呼号，在为国事而被"自行失足落水"，失踪。长一辈的上一时代的青年呢？却脑满肠肥，温和地劝导着叫"少安勿躁"，国事我们自有办法，青年还是读书第一，不必受人利用。

是的，我们承认老年人、中年人站在超然地位，对国家民族的存亡不闻不问，甚而从中渔利，混水摸鱼，才使得青年人忍无可忍，挺身而负起安危重任，对时代逆流作无情的斗争。青年论政，以至青年问政，都不是正常现象，只有在历史上，在国家民族发生危机时才有过这种情形。但是我们不禁要问，过去和现在，是谁把局面弄糟的？是谁把水弄浑的？是谁葬送了国家民族的利益？

过去的学生运动发生在时代末叶，而当前的学生运动却和国运同符，这是论五四运动所该深切注意的第一点。

其次，我们要究问为什么会有五四运动？

我们明白辛亥革命只是一个狭隘的种族革命，是一个早熟的先天不足的政治革命。结果大清帝国换成中华民国，龙旗改成五色旗，乳臭的溥仪换上老奸巨猾的袁世凯，以至袁世凯的羽翼腹心爪牙冯国璋、段祺瑞、曹锟、徐世昌一伙北洋军阀的余孽，名变貌变而质不变。甚至变本加厉而文以现代化的美名。封建的传统如故，官僚的习气如故，一家一族的利益如故，人民之被剥削被奴役也亦如故！如故的这一套，大清帝国因之以亡国，中华民国反因之以建国！在这腐烂的局面下，自然而然，民主和科学成为不甘腐烂、不甘奴役的青年大众的呼声，他们要打倒吃人的礼教，他们要实行思想、学术的自由，人身的解放，从而反对文言，提倡白话，从而接受西洋的新思潮，锻炼组织新的力量。新的坚强的、前进的革命主潮，在这运动展开以后，继续不断激起民族解放的思潮，于是而"五卅"，而"三一八"，以至1927年的大革命，都是以五四为其先导的。虽然革命的高潮随即带来了反动的逆流，但整个的社会、整个的思想界无疑地受到了巨大的影响，激起了空前的变化。

因之，我们可以肯定地说，五四运动是继承辛亥革命，补充辛亥革命的社会的思想的革命。五四运动之所以必然地出现于历史，是因为辛亥革命的早熟和缺陷。这是论五四运动所应该深切认识的第二点。

时至今日——五四运动以后的二十六年，仍然有学生运动，学生仍然不能缄口结舌，要过问国家民族的存亡安危，而且，风起云涌，意义比过去更严重，规模比过去更阔大，在全世界人类为自由、民主、正义与法西斯作伟大壮烈的生死斗争的今天，在中华民族争取独立解放而抗战十四年的今天，青年人必然要继承五四光荣的传统精神，从反礼教而转变到反法西斯，反独裁，要求民主，要求自由，要求解放，配合着全世界的民主潮流，努力于奠定人民世纪的伟业。

在这新局面，史所未有的新局面之下，代表人民的青年，起来要求政治的民主。而且更进一步，要求经济的民主。要求思想、言论、出版、通讯、集会、结社、居住、演剧的以至最基本的人身自由，要求团结，要求统一，要求配合盟邦，要求整顿革新内政，用全民的力量，驱逐暴敌，还我河山，这是一个庄严的历史任务，也是今日中华民族的唯一生活。

从反封建而转变为反法西斯，从文化思想的改革转变到政治的经济的改革，从历史走到现实，这是论五四运动所应该深切认识的第三点。

只有用人民的力量才能解决人民本身的问题。只有用人民的力量，才能奠定人民的世纪。

五四以来的血没有白流，五四的精神永远存在，在每一个现代青年的胸膛中，脑袋里！

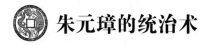 **朱元璋的统治术**

### 一、大明帝国和明教

吴元年（1367年，元至正二十七年）十二月，朱元璋的北伐大军已平定山东；南征军已降方国珍，移军福建，水陆两路都势如破竹。一片捷报声使应天的文武臣僚欢天喜地，估量军力、人事和元政府的无能腐败，加上元朝将军疯狂的内讧，荡平全国已经是算得出日子的事情了。苦战了十几年，为的是什么？无非是为作大官，拜大爵位，封妻荫子，大庄园，好奴仆，数不尽的金银钱钞，用不完的锦绮绸罗，风风光光、体体面面、舒舒服服过日子，如今，这个日子来了。吴王要是升一级做皇帝，王府臣僚自然也进一等作帝国将相了。朱元璋听了朱升的话，"缓称王"，好容易熬了这多年才称王，称呼从主公改成殿下，如今眼见得一统在望，再也熬不住了，立刻要过皇帝瘾。真是同心一意，在前方厮杀声中，应天的君臣在商量化家为国的大典。

自然，主意虽然打定，自古以来做皇帝的一套形式，还是得照样搬演一下。照规矩，是臣下劝进三次，主公推让三次，文章都是刻板的滥调，于是，文班首长中书省左丞相宣国公李善长率文武百官奉表劝进："开基创业，既宏盛世之舆图，应天顺人，宜正大君之宝位……既膺在躬之历数，必当临御于宸居，伏冀俯从众请，早定尊称。"不用三推三让，只一劝便答应了。十天后，朱元璋搬进新盖的宫殿，把要做皇帝的意思，祭告于上帝皇祇说："惟我中国人民之君，自宋运告终，帝命真人于沙漠，入中国为天下主，其君臣父子及孙百有余年，今运亦终。其天下土地人民，豪杰分争。惟臣帝赐英贤，为臣之辅，遂戡定诸雄，息民于田野。今地周回二万里广，诸臣下皆曰生民无主，必欲推尊帝号，臣不敢辞，亦不敢不告上帝皇祇。是用明年正月四日于钟山之阳，设坛备仪，昭告帝祇，惟简在帝心。

如臣可为生民主，告祭之日，帝祇来临，天朗气清。如臣不可，至日当烈风异景，使臣知之。"[1]

即位礼仪也决定了，这一天先告祀天地，再即皇帝位于南郊，丞相率百官以下和都民耆老拜贺舞蹈，连呼万岁三声。礼成，具皇帝卤簿威仪导从，到太庙追尊四代祖父母、父母都为皇帝皇后，再祭告社稷。于是皇帝服衮冕，在奉天殿受百官贺。天地社稷、祖先百官和都民耆老都承认了，朱元璋成为合法的皇帝。

皇帝的正殿命名为奉天殿，皇帝诏书的开头也规定为奉天承运。原来元时皇帝白话诏书的开头是"长生天气力里，大福荫护助里"，文言的译作"上天眷命"，朱元璋以为这口气不够谦卑奉顺，改作奉作承，为"奉天承运"，表示他的一切行动都是奉天而行的，他的皇朝是承方兴之运的，谁能反抗天命？谁又敢于违逆兴运？

洪武元年正月初四日，朱元璋和文武臣僚照规定的礼仪节目，逐一搬演完了，定有天下之号曰大明，建元洪武，以应天为京师。去年年底，接连下雨落雪，阴沉沉的天气，到大年初一雪停了，第二天天气更好，到行礼这一天，竟是大太阳，极好的天气，元璋才放了心。回宫时忽然想起陈友谅采石矶的故事，做皇帝这样一桩大事，连日子也不挑一个，闹得拖泥带水。衣冠污损，不成体统，实在好笑，甚怪不得他没有好下场。接着又想起这日子是刘基拣的，真不错，开头就好，将来会更好，子子孙孙都会好，越想越喜欢，不由得在玉辂里笑出声来。

奉天殿受贺后，立妃马氏为皇后，世子标为皇太子，以李善长、徐达为左右丞相，各文武功臣也都加官晋爵。皇族不管死的活的，全都封王，一霎时闹闹嚷嚷，欣欣喜喜，新朝廷上充满了蓬勃的气象，新京师里添了几百千家新贵族，历史上也出现了一个新朝代。[2]

皇族和其他许多家族组织成功一个新统治集团，代表这集团执行统治的机构是朝廷，这朝廷是为朱家皇朝服务的，朱家皇朝的建立者朱元璋，给他的皇朝起的名号——大明。

大明这一朝代名号的决定，事前曾经过长期的考虑。

历史上的朝代称号，都有其特殊的意义。大体上可以分作四类：第一类用初起时的地名，如秦如汉。第二类用所封的爵邑，如隋如唐。第三类用特殊的物产，如辽（镔铁）如金。第四类用文字的含义，如大真如大元。[3]大明不是地名，也不是爵邑，更非物产，应该归到第四类。

大明这一国号出于明教。明教有明王出世的传说，主要的经典有大小明王出世经，经过了五百多年公开的、秘密的传播，明王出世成为民间所熟知、所深信的预言。这传说又和佛教的弥勒降生说混淆了，弥勒佛和明王成为二位一体的人民救主。韩山童自称明王起事，败死后，他的儿子韩林儿继称小明王，西系红军别支的明昇也称小明王。朱元璋原来是小明王的部将，害死小明王，继之而起，国号也称大明。[4]据说是刘基提出的主意。[5]

朱元璋部下分红军和儒生两个系统，这一国号的采用，使两方面人都感觉满意。就红军方面说，大多数都起自淮西，受了彭莹玉的教化，其余的不是郭子兴的部属，就是小明王的余党，天完和汉的降将，总之，都是明教徒。国号大明，第一表示新政权还是继承小明王这一系统，所有明教徒都是一家人，应该团结在一起，共享富贵。第二告诉人"明王"在此，不必痴心妄想，再搞这一套花样了。第三使人民安心，本本分分，来享受明王治下的和平合理生活。就儒生方面说，固然和明教无渊源，和红军处于敌对地位，用尽心机。劝诱朱元璋背叛明教，遗弃红军，暗杀小明王，另建新朝代，可是，对于这一国号，却用儒家的看法去解释。"明"是光亮的意思，是火，分开来是日月，古礼有祀"大明"朝"日"夕"月"的说法，千多年来"大明"和日月都算是朝廷的正祀，无论是列作郊祭或特祭，都为历代皇家所看重，是儒生所乐于讨论的。而且，新朝是起于南方的，和以前各朝从北方起事平定南方的恰好相反，拿阴阳五行之说来推论，南方为火，为阳，神是祝融，颜色赤，北方是水，属阴，神是玄冥，颜色黑，元朝建都北平，起自更北的蒙古大漠，那么，以火制水，以阳消阴，以明克暗，不是恰好？再则，历史上的宫殿名称有大明宫、大明殿，古神话里，"朱明"一名词把国姓和国号联在一起，尤为巧合。因此，儒生这一系统也赞成用这国号。一些人是从明教教义，一些人是从儒家经说，都以为合式，对劲。[6]

元朝末年二十年的混战，宣传标榜的是"明王出世"，是"弥勒降生"的预言。朱元璋是深深明白这类预言，这类秘密组织的意义的。他自己从这一套得到机会和成功，成为新兴的统治者，要把这份产业永远保持下去，传之子孙，再也不愿意、不许别的人也来要这一套，危害治权。而且，"大明"已经成为国号了，也应该保持它的尊严。为了这，建国的第一年就用诏书禁止一切邪教，尤其是白莲社、大明教和弥勒教。接着把这禁令正式公布为法律，《大明律·礼律·禁止师巫邪术》条规定："凡师巫假降邪神，书符咒水，扶鸾祷圣，自号端公太保师婆，妄称弥勒佛、白莲社、明尊教、白云宗等会，一应左道乱正之术，或隐藏图像，烧香集众，夜聚晓散，佯修善事，煽惑人民，为首者绞，为从者各杖一百，流三千里。"句解："端公太保降神之男子，师婆降神之妇人。白莲社如昔远公修净土之教，今奉弥勒佛十八龙天持斋念佛者。明尊教谓男子修行斋戒，奉牟尼光佛教法者。白云宗等会，盖谓释氏支流派分七十二家，白云持一宗如黄梅曹溪之类也。"明尊教即明教，牟尼光佛即摩尼。《昭代王章·条例》："左道惑众之人，或烧香集徒，夜聚晓散，为从者及称为善友，求讨布施，至十人以上，事发，属军卫者俱发边卫充军，属有司者发口外为民。"善友也正是明教教友称号的一种。招判枢机定师巫邪术罪款说："有等捏怪之徒，罔顾明时之法，乃敢立白莲社，自号端公，拭清风刀，人呼太保，尝云能用五雷，能集方神，得先天，知后世，凡所以煽惑人心者千形万状，小则人迷而忘亲忘家，大即心惑而丧心丧志，甚至聚集成党，集党成祸，不测之变，种种立见者，其害不可胜言也。"[7]何等可怕，不禁怎么行？温州泉州的大明教，从南宋以来就根深蒂固流传在民间，到明初还"造饰殿堂甚侈，民之无业者咸归之"。因为名犯国号，教堂被毁，教产被没收，教徒被逐归农。[8] 甚至宋元以来的明州，也改名为宁波。[9] 明教徒在严刑压制之下，只好再改换名称，藏形匿影，暗地里活动，成为民间的秘密组织了。

事实是，法律的条款和制裁，并不能、也不可能满足人民对政治的失望。朱元璋虽然建立了大明帝国，并没有替人民解除了痛苦，改善了生活，故二十年后，弥勒教仍在农村里传播，尤其是江西。朱元璋在洪武十九年年底告诫人民说："元政不纲，天将更其运祚，而愚民好作乱者兴焉。初本数人，其余愚者闻此风而思为之，合共谋倡乱。是等之家，吾亲目睹……秦之陈胜、吴广，汉之黄巾，隋之杨玄感、僧向海明，唐之王仙芝，宋之王则等辈，皆系造言倡乱者，致干戈横作，物命损伤者既多。比其事成也，天不与首乱者，殃归首乱，福在殿兴。今江西有等愚民，妻不谏夫，夫不戒前人所失，夫妇愚于家，反教子孙，一概念诵南无弥勒尊佛，以为六字，又欲造祸，以殃乡里……今后良民凡有六字者即时烧毁，毋存毋奉，永保己安，良民戒之哉！"特别指出凡是造言首事的都没有好下场，"殃归首乱"，只有自己是跟从的，所以"福在殿兴"。劝人民不要首事肇祸，脱离弥勒教，翻来覆去地说，甚至不惜拿自己作例证，可以看出当时民间对现实政治的不满意和渴望光明的情形。

政府对明教的压迫虽然十分严厉，小明王在西北的余党却仍然很活跃。从洪武初年到永乐七年（1409 年）四十多年间，王金刚奴自称四天王，在沔县西黑山天池平等处，以佛法惑众，其党田九成自称后明皇帝，年号还是龙凤，高福兴自称弥勒佛，帝号和年号都直承小明王，根本不承认这个新兴的朝代。前后攻破屯寨，杀死官军。[10] 同时西系红军的根据地蕲州，永乐四年"妖僧守座聚男女成立白莲社，毁形断指，假神煽惑"被杀。永乐七年在湘潭，十六年在保定新城县，都曾爆发弥勒佛之乱。[11] 以后一直下来，白莲教、明教的教徒在不同时期、不同地点的传播以至起义，可以说是史不绝书。虽然都被优势的武力所平定了，但也可以看出这时代，人民对政府的看法和愤怒的程度。[12]

## 二、农民被出卖了！

朱元璋经过二十几年的实际教育，在流浪生活中，在军营里，在作战时，在后方，随处学习，随时训练自己，更事事听人劝告，征求专家的意见。他在近代史上，不但是一个以屠杀著名的军事统帅，也是一个最阴险残酷的政治家。

他的政治才能，表现在所奠定的帝国规模上。

在红军初起时，标榜复宋，韩林儿诈称是宋徽宗的子孙，暂时的固然可以发生政治的刺激作用，可是这时距宋朝灭亡已经七十年，宋朝的遗民故老死亡已尽，七十年后的人民对历史上的皇朝，对一个被屈辱的家族，并不感觉到亲切、怀念、依恋。而且，韩家父子是著名的白莲教世家，突然变成赵家子孙，谁都知道是冒牌，真的都不见得有人理会，何况是假货？到朱元璋北伐时，严正地提出民族独立自主的号召，汉人应该由汉人自己治理，应该用自己的方式生活，保存原有的文化系统，这一崭新的主张，博得全民族的热烈拥护，瓦解了元朝治下汉官汉兵的敌对心理。在檄文中，更进一步地提出，蒙古、色目人只要参加这文化系统，就一体保护，认为皇朝的子民。这一举措，不但减低了敌人的抵抗挣扎行为，而且也吸引过来一部分敌人，化敌为友。到开国以后，这同化的主张仍然被尊重为国策，对于参加华族文化集团的外族，并不歧视，蒙古、色目的官吏和汉人同样登用，在朝廷有做到尚书侍郎大官的，地方作知府知县，一样临民办事。[13] 在军队里更多，甚至在亲军中也有蒙古军队和军官。[14] 由政府编置勘合（合同文书），给赐姓名，和汉人一无分别。[15] 婚姻则制定法令，准许和汉人通婚，务要两相情愿，如汉人不愿，许其同类自相嫁娶。[16] 这样，蒙古、色目人陶育融冶，几代以后，都同化为中华民族的成员了。内中有十几家军人世家，替明朝立下不可磨灭的功绩。对于塞外的外族，则继承元朝的抚育政策，告诉他们新朝仍和前朝一样，尽保护提携的责任，各安生理，不要害怕。

相反地，下诏书恢复人民的衣冠如唐朝的式样，蒙古人留下的习俗，辫发、椎髻、胡服——男袴褶窄袖及辫线腰褶，妇女衣窄袖短衣，下服裙裳——胡语、胡姓一切禁止。[17] 蒙古俗丧葬作乐娱尸，礼仪官品坐位以右手为尊贵，也逐一改正。[18] 复汉官之威仪，参酌古代礼经和事实需要，规定了各阶层的生活服用、房舍、舆从种种规范和标准，使人民有所遵守。

红军之起，最主要的目的是要实现经济的、政治的、民族的地位平等。在民族方面说，大明帝国的建立已经使汉族成为统治民族，有压迫少数民族的特权，而无被异族压迫的痛苦了。可是，在经济政治方面，虽然推翻了异族对汉族的特权，但就中华民族本身而说，地主对农民的剥削压迫特权，并没有因为胡人的逐走而有所改变。

元末的农民，大部分参加红军，破坏旧的统治机构。地主的利益恰好相反，他们要保全自己的生命财产，就不能不维持旧秩序，就不能不拥护旧政权。在战争爆发之后，地主们用全力来组织私军，称为民军或义军，建立堡寨，抵抗农民的袭击。这一集团的组成分子，包括现任和退休的官吏、乡绅、儒生和军人，总之，都是丰衣足食，面团团的地主阶层人物。这些人受过教育，有智识，有组织能力，在地方有号召的威望。虽然各地方的地主各自作战，没有统一的指挥和作战计划，战斗力量也有大小强弱之不同，却不可否认是一个比元朝军队更为壮大，更为顽强的力量。他们绝不能和红军妥协，也不和打家劫舍的草寇或割据一隅的群雄合作。可是，等到有一个新政权建立，而这一个新政权是有足够的力量，保护地主利益，维持地方秩序的时候，也就毫不犹豫，拥戴这一属于他们自己的新政权了[19]，同时，新朝廷的一批新兴贵族、官僚，也因劳绩获得大量土地，成为新的地主。（洪武四年十月的公侯佃户统计，六国公二十八侯，凡佃户三万八千一百九十四户。）[20]新政府对这两种地主的利益，是不敢，也不能不特别尊重的。这样，农民的生活问题，农民的困苦，就被搁在一边无人理睬了。

朱元璋和大部分臣僚都是农民出身的。过去曾亲身受过地主的剥削和压迫。但在革命的过程中，本身的武装力量不够强大，眼看着小明王是被察罕帖木儿、李思齐和孛罗帖木儿两支地主军打垮了的，为了要成事业，不能不低头赔小心，争取地主们的人力、财力的合作。又恨又怕，在朱元璋的心坎里，造成了微妙的、矛盾的、敌对的心理，产生了对旧地主的两面政策。正面是利用有学识有社会声望的地主，任命为各级官吏和民间征收租粮的政府代理人，建立他的官僚机构。原来经过元末多年的战争，学校停顿，人才缺乏，将军们会打仗，不会作办文墨的事务官。有些读书人，怕朱元璋的残暴、侮辱，百般逃避，抵死不肯做官，饶是立了"士人不为君用"，就要杀头的条款，还是逼不出够用的人才。没奈何只好拣一批合用的地主，叫作税户人才，任为地方县令长、知州、知府、布政使，以至朝廷的九卿。另外，以为地主熟悉地方情形，收粮和运粮都比地方官经手方便省事，而且可以省去一层中饱，乃规定每一收粮万石的地方，派纳粮最多的大地主四人作粮长，管理本区的租粮收运。这样，旧地主做官，作粮长，加上新贵族新官僚的新地主，构成了新的统治集团。[21] 反面则用残酷的手段，消除不肯合作的旧地主，一种惯用的方法是强迫迁徙，使地主离开原有土地，集中到濠州、京师（今江苏南京）、山东、山西等处，釜底抽薪，根本削除了他们在地方的势力。其次是用苛刑诛灭，假借种种政治案件，株连牵及，一网打尽，灭门抄家，洪武朝的几桩大案如胡惟庸案、蓝玉案、空印案，屠杀了几万家，不用说了，甚至地方上一个皂隶的逃亡，就屠杀抄没了几百家。洪武十九年，朱元璋公布这案子说："民之顽者，莫甚于溧阳、广德、建平、宜兴、安吉、长兴、归安、德清、崇德蒋士鲁等三百七户，且如潘富系溧阳县皂隶，教唆官长贪赃枉法，自己挟势持权，科民荆杖。朕遣人按治，潘富在逃，自溧阳节次递送至崇德豪民赵真胜奴家。追者回奏，将豪民赵真胜奴并二百余家尽行抄没，持杖者尽皆诛戮。沿途节次递送者一百七十户，尽行枭令，抄没其家。"[22] 豪民尽皆诛戮，抄没的田产当然归官，再由皇帝赏赐给新贵族、新官僚，用屠杀的手段加速改变土地的持有人。据可信的史料，三十多年中，浙东浙西的故家巨室几乎到了被肃清的地步。[23]

为了增加政府的收入，财力和人力的充分运用，朱元璋用二十年的功夫，大规模举行土地丈量和人口普查，六百年来若干朝代若干政治家所不能做到的事情，算是划时代地完成了。丈量土地的目的，是因为过去六百年没有实地普遍调查，土地簿籍和实际情形完全不符合，而且连不符合的簿籍大部分都已丧失，半数以上的土地不在簿籍上，逃避政府租税，半数的土地面积和负担轻重不一样，极不公平。地主的负担转嫁给贫农，土地越多的交租越少，土地越少的交租越多，由之，富的愈富，穷的更穷。经过实际丈量以后，使所有过去逃税的土地登记完粮。全国土地，记载田亩面积方圆，编列字号和田主姓名，制成文册，名为鱼鳞图册，政府据以定赋税标准。洪武二十六年（1393）全国水田总数八百五十万七千六百二十三顷<sup>24</sup>，夏秋二税收麦四百七十余万石，米二千四百七十余万石。和元代全国岁入粮数一千二百十一万四千七百余石比较，增加了一倍半。<sup>25</sup>

人口普查的结果，编定了赋役黄册，把户口编成里甲，以一百一十户为一里，推丁粮多的地主十户作里长，余百户为十甲，每甲十户，设一甲首。每年以里长一人甲首一人，管一里一甲之事，先后次序根据丁粮多少，每甲轮值一年。十甲在十年内先后轮流为政府服义务劳役，一甲服役一年，有九年的休息。每隔十年，地方官以丁粮增减重新编定黄册，使之合于实际。洪武二十六年统计，全国有户一千六百五万二千六百八十，口六千五十四万五千八百十二<sup>26</sup>，比之元朝极盛时期，世祖时代的户口，户一千一百六十三万三千二百八十一，口五千三百六十五万四千三百三十七<sup>27</sup>，户增加了三百四十万，口增加了七百万。

表面上派大批官吏，核实全国田土，定其赋税，详细记载原坂、坟衍、下隰、沃瘠、沙卤的区别，凡置卖田土，必须到官府登记税粮科则，免去贫民产去税存的弊端；十年一次的劳役，轮流的休息，又似乎是替一般穷人着想的。其实，穷人是得不到好处的，因为执行丈量的是地主，征收租粮的还是地主，里长甲首依然是地主，地主是绝不会照顾小自耕农和佃农的利益的。其次，愈是大地主，愈有机会让子弟受到教育，通过科举成为官僚绅士，官僚绅士享有非法的逃避租税、合法的免役之权。前一例子，朱元璋说得很明白"民间洒派、包荒、诡寄、移丘、换段，这等俱是奸顽豪富之家，将次没福受用财富田产，以自己科差洒派细民。境内本无积年荒田，此等豪猾，买嘱贪官污吏，及造册书算人等，当科粮之际，作包荒名色，征纳小户。书算手受财，将田洒派，移丘换段，作诡寄名色，以此靠损小民。"[28] 后一例子，洪武十年（1377），朱元璋告诉中书省官员："食禄之家，与庶民贵贱有等，趋事执役以奉上者，庶民之事也。若贤人君子，既贵其身，而复役其家，则君人野人无所分别，非劝士待贤之道。自今百司见任官员之家，有田土者，输租税外，悉免其徭役，著为令。"[29] 不但见任官，乡绅也享受这特权，洪武十二年又著令："自今内外官致仕还乡者，复其家终身无所与。"[30] 连在学的学生、生员之家，除本身外，户内也优免二丁差役。[31] 这样，现任官、乡绅、生员都逃避租税，豁免差役，完粮当差的义务，便完全落在自耕农和贫农的身上了。他们不但出自己的一份，连官僚绅士地主的一份，也得一并承当下来。统治集团所享受的特权，造成了更激烈的加速度的兼并，土地愈集中，人民的负担愈重，生活愈困苦。这负担据朱元璋说是"分"，即应尽的义务，洪武十五年他叫户部出榜晓谕两浙江西之民说："为吾民者当知其分，田赋力役出以供上者，乃其分也。能安其分，则保父母妻子，家昌身裕，为忠孝仁义之民。"不然呢？"则不但国法不容，天道亦不容矣！"应该像"中原之民，惟知应役输税，无负官府"。只有如此，才能"上下相安，风俗淳美，共享太平之福！"[32]

里甲的组织，除了精密动员人力以外，最主要的任务是布

　　　　　　　　　　　　　　　历史的镜子

置全国性的特务网，严密监视并逮捕危害统治的人物。

朱元璋发展了古代的传、过所、公凭这一套制度，制定了路引（通行证或身份证）。法律规定："凡军民人等来往，但出百里即验文引，如无文引，必须擒拿送官。仍许诸人首告，得实者赏，纵容者同罪。天下要冲去处，设立巡检司，专一盘诘往来奸细及贩卖私盐犯人、逃囚、无引面生可疑之人。"[33] 处刑的办法："凡无文引，私度关津者杖八十。若关不由门，津不由渡而越度者杖九十。若越度缘边关塞者，杖一百，徒三年；因而出外境者绞。"军民的分别："若军民出百里之外不给引者，军以逃军论，民以私度关津论。"[34] 这制度把人民的行动范围，用无形的铜墙铁壁严密圈禁。路引是要向地方官请领的，请不到的，便被禁锢在生长的土地上，行动不能出百里之外。

要钳制监视全国人民，光靠巡检司是不够的，里甲于是被赋予了辅助巡检司的任务。朱元璋在洪武十九年手令"要人民互相知丁"，知丁是监视的意思。

诰出，凡民邻里互相知丁。互知务业，俱在里甲，县府州务必周知。市村绝不许有逸夫。若或异四业而从释道者，户下除名。凡有夫丁，除公占外，余皆四业，必然有效。

一、知丁之法：某民丁几，受农业者几，受士业者几，受工业者几，受商业者几。且欲士者志于士，进学之时，师方某氏，习有所在，非社学则入县学，非县必州府之学，此其所以知士丁之所在。已成之士为未成士之师，邻里必知生徒之所在。庶几出入可验，无异为也。

一、农业者不出一里之间，朝出暮入，作息之道互知焉。

一、专工之业，远行则引明所在，用工州里，往必知方。巨细作为，邻里采知。巨者归迟，细者归疾，出入不难见也。

一、商本有巨微，货有重轻，所趋远近水陆，明于引间。归期艰，限其业，邻里务必周知。若或经年无信，二载不归，邻里当觉（报告）之询故。本户若或托商在外非为，邻里勿干。

逸夫指的是无业的危险分子。如不执行这命令：

一里之间，百户之内，仍有逸夫，里甲坐视，邻里亲戚不拿，其逸夫或于公门中，或在市间里，有犯非为，捕获到官，逸夫处死，里甲四邻化外之迁，的不虚示。[35]

又说：

此诰一出，自京为始，遍布天下。一切臣民，朝出暮入，务必从容验丁。市并人民，舍客之际，辨人生理，验人引目。生理是其本业，引目相符而无异，犹恐托业为名，暗有他为。虽然业与引合，又识重轻巨微贵贱，倘有轻重不伦，所赍微细，必假此而他故也，良民察焉。[36]

异为，非为，他为，他故，都是法律术语，即不轨、不法的意思。前一手令是里甲邻里的连坐法，后一手令是旅馆检查规程，再三叮咛训示，把里甲和路引制度关联成为一体，不但圈禁人民在百里内，而且用法律、用手令强迫每一个人都成为政府的代表，执行调查、监视、告密、访问、逮捕的使命。[37]

## 三、新官僚养成所

专制独裁的君主，用以维持和巩固皇权的两套法宝，一是军队，二是官僚机构。用武力镇压，用公文统治，皇权假如是车子，军队和官僚便是两个车轮，缺一不可。

朱元璋从亲兵爬到宋朝的丞相国公，作吴王，一直作到皇帝，本来是靠武力起的家，有的是军队再加上刘基的组织方案——军卫法，一个轮子有了。

另一个轮子可有点麻烦，从朝廷到地方，从部院省寺府监到州县，各级官僚要十几万人，白手起家的朱元璋，从哪儿去找这么些听话的、忠心的、能干的文人？

第一用元朝的旧官僚吧。经过二十年战争的淘汰，生存的为数已不甚多，会办事有才力的一批，早已来投效了。不肯来的，放下脸色一吓唬，说是："您不来，敢情在打别的主意？"[38]也不敢不来。剩下的不是贪官污吏，便是老朽昏庸，不是眷怀旧国的恩宠，北迁沙漠[39]，便是厌恶新朝的暴发户派头，恐惧新朝的屠杀侮辱，遁迹江湖，埋名市井。[40]尽管新朝用尽了心机，软说硬拉，要凑齐这个大班子，人数还差得太远。

第二想到的是元朝的吏，元朝是以吏治国的。从元世祖以后，甚至执政大臣也用吏来充当，造成风气。[41]朱元璋深知法令愈繁冗，条格愈详备，一般人不会办，甚至不能懂，吏就愈方便舞文弄弊，闹成吏治代替了官治，代替了君治，这是万万要不得的。[42]

第三只好起用没有做过官的读书人了。读书人当然想做官，可是也有顾忌。顾忌的是失身份："海岱初云扰，荆蛮遂土崩，王公甘久辱，奴仆尽同升。"[43] 和奴仆同升也许还不大要紧，要紧的是这个政权还不大巩固，对内未统一，对外，北边蒙古还保有强大力量。顾忌的是这个政权是淮帮，大官位都给淮人占完了，"两河兵合尽红巾，岂有桃源可避秦？马上短衣多楚客，城中高髻半淮人"[44]。更顾忌的是恐怖的屠杀凌辱，做官一有差跌，不是枭示种诛，便是戴斩罪镣足办事，"以鞭笞捶楚为寻常之辱，以屯田工役为必获之罪"[45]。不是不得已，又谁敢做官？

第四是任用地主做官，称为荐举。有富户、耆民、孝弟力田、税户人才（纳粮最多的大地主）等名目。有一出来便作朝廷和地方的大官的，最多的一次到过三千七百多人。[46] 可是，还不够用，而且，这些地主官僚的作风，也不完全适合新朝统治的需要。

旧的人才不够用，只好想法培养新的了。朱元璋决心用自己的方法，新造一个轮子——国子监，来训练大量的新官僚。[47]

国子监的教职员，从祭酒（校长）、司业、博士、助教、学正到监丞，都是朝廷命官，任免都出于吏部，国子监官到监是上任做官，学校是学校官的衙门。政治和教育一体，官僚和师儒一体。祭酒虽然是衙门首长，"严立规矩，表率属官"，但是，并无聘任教员之权，因为一切教职员都是部派的。监丞品位虽低，却参领监事，凡教官怠于师训，生员有戾规矩，课业不精，并从纠举。不但管学生规矩课业，还兼管教员教课成绩。办公处叫绳愆厅，特备有行扑红凳二条，拨有直厅皂隶二名，"扑作教刑"，刑具是竹篦，皂隶是行刑人，红凳是让学生伏着挨打的。照规定，监丞立集愆册一本，各堂生员敢有不遵学规，即便究治。初犯记录（记过），再犯决竹篦五下，三犯决竹篦十下，四犯发遣安置（开除，充军，罚充吏役）。监丞对学生，不但有处罚权，而且有执行刑讯之权，学校、法庭、刑场，合而为一。当然，判决和执行都是片面的，学生绝对没有辩解申说和要求上诉的权利。膳夫由朝廷拨死囚服役，如三遍不听使令，即行斩刑，学校又变作死囚的苦工场了。[48]

学校的教职员全是官，学生呢？来源有两类，一类是官生，一类是民生。官生又分两等，一等是品官子弟，一等是外夷子弟（包括日本、琉球、暹罗和西南土司子弟）。官生是由皇帝指派分发的，民生是由各地地方官保送府州县学的生员。[49]原来立学的目的，是训练官生如何去执行统治，名额是一百五十名，民生只占五十名。[50]后来官生入学的日少，民生依法保送的日多，以洪武二十六年（1393年）的在学人数为例，总数八千一百二十四名，里面官生只有四名。国子监已经失去原来的用意，成为广泛训练民生做官的机构了。

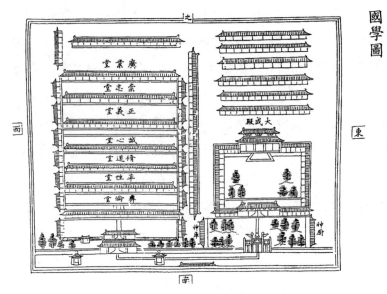

《洪武京城图志》所载"国学图"

功课内容分御制《大诰》、《大明律令》、四书五经、刘向《说苑》等书。[51] 最重要的是《大诰》。《大诰》是朱元璋自己写的，有《续编》、《三编》、《大诰武臣》，一共四册。主要的内容是列举所杀官民罪状，使官民知所警戒和教人民守本分，纳田租，出夫役，老老实实替朝廷当差的训话。洪武十九年以《大诰》颁赐监生，二十四年令："今后科举岁贡生员，俱以《大诰》出题试之。"礼部行文国子监正官，严督诸生熟读讲解，以资录用，有不遵者，以违制论。[52] 违制是违抗圣旨的法律术语，这罪名是非同小可的。至于《大明律令》，因为学生的出路是做官，当然是必读书。四书五经是儒家的经典，治国平天下的大道理都在里面。孔子的思想是没有问题的，尊王正名，君君、臣臣、父父、子子，这一大套，最合帝王的脾胃，所以朱元璋面谕国子博士："一以孔子所定经书诲诸生。"[53] 至于《孟子》就不同了，洪武三年，他开始读这本书，读到好些对君上不客气的地方，大发脾气，对人说："这老头要是活到今天，非严办不可！"下令国子监撤去孔庙中的孟子牌位，把孟子逐出孔庙。后来虽然迫于舆论，恢复孟子配享，对于这部书还是认为有反动毒素，得经过严密检查。洪武二十七年（1394 年）特别敕命组织《孟子》审查委员会，执行检删职务的是当时的老儒刘三吾。把《尽心》篇的"民为贵，社稷次之，君为轻"，《梁惠王》篇"国人皆曰贤，国人皆曰可杀"一章，"时日曷丧，予及汝偕亡！"和《离娄》篇"桀纣之失天下也，失其民也。失其民者，失其心也"一章，《万章》篇"天与贤则与贤"一章，"天视自我民视，天听自我民听"，"君有大过则谏，反复之而不听，则易位"以及类似的"闻诛一夫纣矣，未闻弑君也"，"君之视臣如草芥，则臣视君如寇仇"，一共八十五条，以为这些话，不合"名教"，太刺激了，全给删节掉了。只剩下一百七十几条，刻板颁行全国学校。这部经过凌迟碎割的书，叫作《孟子节文》。所删掉的一部分，"课士不以命题，科举不以取士"[54]。至于《说苑》，是因为"多载前言往行，善善恶恶，昭然于分册之间，深有劝戒"。是作为修身或公民课本被指定的。此外，也消极地指定一些不许诵读的书，例如"苏秦张仪，縡战国尚诈，故得行其术，宜戒勿读"[55]。由此可见学校功课的项目，内容的去取，必读书和禁读书，学校教官是无权说话的，一切都由皇帝御定。有时高兴他还出题目，所谓"圣制策问"，来考问学生呢！

学生日课，规定每日写字一幅，每三日背《大诰》一百字，本经一百字，四书一百字，每月作文六篇，违者都是痛决（打）。低年级生只通四书的，入正义、崇志、广业三堂，中等文理条畅的升入修道、诚心二堂，在学满七百天，经史兼通的入率性堂。率性堂生一年内考试满八分的与出身（做官）。[56]

监生的制服叫襕衫，也是御定的。膳食全公费，阖校会馔。有家眷的特许带家眷入学，每月支食粮六斗。监生和教员请假或回家，都要经皇帝特许。[57]

管制学校的监规，是钦定的，极为严厉。前后增订一共有五十六款。学生对课业有疑问，必须跪听。绝对禁止对人对事的批评，禁止团结组织，甚至班与班之间也禁止来往，又不许议论饮食美恶，不许穿常人衣服。有事先于本堂教官处通知，毋得径行烦紊。凡遇出入，务要有出恭入敬牌。还有无病称病，出入游荡，会食喧哗，点闸（名）不到，号房（宿舍）私借他人住坐，酣歌夜饮等二十七款，下文都是违者痛决。最最严重的一款是："敢有毁辱师长，及生事告讦者，即系干名犯义，有伤风化，定将犯人杖一百，发云南地面充军。"[58] 朱元璋寄托培养官僚的全部责任于国子监，这一条的法意就是授权监官，用刑法清除所有不服从和敢于抗议的监生，毁辱师长的含义是非常广泛的，无论是语言、文字、行动、思想上的不同意，以至批评，都可任意解释。至于生事告讦，更可随便应用，凡是不遵从监规的，不满意现状的，要求对教学及生活有所改进的都可以援用这条款片面判决之，执行之。国子监第一任祭酒宋讷是这条监规的起草人，极意严酷，在他的任内，监生走投无路，经常有人被强制饿死，被迫缢死。祭酒连尸首也不肯放过，一定要当面验明，才许收殓。[59] 后来他的儿子宋复祖当司业，也学父亲的办法，"诫诸生守讷学规，违者罪至死"[60]。学录金文徵反对宋讷的过分残暴，想法子救学生，向皇帝控诉说："祭酒办学太严，监生饿死了不少人。"朱元璋不理会，说是祭酒只管大纲，监生饿死，罪坐亲教之师。文徵又设法和同乡吏部尚书余熂商量，由吏部出文书令宋讷以年老退休。这年宋讷七十五岁，照规定是该告老的，不料宋讷在辞别皇帝时，说出并非真心要辞官，朱元璋大怒，追问缘由，立刻把余熂、金文徵和一些关联的教官都杀了，还把罪状榜示在监前，也写在《大诰》里头。这次反迫害的学潮，在一场屠杀后被压平。[61]

洪武二十七年第二次学潮又起，监生赵麟受不了虐待，出壁报提出抗议。照监规是杖一百充军，为了杀一儆百，朱元璋法外用刑，把赵麟杀了，并且在监前立一长竿，枭首示众。二十八年又颁行赵麟诽谤册和警愚辅教二录于国子监。到三十年七月二十三日，又召集祭酒和本监教官监生一千八百二十六员名，在奉天门当面训话整顿学风，他说：

恁学生每听着：先前那宋讷做祭酒呵，学规好生严肃，秀才每循规蹈矩，都肯向学，所以教出来的个个中用，朝廷好生得人。后来他善终了，以礼送他回乡安葬，沿路上着有司官祭他。

近年着那老秀才每做祭酒呵，他每都怀着异心，不肯教诲，把宋讷的学规又改坏了，所以生徒全不务学，用着他呵，好生坏事。

如今着那年纪小的秀才官人每来署学事，他定的学规，恁每当依着行。敢有抗拒不服，撒泼皮，违犯学规的，若祭酒来奏着恁呵，都不饶，全家发向武烟瘴地面去，或充军，或充吏，或做首领官。

今后学规严紧，若无籍之徒，敢有似前贴没头帖子，诽谤师长的，许诸人出首，或绑缚将来，赏大银两个。若先前贴了票子，有知道的，或出首，或绑缚将来呵，也一般赏他大银两个。将那犯人凌迟了，枭令在监前，全家抄没，人口迁发烟瘴地面。钦此！[62]

和统治监生一样，国子监的教官也是在严刑重罚的约束之下的。以祭酒为例，三十多年来的历任祭酒，只有以残酷著名的宋讷是善终在任上，死后的恩礼也特别隆重，可以说是例外，其他的不是得罪放逐，便是被杀。[63]

痛决、充军、罚充吏役、枷镣终身、饿死、自缢死、枭首示众、凌迟，一大串刑罚名词，明初的国子监与其说是学校，不如更合适地说是集中营，是刑场。不只是学生，也包括教官在内，在受死亡所威胁的训练，造成绝对服从的、无思想的、奴性的官僚。

从洪武二年到三十一年这一时期监生任官的情形来看，第一，监生并没有一定的任官资序，最高的有作到地方大吏从二品的布政使，最低的作正九品的县主簿，以至无品级的教谕。第二，监生也没有固定的任官性质，朝廷的部院官、监察官，地方最高民政财政官、司法官，以至无所不管亲民的府州县官和学校官。监生万能，几乎无官不可作。第三，除做官以外，在学的监生，有奉命出使的，有奉命巡行列郡的，有稽核百司案牍的，有到地方督修水利的，有执行丈量、记录土地面积、定粮的任务的，有清查黄册的（每年一千二百人），有写本的，有在各衙门办事的，有在各衙门历事的（实习），几乎无事不能作。第四，三十年来监生的任官，以洪武二年和二十六年为最高（洪武二年擢监生为行省左右参政、各道按察司佥事及知府等官。二十六年以监生六十四人为行省布政按察两使及参政、参议、副使、佥事等官），十九年为最多（命祭酒、司业择监生千余人送吏部，除授知州、知县等职），"故其时布列中外者，太学生最盛"[64]。大体来说，从十五年以后，监生的出路，已渐渐不如初年，从做官转到做事，朝廷利用大批监生作履亩定粮、督修水利，清查黄册等基层技术工作。至于为什么洪武二年和二十六年，大量利用监生作高官呢？理由是：第一，刚开国人才不够，如上文所说过的，没有别的人可用，只能以受过训练的监生出任高官。第二，洪武二十六年二月蓝玉被杀，牵连致死的文武官僚、地方大吏为数极多，许多衙门都缺正官，监生因之大走官运。至于为什么洪武十九年监生任官的竟有千余人之多呢？那是因为上年闹郭桓贪污案，供词牵连到直省官吏，因而系死者有几万人，下级官吏缺得太多的缘故。至于为什么从洪武十五年以后，监生做官的出路一天不如一天呢？那是因为从十五年以后，会试定期举行，每三年一次，进士在发榜后即刻任官，要做官的都从进士科出身，甚至监生也多从进士科得官，官僚从科举制度里出来，国子监失去了培养官僚的独占地位。进士释褐授官，这些官原来都是监生的饭碗，进士日重，监生日轻，只好去作基层技术工作和到诸司去历事了。

地方的府州县学和国子监一样，生员都是供给廪膳（公费）的，从监生到生员都享有免役权，法律规定"免其家差徭二丁"。

洪武十二年颁发禁例十二条于全国学校，镌立卧碑，置于明伦堂之左，不遵者以违制论。禁例中最重要的是："生员家若非大事，毋轻至于公门。""生员父母欲行非为，则当再三恳告。"前一条不许生员交结地方官，后一条要使生员为皇家服务，替朝廷消弭"非为"。另一条"军民一切利病，并不许生员建言。果有一切军民利病之事，许当该有司，在野贤才，有志壮士，质朴农夫，商贾技艺，皆可言之，诸人毋得阻当，惟生员不许！"[65]重复地说："不许生员建言"，"惟生员不许"，为什么单单剥夺了生员讨论政治的权利呢？因为他害怕群众，害怕组织，尤其害怕有群众基础有组织能力的知识分子。

地方学校之外，洪武八年又诏地方立社学——乡村小学。

府州县学和社学都以《御制大诰》和《律令》作主要必修科。

在官僚政治之下，地方学校只存形式，学生不在学，师儒不讲论。社学且成为官吏迫害剥削人民的手段，"有愿读书无钱者不许入学；有三丁四丁不愿读书者，受财卖放，纵其愚顽，不令读书。有父子二人，或农或商，本无读书之暇，却乃逼令入学。有钱者又纵之，无钱者虽不暇读书，又不肯放，将此凑生员之数，欺诳朝廷"[66]。朱元璋虽然要导民为善，却对官僚政治无办法，叹一口气，只好把社学停办，省得"逼坏良民不暇读书之家"[67]。

除国子监以外，政府官吏的来源是科举制度。国子监生可以不由科举，直接任官，而从科举出身的人则必须是学校的生员。府州县学的生员（俗称秀才）每三年在省城会考一次，称为乡试，及格的为举人。各布政司举人的名额是一定的，除直隶（今江苏、安徽）百人最多，广东、广西二十五人最少，其他九布政司都是四十人。第二年全国举人会考于京师，称为会试。会试及格的再经一次复试，地点在殿廷，叫作廷试，亦称殿试，这复试是形式上的，主要意义是让皇帝自己来主持这抡才大典，选拔之权，出于一人，及格的是天子门生，自然应该死心塌地替皇家服务。发榜分一、二、三甲（等），一甲只有三人，状元、榜眼、探花，赐进士及第。二甲若干人，赐进士出身。三甲若干人，赐同进士出身。状元、榜眼、探花的名号是御定的，民间又称乡试第一名为解元，会试第一名为会元，二、三甲第一名为传胪。乡试由布政使司，会试由礼部主持。状元授翰林院修撰，榜眼、探花授编修，二、三甲考选庶吉士的为翰林官，其他或授给事、御史、主事、中书、行人、评事、太常、国子博士，或授府推官、知州、知县等官。举人贡生会试不及格，改入国子监，也可选作小京官，或作府佐和州县正官以及学校教官。

科举各级考试，专用四书五经来出题目。文体略仿宋经义，要用古人口气说话，只能根据几家指定的注疏发挥，绝对不许有自己的见解。体裁排偶，叫作八股，也称制义。这制度是朱元璋和刘基商量决定的。十五年以后，定制子、午、卯、酉年乡试，辰、戌、丑、未年会试，乡试在八月，会试在二月。每试分三场，初场四书义三道，经义四道；二场试论一道，判一道，诏诰表内科（选）一道；三场试经史时务策五道。[68]

学校和科举并行，学校是科举的阶梯，科举是学生的出路。学生通过科举便做官，不但忘了学校，也忘了书本，于是科举日重，学校日轻。学校和科举都是制造和选拔官僚的制度，所学习和考试的范围完全一样，都是四书五经，不但远离现实，也绝对不许接触到现实。诚如当时人宋濂所说："自贡举法行，学者知以摘经拟题为志，其所最切者，惟四子一经之笺，是钻是窥，余则漫不加省。与之交谈，两目瞪然视，舌木强不能对。"[69]学校呢？"稍励廉隅者不愿入学，而学行章句有闻者，未必尽出于弟子员。"[70]到后来甚至弄到"生徒无复在学肄业，入其庭不见某人，如废寺然"[71]。科举人才不读书，不知时事，学校没有学生，加上残酷的统制管理，严格的检查防范，学校生员除了尊君和盲从古人之外，不许有新的思想、言论，于是整个学术文化界、思想界、政治界，从童生到当国执政，都向往三王，服膺儒术，都以为"天王圣明，臣罪当诛。"挨了打是"恩谴"，被斫头是"赐死"，挨了骂不消说有资格才能挨得着，天下无不是的父母，更不会有不是的皇帝，君权由此巩固，朱家万世一系的统治也安如泰山了。

## 四、皇权的轮子——军队

皇权的另一个轮子是军队。

朱元璋在攻克集庆以后，厉行屯田政策，广积粮食，供给军需。和刘基研究古代的兵制：征兵制的好处是全国皆兵，有事召集，事定归农，兵员素质好，来路清楚，政府在平时无养兵之费。坏处是兵员都出自农村，如有长期战争，便影响到农村的生产。而且兵源有限制，不适合于大规模的作战。募兵制呢？好处是应募的多为无业游民，当兵是职业，数量和服役的时间，可以不受农业生产的限制。坏处是政府经常要维持大量数目的常备军，军费负担太重，而且募的兵来路不明，没有宗族乡党的挂累，容易逃亡，也容易叛变。理想的办法是折中于两者之间，有两者的好处，而避免各自的坏处，主要的原则，是要使战斗力量和生产力量一致。

刘基创立的办法是卫所制度。[72]

卫所的兵源有四种：一种是从征，即起事时所统的部队，也就是郭子兴的基本队伍。一种是归附，包括削平群雄所得的部队和元朝的投降军。一种是谪发，指因犯罪被谪发当军的，也叫作恩军。一种叫垛集，即征兵，照人口比例，一家有五丁或三丁出一丁为军。前两种是定制时原有的武力，后两者则是补充的武力。这四种来源的军人都是世袭的，为了保障固定员额的维持，规定军人必须娶妻，世代继承下去，如无子孙继承，则由其原籍家属壮丁顶补。种族绵延的原则，被应用到武装部队里来，兵营成为武装的家庭群了。[73]

誠意伯劉基

彭蠡湖大戰時伯温多手摩之連聲呼曰難星過可更舟太祖如其言而更之坐未半晌舊舟已為敵砲擊碎矣然勝負未決伯温密言於太祖曰可移軍湖口期以金木相尅日決勝太祖從之遂平陳氏

刘基像

军有特殊的社会身份，单独有"军籍"。在明代户口中，军籍和民籍、匠籍平行，军籍属于都督府，民籍属于户部，匠籍属于工部。军不受普通行政官吏的管辖，在身份上、法律上和经济上的地位，都和民不同，军和民是截然地分开的。民户有一丁被垛为军，政府优免原籍老家一丁差徭，作为优恤。军士到戍所时，由宗族治装。在卫的军士除本身为正军外，其子弟称为余丁或军余，将校的子弟则称为舍人。日常生活概由政府就屯粮支给，按月发米，称为月粮，马军月支米二石，步军总旗一石五斗，小旗一石二斗，步军一石。（守城的照数支给，屯田的支半。）恩军家四口以上一石，三口以下六斗，无家口的四斗。衣服岁给冬衣棉布棉花，夏衣夏布，出征时则例给胖袄鞋裤。[74]

军队组织分作卫所两级：大体上以五千六百人为卫，卫有指挥使。卫分五千户所，所一千二百二十人，有千户。千户所分十百户所，所百十二人，有百户。百户下有总旗二，小旗十；总旗领小旗五，小旗领军十人。大小联比以成军。卫所的分布，根据地理险要：小据点设所，关联几个据点的设卫。集合一个军区的若干卫所，又设都指挥使司，作为军区的最高军事机构，长官是都指挥使。洪武二十五年（1392）全国共有十七个都指挥使司，内外卫三百二十九，守御千户所六十五。

首都和地方的兵力分配如下：

在京武官　　　　二七四七员

军士　　　　　　二〇六二八〇人

| 马 | 四七五一匹 |
|---|---|
| 在外武官 | 一二七四二员 |
| 军士 | 九九二一五四人 |
| 马 | 四〇三二九匹 [75] |

这十七个都指挥使司又分别隶属于五军都督府。

军食出于屯田。大略是学汉朝赵充国的办法，在边塞开屯，一部分军士守御，一部分军士受田耕种。目的在省去运输费用和充裕军食，减轻国库的负担，战斗力和生产力的一致。跟着内地卫所也先后开屯耕种，以每军受田五十亩作一分，官给耕牛农具。开头几年是免纳田租的，到成为熟地后，每亩收税一斗。规定边地守军十分之三守城，七分屯种，内地是二分守城，八分屯种，希望能达到自足自给的地步。[76]

军队里也和官僚机构一样，清廉的武官是极少见的，军士经常被苛敛剥削。朱元璋曾经愤恨地指出：

> 那小军每一个月只关得一担儿仓米。若是丈夫每不在家里，他妇人家自去关呵，除了几升做脚钱，那害人的仓官又斛面上打减了几升。待到家里（造字：血市）（音伐）过来呵，止有七八斗儿米，他全家儿大大小小要饭吃，要衣裳穿，他那里再得闲钱与人？[77]

正军本人的衣着虽由官家支给，家属的却得自己制备，一石米在人口多的家庭，连吃饭也还不够，如何还能孝敬上官？如何还能添制衣服？军士活不了，只好逃亡，只好兼营副业，作苦力作买卖全来，军营就空了，军队的士气战斗力也就差了。

除军屯外，还有商屯。边军粮食发生困难时，政府用开中法来接济。开中法是把运输费用转嫁给商人。政府有粮食有盐，困难的是运输费用过大，商人有资本也有人力，却无法得到为政府所专利的盐，开中法让商人运一定数量的粮食到边境，拿到收据，可以向政府领到等价的盐，自由贩卖，从而获取重利。商人会打算盘，索性雇人在边上开屯，就地缴粮，省去几倍的运费。[78] 在这一交换过程中，不但边防充实了，政府省运费、省事，商人也发了财，皆大欢喜。而且，边界荒地开垦了，不但增加了政府的财富，也造成了地方的繁荣。

军权分作两部分：统军权归五军都督府，军令权则属于兵部。武人带兵作战，文人发令决策。在平时卫所军务在屯地操练屯田，战时动员令一下，各地卫军集合成军，临时指派都督府官充任将军总兵官，统带出征。战事结束，立刻复员，卫军各回原卫，将军交回将印，也回原任。将不专军，军无私将，上下阶级分明，纪律划一。唐宋以来的悍将跋扈、骄兵叛变的弊端，在这制度下完全根绝了。

朱元璋对军官军士是用十二分的注意来防闲的。除开在各个部队里派义子监军，派特务人员侦伺以外，洪武五年还特地降军律于各卫，禁止军官军人，不得于私下或明白接受公侯所与信宝金银段匹衣服粮米钱物，及非出征时，不得于公侯之家门首侍立。其公侯非奉特旨，不得私自呼唤军人役使，违者公侯三犯准免死一次，军官军人三犯发海南充军。[79] 后来更进一步，名义上以公侯伯功臣有大功，赐卒一百十二人作卫队，设百户一人统率，颁有铁册，说明"俟其寿考，子孙得袭，则兵皆入卫"，称为奴军，亦称铁册军；事实上是防功臣有二心，特设铁册军来监视的。功臣行动，随时随地都有报告，证人是现成的，跟着是一连串的告密案和大规模的功臣屠杀。[80]

在作战时，虽然派有大将军统率大军，但指导战争进行的，还是朱元璋自己，用情报用军事经验来决定前方的攻战，甚至指挥到极琐细的军务。即最亲信的将领像徐达、李文忠，也是如此。例如吴元年（1367）四月十八日给徐达的手令，在处分军事正文之后，又说："我的见识只是如此，你每见得高处强处便当处，随着你每意见行着，休执着我的言语，恐怕见不到处，教你每难行事。"洪武三年四月："说与大将军知道……这是我家中坐着说的，未知军中便也不便，恁只拣军中便当处便行。"给李文忠的手令："说与保儿老儿……我虽这般说，计量中不如在军中多知备细，随机应变的勾当。你也厮活落些儿也，那里直到我都料定！"大体上指导的原则是不能更动的，统帅所有的只是极细微的修正权。

对待俘虏的方针是屠杀，如龙凤十一年十一月初五日的令旨："吴王亲笔，差内使朱明前往军中，说与大将军左相国徐达、副将军平章常遇春知会：十一月初四日捷音至京城，知军中获寇军及首目人等六万余众，然而俘获甚众，难为囚禁，令差人前去，教你每军中，将张（士诚）军精锐勇猛的留一二万，若系不堪任用之徒，就军中暗地去除了当，不必解来。但是大头目，一名名解来。"十二年三月且严厉责备徐达不多杀人："吴王令旨，说与总兵官徐达，攻破高邮之时，城中杀死小军数多，头目不曾杀一名。今军到淮安，若系便降，系是泗州头目青幡黄旗招诱之力，不是你的功劳。如是三月已里，淮安未下，你不杀人的缘故，自说将来！依奉施行者。"吴元年十月二十四日因为俘虏越狱逃跑，又下令军前："今后就近获到寇军及首目人等，不须解来，就于军中典刑。"洪武三年四月："说与大将军知道：止是就阵得的人，及阵败来降的王保保头目，都休留他个，也杀了。止留小军儿，就将去打西蜀了后，就留些守西蜀便了。"则不但俘虏，连投降的头目也一概残杀了。

有一道令旨是关于整饬军纪的，说明了这一举措的军事理由。时间是龙凤十二年三月："（张军）男子之妻多在高邮被掳，总兵官为甚不肯给亲完聚发来？这个比杀人那个重？当城破之日，将头目军人一概杀了，倒无可论。掳了妻子，发将精汉来，我这里赔了衣粮，又费关防，养不住。杀了男儿，掳了妻小，敌人知道，岂不抗拒？星夜教冯副使（胜）去军前，但有指挥千户百户及总兵官的伴当，掳了妇女的，割将首级来。总兵官的罪过，回来时与他说话。依奉施行者。"[81] 男子指的是张士诚的部队，被掳是指的被朱元璋自己的部队所掳。把俘虏的妻女抢了，送俘虏来，养不住，白赔粮食，白费事看守。掳了妇女，杀了俘虏，敌人知道了，当然会顽强抵抗。为了这个道理，朱元璋只好派特使去整顿军风军纪了。

## 五、皇权的轮子——新官僚机构

由于历史包袱的继承，皇权的逐步提高，隋唐以来的官僚机构，以巩固皇权为目的的三省制度——中书省出命令，门下省掌封驳，尚书省主施行——中书官和皇帝最亲近，接触机会最多，权也最重。宋代后期，门下省不能执行审核诏令的任务，尚书省官只能平决庶务，不能与闻国政，三省事实上只是一省当权。到元代索性取消门下省，把尚书省的官属六部也归并到中书，成为一省执政的局面。地方则分设行中书省，总揽军民大政。其下有路、府、州、县，管理军民。

三省制的形成有它的历史背景和原因，就这制度本身而论，把政权分作三份，一个专管决策，一个负责执行，而又另有一个纠核的机构，驳正违误，防止皇权的滥用和官僚的缺失，对巩固皇权，维持现状的意义来说，是很有用的。可是，在事实上，官僚政治本身破坏了瘫痪了这个官僚机构，皇权和相权的冲突，更有目的地摧毁了这个官僚机构。

官僚政治特征之一是做官不做事，重床叠屋，衙门愈多，事情愈办不好，拿薪水的官僚愈多，负责做事的人愈少。例如从唐以来，往往因事设官：尚书省原有户部，专管户口财政，在国计困难时，政府要张罗财帛，供应军需，大张旗鼓，特设盐铁使、户部使、租庸使、国计使等官，由宰相或大臣兼任，意思是要提高搜刮的效率，可是这样一来，户部位低权轻，职守都为诸使所夺，便变成闲曹了。兵部专管军政，从五代设了枢密使以后，兵部又无事可做了。礼部专掌礼仪，宋代却又另有礼院。几套性质相同的衙门，新创的抢了旧衙门的职司，本衙门的官照例作和本衙门不相干的事，或者索性不做事。千头万绪，名实不符，十个官僚有九个不知道自己的职司。冗官日多，要官更多，行政效率也就日益低落。[82]到元代又添上蒙古的部族政治机构，衙门越发多，越发庞大，混乱复杂，臃肿不灵，瘫痪的病象在显露了。

而且就官僚的服务名义说，也有官、职、差遣之分。官是表明等级、分别薪俸的标识，职以待文学侍从之臣，只有差遣是"治内外之事"的。皇家的赏功酬庸，又有阶、勋、爵、食邑、功臣号等名目。以差遣而论，又有行、守、试、判、知、权知、权发遣的不同。其实除差遣以外，其他都是不大相干的。[83]

皇权和相权的矛盾：例如宋太宗讨厌中书的政权太重，分中书吏房置审官院，刑房置审刑院。[84]为了分权而添置衙门，其实是夺相权归之于皇帝。皇帝的诏令照规矩是必须经过中书门下，才算合法，所谓"不经凤阁鸾台，何谓之敕?"[85]用意是防止皇权的滥用。但是，这规矩只是官僚集团的规矩，官僚的任免生杀之权在皇帝，升沉荣辱甚至诛废的利害超过了制度的坚持，私人的利害超过了集团的利害。唐武后以来的墨敕斜封（手令），也就破坏了这个官僚制度，摧杀了相权，走上了独裁的道路。

朱元璋继承历代皇权走向独裁的趋势，对官僚机构大加改革，使之更得心应手，为皇家服务。

元代的行中书省是从中书省分出去的，职权太重，到后期鞭长莫及，几乎没法子控制了。朱元璋要造成绝对的中央集权，洪武九年（1376年）改行中书省为承宣布政使司，设左右布政使各一人，掌一区的政令。布政使是朝廷派驻地方的代表、使臣，禀承朝廷，宣扬政令。全国分浙江、江西、福建、北平、广西、四川、山东、广东、河南、陕西、湖广、山西十二布政使司，十五年增置云南布政使司。[86] 布政使司的分区，大体上继承元朝的行省，布政使的职权却只掌民政财政，和元朝行中书省的无所不统，轻重大不相同了。而且就地位论，行省是以都省的机构分设于地方，布政使则是朝廷派驻的使臣，前者是中央分权于地方，后者是地方集权于中央，意义也完全不同。此外，地方掌管司法行政的另有提刑按察使司，长官为按察使，主管一区刑名按察之事。布按二司和掌军政的都指挥使司合称三司，是朝廷派遣到地方的三个特派员衙门。民政、司法、军政三种治权分别独立，直接由朝廷指挥，为的是便于控制，便于统治。布政司之下，真正的地方政府分两级，第一级是府，长官为知府；有直隶州，即直隶于布政使司的州，长官是知州。第二级是县，长官是知县：有州，长官是知州。州县是直接临民的政治单位。[87]

中央统治机构的改革，稍晚于地方。洪武十三年（1380年）胡惟庸案[88]发后，废中书省，仿周官六卿之制，提高六部地位；吏、户、礼、兵、刑、工每部设尚书一人，侍郎（分左右）二人。吏部掌全国官吏选授封勋考课，甄别人才。户部掌户口、

　　　　　　　　　　　　　历史的镜子

田赋、商税。礼部掌礼仪、祭祀、僧道、宴飨、教育及贡举（考试）和外交。兵部掌卫所官军选授、简练和军令。刑部掌刑名。工部掌工程造作（武器、货币等）、水利、交通。都直接对皇帝负责，奉行政令。

统军机关则改枢密院为大都督府，节制中外诸军。洪武十三年分大都督府为中、左、右、前、后五军都督府，每府以左右都督为长官，各领所属都司卫所，和兵部互相表里。都督府长官虽管军籍军政，却不直接统带军队，在有战事时，才奉令出为将军总兵官，指挥作战，战争结束，便得交还将印，回原职办事。[89]

监察机关原来是御史台，洪武十五年改为都察院，长官是左右都御史，下有监察御史一百十人，分掌十二道（按照布政使司政区分道）。职权是纠劾百司，辨明冤枉，凡大臣奸邪、小人构党作威福乱政、百官猥茸贪污舞弊、学术不正，和变乱祖宗制度的，都可随时举发弹劾。这衙门的官被皇帝看作是耳目，替皇帝听，替皇帝看，有对皇权不利的随时报告。也被皇帝看作是鹰犬，替皇帝追踪、搏击一切不忠于皇帝的官民，是替皇帝监视官僚的衙门，是替皇帝检举反动思想，保持传统纲纪的衙门。监察御史在朝监视各个不同的官僚机构，派到地方的，有巡按、清军、提督学校、巡监、茶马、监军等职务，就中巡按御史算是代皇帝巡狩，按临所部，大事奏裁，小事立断，是最威武的一个差使。

行政军事监察三种治权分别独立，由皇帝亲身总其成。官吏内外互用，其地位以品级规定。从九品到正一品，九品十八级，官和品一致，升迁调用都有一定的法度。百官分治，个别对皇帝负责。系统分明，职权清楚，法令详密，组织严紧。而在整套统治机构中，互相钳制，以监察官来监视一切臣僚，以特务组织来镇压威制一切官民。都督府管军不管民，六部管民不管军。大将在平时不指挥军队，动员复员之权属于兵部，供给粮秣的是户部，供给武器的是工部，决定战略的是皇帝。六部分别负责，决定政策的是皇帝。在过去，政事由三省分别处理，取决于皇帝，皇帝是帝国的首领。在这新统治机构下，六部府院直接隶属于皇帝，皇帝不但是帝国的首领，而且是这统治机构的负责人和执行人；历史上的君权和相权到此合一了，皇帝兼理宰相的职务，皇权由之达于极峰。[90]

历史的教训使朱元璋深切地明白宦官和外戚对于政治的祸害。他以为汉朝唐朝的祸乱都是宦官作的孽。这种人在宫廷里是少不了的，只能作奴隶使唤，洒扫奔走，人数不可过多，也不可用作耳目心腹；作耳目，耳目坏，作心腹，心腹病。对付的办法，要使之守法，守法自然不会作坏事；不要让他们有功劳，一有功劳就难于管束了。立下规矩，凡是内臣都不许读书识字。又铸铁牌立在宫门上面刻着："内臣不得干预政事，犯者斩。"又规定内臣不许兼外朝的文武官衔，不许穿外朝官员的服装；作内廷官不能过四品，每月领一石米，穿衣吃饭官家管。并且，外朝各衙门不许和内官监有公文往来。这几条规定着针对着历史上所曾发生的弊端，使内侍名副其实地作宫廷的仆役。[91]对外戚干政的对策，是不许后妃干政，洪武元年三月即命儒臣修女诫，纂集古代贤德妇女和后妃的故事，刊刻成书，来教育宫人，要她们学样。又立下规程，皇后只能管宫中嫔妇的事，宫门之外不得干预。宫人不许和外间通信，犯者处死，以断绝外朝和内廷的来往以至通信，使之和政治隔离。外朝臣僚命妇按例于每月初一十五朝见皇后，其他时间，没有特殊缘由，不许进宫。皇帝不接见外朝命妇，皇族婚姻选配良家子女，有私进女口的不许接受。元璋的母族和妻族都绝后，没有外家，后代帝王也都遵守祖训，后妃必选自民家。外戚只是高爵厚禄，作大地主，住大房子，绝对不许预闻政事。[92] 在洪武一朝三十多年中，内臣小心守法，宫廷和外朝隔绝，和前代相比，算是家法最严的了。

其次，元代以吏治国，法令极繁冗，档案堆成山，吏就从中舞弊，无法根究。而且，正因为公文条例过于琐细，不费一两年工夫，无从通晓，办公文、办公事成为专门技术，掌印正官弄不清楚，只好由吏作主张，结果治国治民的都是吏，不是官。小吏们唯利是图，毫不顾到全盘局面，政治（其实是吏治）自然愈闹愈坏。远在吴元年，朱元璋已注意到法令和吏治的关系，指令台省官立法要简要严选用深通法律的学者编定律令。经过缜密的商订，去烦减重，花了三十年工夫，更改删定了四五次，编成《大明律》，条例简于唐律，精神严于宋律，是中国法律史上极重要的一部法典。又为简化公文起见，于洪武十二年立案牍减烦式颁示各衙门，使公文明白好懂，文吏无法舞弊弄权。从此吏员在政治上被斥为杂流，不能做官。官和吏完全分开，官主行政，吏主事务，和元代的情形完全不同了。[93]

　　和上述相关的是文章的格式。唐宋以来的政府文字，从上而下的制诰，从下达上的表奏，照习惯是骈骊四六文。尽管有多少人主张复古，提倡改革，所谓古文运动，在民间是成功了，政府却仍然用老套头。同一时代用的是两种文字，庙堂是骈偶文，民间是古文。朱元璋很不以为然，以为古人作文章，讲道理，说世务，经典上的话，都明白好懂，像诸葛亮的《出师表》，又何尝雕琢、立意写文章？可是有感情，有血有肉，到如今读了还使人感动，怀想他的忠义。近来的文士，文字虽然艰深，用意却很浅近，即使写得和司马相如、扬雄一样好，别人不懂，又中什么用？以此他要秘书——翰林——作文字，只要说明白道理，讲得通世务就行，不许用浮辞藻饰。[94]到洪武六年，又下令禁止对偶四六文辞，选唐代柳宗元《代柳公绰谢表》和韩愈《贺雨表》作为笺表法式。[95]这一改革不但使政府文字简单、明白，把庙堂和民间打通，现代人写现代文，就文学的影响说，也可以说很大，韩愈、柳宗元以后，他是提倡古文最有成绩的一个人。他自己所作的文章，写得不好，有时不通顺，倒容易懂。信札多用口语，比文章好得多，想来是受蒙古白话圣旨的影响，也许是没有念过什么书，中旧式文体的毒比较轻的缘故吧。

　　唐宋两代还有一样坏风气，朝廷任官令发表以后，被任用的官照例要辞官，上辞官表，一辞再辞甚至辞让到六七次，皇帝也照例拒绝，下诏敦劝，一劝再劝再六次七次劝，到这人上任上谢表才算罢休。辞的不是真辞，劝的也不是真劝，大家肚子里明白，是在玩文字的把戏，误时误事，白费纸墨。朱元璋认为这种做作太无聊，也把它废止了。

## 六、建都和国防

自称为淮右布衣，出身于平民而做皇帝的朱元璋，在拥兵扩土，称帝建国之后，最惹操心的问题，第一是怎么建立一个有力量的政治中心，即建都，建在何处。第二是用什么方法来维持皇家万世一系的独占统治？

远在初渡江克太平时（1355 年），陶安便建议先取金陵，据形势以临四方。[96] 冯国用劝定都金陵，以为根本。[97] 叶兑上疏请定都金陵，然后拓地江广，进则越两淮以北征，退则画长江以自守。[98] 谋臣策士一致主张定都应天，经过长期研究以后，龙凤十二年（元至正二十六年，1366 年）六月，扩大应天旧城，建筑新宫于钟山之南，到次年九月完工，这是吴王时代的都城。

洪武元年称帝，北伐南征，着着胜利，到洪武二十年辽东归附，全国统一。在这二十年中，个人的地位由王而帝，所统辖的疆域由东南一角落，扩大为大明帝国，局面大不相同。吴王时代的都城是否可以适应这扩大以后的局面，便大成问题。而且，元帝虽然北走沙漠，仍然是蒙古大汗，保有强大的军力，时刻有南下恢复的企图。同时沿海倭寇的侵扰，也是国防上重大的问题。以此国都的重建和国防计划的确立，是当时朝野所最关心的两件大事。

基于自然环境的限制，从辽东到广东，沿海几千里海岸线的暴露，时时处处都有被倭寇侵掠的危险。东北和西北方面呢？长城以外便是蒙古人的势力，如不在险要处屯驻重兵，则铁骑奔驰，黄河以北便不可守。可是防边要用重兵，如把边境军权付托诸将，又怕尾大不掉，有造成藩镇跋扈的危险。如以重兵直隶中央，则国都必须扼驻国防前线，才能收统辖指挥的功效。东南是全国的经济中心，北方为了国防的安全，又必须成为全国的军事中心。国都如建设在东南，依附经济中心，则北边空虚，无法堵住蒙古人的南侵。如建立在北边，和军事中心合一，则粮食仍须靠东南供给，运输费用太大，极不经济。

帝国都城问题以外，还有帝国制度问题。是郡县制呢？还是封建制呢？就历史经验论，秦汉唐宋之亡，没有强大的藩国支持藩卫，是衰亡原因之一。可是周代封建藩国，又闹得枝强干弱，威令不行。这两个制度的折中办法是西汉初期的郡国制，一面立郡县，设官分治，集大权于朝廷，一面又置藩国，封建子弟，使为皇家捍御。把帝国建都和制度问题一起解决，设国都于东南财富之区，封子弟于北边国防据点，在经济上，在军事上，在皇家统治权的永久维持上，都圆满解决了。

明初定都应天的重要理由是经济的。第一因为江浙富庶，不但有长江三角洲的大谷仓，而且是丝织工业、盐业的中心，应天是这些物资的集散地，所谓"财赋出于东南，而金陵为其会"[99]。第二是吴王时代所奠定的宫阙，不愿轻易放弃，且如另建都城，则又得重加一番劳费。第三从龙将相都是江淮子弟，道地南方人，不大愿意离开乡土。可是在照应北方军事的观点看，这个都城的地理地位是不大合适的。洪武元年取下汴梁后，朱元璋曾亲去视察，觉得虽然地位适中，但是无险可守，四面受敌，论形势还不如应天。[100] 为了西北未定，要运饷和补充军力，不能不有一个军事上的补给基地，于是模仿古代两京之制，八月以应天为南京，开封（汴梁）为北京。次年八月陕西平定，北方全入版图，形势改变，帝都重建问题又再度提出。廷臣中有主张关中险固，金城天府之国；有人主张洛阳为全国中心，四方朝贡距离一样；也有提议开封是宋朝旧都，漕运方便；又有人指出北平（元大都）宫室完备，建都可省营造费用。七嘴八舌，引经据典。朱元璋批判这些建议都有片面的理由，只是都不适应现状。长安、洛阳、开封过去周秦汉魏唐宋都曾建都，但就现状说，打了几十年仗，人民还未休息过来，如重新建都，供给力役都出于江南，未免过于和百姓下不去。即使是北平吧，旧宫室总得有更动，还是费事。还不如仍旧在南京，据形势之地，长江天堑，龙蟠虎踞，可以立国。次之，临濠（濠州）前长江后淮水，地势险要，运输方便，也是一个可以建都的地方。[101] 决定以临濠为中都，动工修造城池宫殿，从洪武二年九月起手，到八年四月，经刘基坚决反对，以为凤阳虽是帝乡，但就种种条件说，都不合适于建都，方才停工，放弃了建都的想头。[102] 洪武十一年（1378 年）才改南京为京师，踌躇了十年的建都问题，到这时才决心正名定都。[103]

京师虽已奠定，但是为了防御蒙古，控制北边，朱元璋还是有迁都西北的雄心，选定的地点仍是长安和洛阳。洪武二十四年八月，特派皇太子巡视西北，比较两地的形势。太子回朝后，献陕西地图，提出意见。不料第二年四月太子薨逝，迁都大事只好暂时搁下。[104]

京师新宫原来是燕尾湖，填湖建宫，地势南面高，北边低，就堪舆家的说法是不合建造法则的。皇太子死后，老皇帝很伤心，百无聊赖中把太子之死归咎于新宫的风水不好，这年年底亲撰祭光禄寺灶神文说：

朕经营天下数十年，事事按古有绪。维宫城前昂后洼，形势不称，本欲迁都，今朕年老，精力已倦。又天下新定，不欲劳民。且废兴有数，只得听天。惟愿鉴朕此心，福其子孙。[105]

六十五岁的白发衰翁，失去勇气，只求上天保佑，从此不再谈迁都的话了。

分封诸王的制度，决定于洪武二年（1369 年）四月初编《皇明祖训》的时候。三年四月封皇第二子到第十子为亲王。可是诸王的就藩，却在洪武十一年定鼎京师之后。[106] 从封王到就藩前后相隔九年，原因是诸子未成年和都城未定，牵连到立国的制度也不能决定到京师奠定后，第二子秦王建国西安，三子晋王建国太原；十三年，四子燕王建国北平；分王在沿长城的国防前线。十四年五子周王建国开封，六子楚王出藩武昌，十五年七子齐王建国青州，十八年潭王到长沙，鲁王在兖州。以后其他幼王逐一成年，先后就国，星罗棋布，分驻在全国各军略要地。

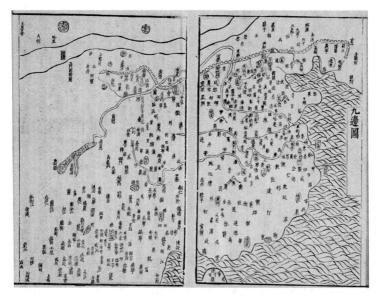

明代九边图（自《今古舆地图》）

就军事形势而论，诸王国的建立分作第一线和第二线，或者说是前方和后方，第一线诸王的任务在防止蒙古入侵，凭借天然险要，建立军事据点，有塞王之称。诸塞王沿长城线立国，又可分作外内二线；外线东渡榆关，跨辽东，南制朝鲜，北联开原（今辽宁开原），控扼东北诸夷，以广宁（今辽宁北镇）为中心，建辽国；经渔阳（今河北蓟县）、卢龙（今河北卢龙），出喜峰口，切断蒙古南侵道路，以大宁（今热河平泉[107]）为中心，包括今朝阳赤峰一带，建宁国；北平天险，是元朝故都，建燕国；出居庸，蔽雁门，以谷王驻宣府（察哈尔宣化[108]），代王驻大同；逾河而西，北保宁夏，倚贺兰山，以庆王守宁夏；

又西控河西走廊，扃嘉峪，护西域诸国，建肃国，从开原到瓜州，联成一气。内线是太原的晋国和西安的秦国。后方诸名城则开封有周王，武昌有楚王，青州有齐王，长沙有潭王，兖州有鲁王，成都有蜀王，荆州有湘王等国。[109]

诸王在其封地建立王府，设置官属。亲王的冕服车旗仅下皇帝一等，公侯大臣见王要俯首拜谒，不许钧礼。地位虽然极高极贵，却没有土地，更没有人民，不能干预民政，王府以外，便归朝廷所任命的各级官吏统治。每年有一万石的俸米和其他赏赐。唯一的特权是军权。每王府设亲王护卫指挥使司，有三护卫，护卫甲士少者三千人，多的到一万九千人。[110] 塞王的兵力尤其雄厚，如宁王所部至有带甲八万，革车六千，所属朵颜三卫骑兵，骁勇善战。[111] 秦、晋、燕三王的护卫特别经朝廷补充，兵力也最强。[112]《皇明祖训》规定："凡王国有守镇兵，有护卫兵。其守镇兵有常选指挥掌之，其护卫兵从王调遣。如本国是险要之地，遇有警急，其守镇兵护卫兵并从王调遣。"而且守镇兵的调发，除御宝文书外，并须得王令旨方得发兵："凡朝廷调兵，须有御宝文书与王，并有御宝文书与守镇官。守镇官既得御宝文书，又得王令旨，方许发兵。无王令旨，不得发兵。"[113]这规定使亲王成为地方守军的监视人，是皇帝在地方的军权代表。平时以护卫军监督地方守军，单独可以应变；战时指挥两军，军权付托给亲生儿子，可以放心高枕了。诸塞王每年秋天勒兵巡边，远到塞外，把蒙古部族赶得远远的，叫作肃清沙漠。[114]凡塞王都参与军务，内中晋、燕二王屡次受命将兵出塞，和筑城屯田，大将如宋国公冯胜、颍国公傅友德都受其节制，军中小事专决，大事才请示朝廷，军权独重，立功最多。[115]

以亲王守边，专决军务，内地各大都会，也以皇子出镇，星罗棋布，尽屏藩皇室、翼卫朝廷的任务。国都虽然远在东南，也安如磐石，内安外攘，不会发生什么问题了。

## 七、大统一和分化政策

朱元璋以洪武元年称帝建立新皇朝，但是大一统事业的完成，却还需等待二十年。

元顺帝北走以后，元朝残留在内地的军力还有两大支：一支是云南的梁王，一支是东北的纳哈出。都用元朝年号，雄踞一方。云南和蒙古本部隔绝，势力孤单，朱元璋的注意力先集中在西南，从洪武四年（1371年）消灭了割据四川的夏国以后，便着手经营，打算用和平的方式使云南自动归附，先后派遣使臣王祎、吴云招降，都被梁王所杀。到洪武十四年，决意用武力占领，派出傅友德、沐英、蓝玉三将军分两路进攻。

这时云南在政治上和地理上分作三个系统：第一是直属蒙古大汗，以昆明为中心的梁王。第二是在政治上隶属于蒙古政府，享有自治权利，以大理为中心的土酋段氏。以上所属的地域都被区分为路府州县。第三是不在上述两系统下和南部（今思普一带[116]）的非汉族诸部族，就是明代叫作土司的地域。汉化程度以第一为最深，第二次之，第三最浅，或竟未汉化。现在贵州的西部，在元代属于云南行省，其东部则另设八番顺元诸军民宣慰使司，管理罗罗族 [117] 及苗族各土司。元至正二十四年（1364年），朱元璋平定湖南湖北，和湖南接界的贵州土人头目思南宣慰，和思州（今思县 [118]）宣抚先后降附。到平定夏国后，四川全境都入版图，和四川接境的贵州其他土司大起恐慌，贵州宣慰和普定府总管即于第二年自动归附。贵州的土司大部分归顺明朝，云南在东北两面便失去屏蔽了。

明兵从云南的东北两面进攻，一路由四川南下取乌撒（今云南镇雄、贵州威宁等地）。这区域是四川、云南、贵州三省接壤处，犬牙突出，在军略上可以和在昆明的梁王主力军呼应，并且是罗罗族的主要根据地。一路由湖南西取普定（今贵州安顺），进攻昆明。从明军动员那天算起，不过一百多天工夫，明东路军便已直抵昆明，梁王兵败自杀。明兵再回师和北路军会攻乌撒，把蒙古军消灭了。附近东川（今云南会泽）、乌蒙（今云南昭通）、芒部（今云南镇雄）诸罗罗族完全降伏，昆明附近诸路也都以次归顺。洪武十五年二月置贵州都指挥使司和云南都指挥使司，树立了军事统治的中心，闰二月又置云南布政使司，树立政治中心。[119] 分别派官开筑道路，宽十丈，以六十里为一驿，把川滇黔三省的交通联系起来，建立军卫，"令那处蛮人供给军食" [120]，控扼粮运。布置好了，再以大军向西攻下大理，经略西北和西南部诸地，招降麼些、罗罗、掸、僰诸族，分兵勘定各土司。分云南为五十二府，五十四县。云南边外的缅国和八百媳妇（暹罗地 [121]）着了慌，派使臣内附，又置缅中、缅甸和老挝、八百诸宣慰司。为了云南太远，不放心，又特派义子西平侯沐英统兵镇守。沐家世代出人才，在云南三百年，竟和明朝的国运相始终。

纳哈出是元朝世将，太平失守被俘获，放遣北还。元亡后拥兵虎踞金山（在开原西北，辽河北岸），养精蓄锐，等候机会南下，和蒙古大汗的中路军，扩廓帖木儿的西路军，互相呼应，形成三路钳制明军的局面。在东北，除金山纳哈出军以外，辽阳、沈阳、开原一带都有蒙古军屯聚。洪武四年（1371 年）元辽阳守将刘益来降，建辽东指挥使司，接着又立辽东都指挥使司，总辖辽东军马，以次征服辽、沈、开原等地。同时又从河北、陕西、山西各地出兵大举深入蒙古，击破扩廓的主力军（元顺帝已于前一年死去，子爱猷识理达腊继立，年号宣光，庙号昭宗），并进攻应昌（今热河经棚县以西察哈尔北部之地[122]），元主远遁漠北。到洪武八年扩廓死后，蒙古西路和中路的军队日渐衰困，不敢再深入到内地侵掠。朱元璋乘机经营甘肃、宁夏一带，招抚西部各羌族和回族部落，给以土司名义或王号，使其分化，个别内向，不能合力入寇，并利用诸部的军力，抵抗蒙军的入侵。在长城以北今内蒙地方，则就各要害地方建立军事据点，逐步推进，用军力压迫蒙古人退到漠北，不使靠近边塞。西北问题完全解决了，再转回头来收拾东北。

洪武二十年冯胜、傅友德、蓝玉诸大将奉命北征纳哈出。大军出长城松亭关，筑大宁（今热河黑城[123]）、宽河（今热河宽河[124]）、会州（今热河平泉[125]）、富峪（今热河平泉之北）四城，储粮供应前方，留兵屯守，切断纳哈出和蒙古中路军的呼应。

再东向以主力军由北面包围，纳哈出势穷力蹙，孤军无援，只好投降，辽东全部平定。[126] 于是立北平行都司于大宁，东和辽阳、西和大同应援，作为国防前线的三大要塞。又西面和开平卫（元上都，今察哈尔多伦县地[127]）、兴和千户所（今察哈尔张北县地[128]）、东胜城（今绥远托克托县及蒙古茂明安旗之地[129]）诸据点，联成长城以外的第一道国防线，从辽河以西几千里的地方，设卫置所，建立了军事上的保卫长城的长城。[130] 两年后，蒙古大汗脱古思帖木儿被弑，部属分散，以后经过不断的政变、篡立、叛乱，实力逐渐衰弱，帝国北边的边防，也因之而获得几十年的安宁。

东北的蒙古军虽然降伏，还有女真族的问题亟待解决。女真这部族原是金人的后裔，依地理分布，大别为建州、海西、野人三种。过去两属于蒙古和高丽，部落分散，不时纠合向内地侵掠，夺取物资，边境军队防不胜防，非常头痛。朱元璋所采取的对策，军事上对韩王于开原，宁王于大宁，控扼辽河两头，封辽王于广宁（今辽宁北镇），作为阻止蒙古和女真内犯的重镇。政治上采分化政策，把辽河以东诸女真部族，个别用金帛招抚（收买），分立为若干羁縻式的卫所，使其个别的自成单位，给予各酋长以卫所军官职衔，并指定住处，许其禀承朝命世袭，各给玺书作为进贡和互市的凭证，满足他们物资交换的经济要求，破坏部族间的团结，无力单独进攻。[131] 到明成祖时代，越发积极推行这政策，大量地全面地收买，拓地到现在的黑龙江口，增置的卫所连旧设的共有一百八十四卫，立奴儿干都指挥使司以统之。现在俄领的库页岛和东海滨省都是当年奴儿干都司的辖地。[132]

辽东平定后，大一统的事业完全成功了。和前代一样，这大一统的帝国领有属国和许多藩国。从东面算起，洪武二十五年高丽发生政变，大将李成桂推翻亲元的王朝，自立为王，改国号为朝鲜，成为大明帝国最忠顺的属国。藩国东南有琉球国，西南有安南、真腊、占城、暹罗和南洋群岛诸岛国。内地和边疆则有许多羁縻的部族和土司。

藩属和帝国的关系缔结，照历代传统办法，在帝国方面，派遣使臣宣告新朝建立，藩国必须缴还前朝颁赐的印绶册诰，解除旧的臣属关系。相对地重新颁赐新朝的印绶册诰，藩王受新朝册封，成为新朝的藩国。再逐年颁赐大统历，使之遵奉新朝的正朔，永作藩臣。在藩国方面则必须遣使称臣入贡，新王即位，必须请求帝国承认册封。所享受的权利，是通商和皇帝的优渥赏赐；和其他国家发生纠纷，或被攻击时，得请求帝国调解和援助。至于藩国的内政，则可完全自主，帝国从来不加干涉。帝国在沿海特别开放三个通商口岸，主持通商和招待藩舶的衙门是市舶司：宁波市舶司指定为日本的通商口岸，泉州市舶司通琉球，广州市舶司通占城、暹罗、南洋诸国。

朱元璋接受了元代用兵海外失败的经验，打定主意，不向海洋发展，要子孙遵循大陆政策，特别在《皇明祖训》中郑重告诫说：

四方诸夷皆限山隔海，僻在一隅，得其地不足以供给，得其民不足以使令。若其不自揣量，来挠我边，则彼为不祥。彼既不为中国患，而我兴兵轻犯，亦不祥也。吾恐后世子孙倚中国富强，贪一时战功，无故兴兵，杀伤人命，切记不可。但胡戎与中国边境互相密迩，累世战争，必选将练兵，时谨备之。

今将不征诸国名列于后

东北：朝鲜国

正东偏北：日本国（虽朝实诈，暗通奸臣胡惟庸谋为不轨，故绝之。）

正南偏东：大琉球国　小琉球国

西南：安南国　真腊国　暹罗国　占城国　苏门答剌国　西洋国　爪哇国　溢亨国　白花国　三弗齐国　渤泥国[133]

中国是农业国，工商业不发达，不需要海外市场；版图大，用不着殖民地；人口多，更不缺少劳动力。向海外诸国侵掠，"得其地不足以供给，得其民不足以使令"，从经济的观点看，是没有什么好处的；从利害的观点看，打仗要花一大笔钱，占领又得费事，不幸打败仗越发划不来，还是和平相处，保境安民，多一事不如少一事。这样一打算盘，主意就打定了。[134]

属国和藩国的不同处，在于属国和帝国的关系更密切。在许多场合，属国的内政也经常被过问，经济上的联系也比较的强。

内地的土司也和藩属一样，要定期进贡，酋长继承要得帝国许可。内政也可自主。所不同的是藩国使臣的接待衙门是礼部主客司，册封承袭都用诏旨，部族土司则领兵的直属兵部，土府土县属吏部，体统不同。平时有纳税、开辟并保养驿路，战时有调兵从征的义务。内部发生纠纷，或反抗朝廷被平定后，往往被收回治权，直属朝廷，即所谓"改土归流"。土司衙门有宣慰司、宣抚司、招讨司、安抚司、长官司、土府、土县等名目，长官都是世袭，有一定的辖地和土民，总称土司。土司和朝廷的关系，在土司说，是借朝廷所给予的官位权威，震慑部下百姓，肆意奴役搜刮；在朝廷说，用空头的官爵，用有限的赏赐，牢笼有实力的酋长，使其倾心内向，维持地方安宁，可以说是互相为用的。

大概地说来，明代西南部各小民族的分布，在湖南、四川、贵州三省交界处是苗族活动的中心，向南发展到了贵州；广西则是瑶族（在东部）、僮族（在西部）的根据地；四川、云南、贵州三省交界处则是罗罗族的大本营；四川西部和云南西北部则有麽些族；云南南部有僰族（即摆夷）；四川北部和青海、甘肃、宁夏有羌族（番人）。

在上述各区域中，除纯粹由土官治理的土司外，还有一种参用流官的制度。流官即朝廷所任命的有一定任期而非世袭的地方官。大致是以土官为主，派遣流官为辅，事实上是执行监督的任务。和这情形相反，在设立流官的州县，境内也有不同部族的土司存在。以此，在同一布政使司治下，有流官的州县，有土官的土司，有土流合治的州县，也有土官的州县；即在同一流官治理的州县内，也有汉人和非汉人杂处的情形。民族问题复杂错综，最容易引起纷乱以至战争。汉人凭借高度的生产技术和政治的优越感，用武力，用其他方法占取土民的土地物资，土民有的被迫迁徙到山头，过极度艰苦的日子，有的被屠杀消灭，有的不甘心，组织起来以武力反抗，爆发地方性的甚至大规模的战争。朝廷的治边原则，在极边是放任的愚民政策，只要土司肯听话，便听任其作威作福，世世相承，不加干涉。在内地则取积极的同化政策，如派遣流官助理，开设道路驿站，选拔土司子弟到国子监读书，从而使其完粮纳税，应服军役，一步步加强统治，最后是改建为直接治理的州县，扩大皇朝的疆土。[135]

治理西北羌族的办法分两种：一种是用其酋长为卫所长官，世世承袭；一种因其土俗，建设寺院并赐番僧封号，利用宗教来统治边民。羌族的力量分化，兵力分散，西边的国防就可高枕无忧了。[136] 现在的西藏和西康[137] 当时叫作乌斯藏和朵甘，是喇嘛教的中心地区，僧侣兼管政事，明廷因袭元制，封其长老为国师法王，令其抚安番民，定期朝贡。又以番民肉食，对茶叶特别爱好，在边境建立茶课司，用茶叶和番民换马，入贡的赏赐也用茶和布匹代替。西边诸族国的酋长僧侣贪图入贡和通商的利益，得保持世代袭官和受封的权利，都服服帖帖，不敢反抗。明朝三百年，西边比较平静，没有发生什么大的变乱，当然，也说不上开发。从任何方面来说，这一广大地区比之几百年前，没有任何进步或改变。

　　　　　　　　　　　　　　　历史的镜子

# 注释

[1]《明太祖实录》卷二四。

[2]《明太祖实录》卷二五。

[3] 赵翼《廿二史劄记》卷二九《元建国始用文义》条。

[4] 孙宜《洞庭集·大明初略》四："国号大明，承林儿小明号也。"吴晗《明教与大明帝国》，载《清华学报》卅周年纪念号。

[5] 祝允明《野记》卷一。

[6] 吴晗《明教与大明帝国》。

[7] 以上并据《玄览堂丛书》本《昭代王章》。

[8] 宋濂《芝园续集》卷四，《故岐宁卫经历熊府君墓铭》；何乔远《闽书》卷七，《方域志》。

[9] 吕毖《明朝小史》卷二。

[10]《明成祖实录》卷九〇；沈德符《野获编》卷三〇《再僭龙凤年号》。

[11]《明成祖实录》卷五六、九六、二〇〇。

[12] 本节参看吴晗《明教与大明帝国》。

[13]《明太祖实录》卷一九九、二〇二；《明史》卷一三八《周桢传》，卷一四〇《道同传》。

[14]《明太祖实录》卷七一、九〇。

[15]《明太祖实录》卷五〇；《明成祖实录》卷三三。

[16]《明律》卷六《户律》。

［17］《明太祖实录》卷三〇。

［18］《明史·太祖本纪》。

［19］吴晗《元帝国之崩溃与明之建国》，载《清华学报》第十一卷第二期。

［20］《明太祖实录》卷六八。

［21］吴晗《明代之粮长及其他》，载《云南大学学报》第一期，1938年。

［22］《大诰三编·递送潘富第十八》。

［23］吴晗《明代之粮长及其他》。

［24］《明史·食货志一·田制》

［25］《明史·食货志二·赋役》;《明太祖实录》卷二三〇作："粮储三千二百七十八万九千八百余石。"《元史》卷九三《食货志·税粮》。

［26］《明史·食货志·户口》。《明太祖实录》卷二一四："洪武二十四年十二月，天下郡县更造赋役黄册成，计人户一千六十八万四千四百三十五，口五千六百七十七万四千五百六十一。"

［27］《元史》卷九三《食货志·农桑》。

［28］《大诰续诰》卷四五。

［29］《明太祖实录》卷一一一。

［30］《明太祖实录》卷一二六。

［31］张居正《太岳集》卷三九《请申旧章饬学政以振兴人才疏》。

［32］《明太祖实录》卷一五〇。

［33］《弘治大明会典》卷一一三。

［34］《明律》卷一五《兵律》。

［35］《大诰续诰·互知丁业第三》。

［36］《大诰续诰·辨验丁引第四》。

［37］吴晗《传·过所·路引的历史》，载《中国建设》月刊
　　　第五卷第四期，1948 年 1 月。

［38］《明史》卷二八五《张以宁传》附《秦裕伯传》。

［39］《明史》卷一二四《扩廓帖木儿传》附《蔡子英传》；
　　　《明太祖实录》卷一〇《蔡子英传》。

［40］《明史》卷二八五《杨维桢传》、《丁鹤年传》。

［41］余阙《青阳先生文集》卷四《杨君显民诗集序》。

［42］《明太祖实录》卷二六、一二六。

［43］贝琼《清江诗集》卷八《黄湾述怀二十二韵寄钱思复》。

［44］《清江诗集》卷五《秋思》。

［45］《明史》卷一三九，《叶伯巨传》。

［46］《明史》卷七一，《选举志》。

［47］黄佐《南雍志》卷九《学规本末》。

［48］《南雍志》卷一〇《谟训考》。

［49］《南雍志》卷一五。

［50］《大明律令》。

［51］《南雍志》卷一；《皇明太学志》卷七。

［52］《南雍志》卷一。

［53］《南雍志》卷一。

［54］《明史》卷一三九《钱唐传》，卷五四《礼志》四；李之
　　　藻《泮宫礼乐疏》卷二；全祖望《鲒埼亭集》卷三五
　　　《辨钱尚书争孟子事》；北京图书馆藏洪武二十七年刊

本《孟子节文》，刘三吾《孟子节文题辞》；容肇祖《明太祖的〈孟子节文〉》，载《读书与出版》第二卷第四期。

[55]《南雍志》卷一。

[56]《南雍志》卷九。

[57]《南雍志》卷一。

[58]《南雍志》卷九《学规本末》。

[59] 赵翼《廿二史劄记》卷三一，《〈明史〉立传多存大体》条引叶子奇《草木子》。按通行本《草木子》无此条。

[60]《明史》卷一三七，《宋讷传》。

[61]《南雍志》卷一、卷十；《明史·宋讷传》。

[62]《南雍志》卷一〇《谟训考》。

[63]《南雍志》卷一。

[64]《南瘤志》卷一；《明史》卷六九，《选举志》。

[65]《大明会典》卷七八《学校》。

[66]《御制大诰·社学第四十四》。

[67] 本节参看吴晗《明初的学校》，载《清华学报》第十四卷第二期。

[68]《明史》卷七十《选举志》。

[69] 宋濂《銮坡集》卷七《礼部侍郎曾公神道碑铭》。

[70] 宋濂《翰苑别集》卷一《送翁好古教授广州序》。

[71] 陆容《菽园杂记》。

[72]《明史》卷一二八《刘基传》。

[73]《明史》卷九一《兵志》。

[74] 吴晗《明代的军兵》，载《中国社会经济史集刊》第五

卷第二期。

［75］《明太祖实录》卷二二三。

［76］宋讷《西隐文稿》卷十，《守边策略》；《明史》卷七七《食货志》。

［77］《大诰武臣·科敛害军第九》。

［78］《明太祖实录》卷五三、五六；《明史》卷一五〇《郁新传》。

［79］宋濂《洪武圣政记·肃军政第四》。

［80］沈德符《野获编》卷十七《铁册军》。

［81］王世贞《弇山堂别集》卷八六《诏令考二》。

［82］《宋史·职官志一》。

［83］司马光《司马文正公传家集》卷二一《乞分十二等以进退群臣上殿札子》；钱大昕《潜研堂文集》卷三四《答袁简斋书》。

［84］司马光《涑水纪闻》卷三；李攸《宋朝事实》卷九；李焘《续〈资治通鉴〉长编》卷一二五。

［85］《旧唐书》卷一一七《刘祎之传》。

［86］明成祖永乐元年（1403年）以北平布政使司为北京，五年置交趾布政使司，十一年置贵州布政使司。宣德三年（1428年）罢交趾布政使司，除两京外定为十三布政使司。

［87］《明史·职官志》。

［88］《明史·胡惟庸传》；吴晗《胡惟庸党案考》，载《燕京学报》第十五期，1934年6月。

［89］宋濂《洪武圣政记·肃军政第四》。

［90］参看《明史·职官志》。

［91］《洪武圣政记》;《明史》卷七四,《职官志》。

［92］《明史》卷一〇八《外戚恩泽侯表序》,卷一一三《后妃列传序》,卷三〇〇《外戚传序》。

［93］《明太祖实录》卷二六、卷一二六;《明史》卷七一《选举志》。

［94］《明太祖实录》卷三九。

［95］《明太祖实录》卷八五。

［96］《明史》卷一三六《陶安传》。

［97］《明史》卷一二九《冯胜传》;孙承泽《春明梦余录》卷一。

［98］《明史》卷一三五《叶兑传》。

［99］丘濬《大学衍义补·都邑之建》。

［100］刘辰《国初事迹》。

［101］黄光升《昭代典则》。

［102］《明史》卷一二八《刘基传》,卷二《太祖本纪二》。

［103］《明史·地理志一》。

［104］《明史》卷一一五《兴宗孝康皇帝传》,卷一四七《胡广传》;姜清《姜氏秘史》卷一;郑晓《今言》卷二七四。

［105］顾炎武《天下郡国利病书》卷十三《江南》一。

［106］《明史·太祖本纪二》。

［107］在今内蒙古宁城。——编者注。

［108］今河北宣化。——编者注。

［109］何乔远《名山藏》,《分藩记》卷一。

［110］《明史·兵志·卫所》;《明史·诸王传序》。

［111］《明史·宁王传》。

［112］《明史·太祖本纪》洪武十年。

［113］《皇明祖训·兵卫》。

［114］《明史·兵制·边防》;祝允明《九朝野记》一。

［115］《明史·晋王传》;《明史·太祖本纪三》:"二十六年三月,诏二王军务大者始以闻。"本节参看吴晗《明代靖难之役与国都北迁》,载《清华学报》第十卷第四期,1935年。

［116］在今云南西南部。——编者注。

［117］即今彝族。——编者注。

［118］在今贵州东部即湖南凤凰地区。——编者注。

［119］《明史》卷一二四《把匝刺瓦尔密传》,卷一二九《傅友德传》,卷一二六《沐英传》,卷一三二《蓝玉传》。

［120］张紞《云南机务钞黄》洪武十五年闰二月廿五日敕。

［121］今缅甸掸邦境内萨尔温江以东,湄公河以西地区。——编者注。

［122］在今内蒙古自治区克什克腾旗。——编者注。

［123］今河北黑城。——编者注。

［124］今河北宽城。——编者注。

［125］今河北平泉。——编者注。

［126］钱谦益《国初群雄事略》卷十一;《明史》卷一二九《冯胜传》,卷一二五《常遇春传》,卷一三二《蓝玉传》。

［127］今内蒙古自治区多伦县。——编者注。

[128] 今河北张北县。——编者注。

[129] 在今内蒙古自治区托克托县。——编者注。

[130]《明史·兵志》三；严从简《殊域周咨录》卷十七，《鞑靼》；方孔炤《全边略记》卷三；黄道周《博物典汇》卷十九。

[131] 孟森《明元清系通纪》，《清朝前纪》。

[132] 内藤虎次郎《明奴儿干永宁寺碑考》，载《北平图书馆馆刊》第四卷第六期。

[133]《皇明祖训·箴戒章》。

[134] 参看吴晗《十六世纪前之中国与南洋》，载《清华学报》第十一卷第一期，1936年1月。

[135]《明史·土司传》。

[136]《明史·西域传》。

[137] 在今四川西部。——编者注。

军事篇

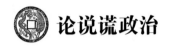# 论说谎政治

世界上，历史上有各个阶级统治的政治，有各样各式的政治，但是，专靠说谎话的政治，无话不谎的政治；自己明知是谎话，而且已被戳破了，却还是非说下去不可的政治，似乎只有我们的国度里才有。一定勉强挤入五强或四强，非举出自己的强处不可，至少，就这一点而论，是强过世界上任何国家的。

漫天都是谎，无往而非谎。今天已经是集谎之大成的时候了。指鹿为马，到底还有个鹿在，以紫乱朱，紫毕竟还是颜色。强爷胜祖到鹿也不必需，颜色也用不着，其终结必然会达到好就是坏，坏一定是好，黑即白，白一定是黑，谎话成为真话，真话一定是谎话了。说谎者的命运也就写上历史了。

在日本投降以前，八年的血泪日子，大家已经明白了"撤退""战略上的转移"，甚至"转进""有利"等等名词的意义。投降以后，也已经明白了"缴械""解除武装""护路""协助受降"，以至最近昆市最普遍的"土匪""赤匪""匪警""奸徒""姜凯"等等名词的意义了。

随便举出眼前的几件大大小小的事实来作说明：

自从收复区接收人员飞去和钻出以后，"英明"的蒋主席大发雷霆，痛斥接收官员贪污不法，列举了许多事实，和沪上的新闻报道（非官方非党方的）房子、车子、票子、金子四子

154                                                         历史的镜子

接收，单单不要民心这一点完全吻合，可是下文如何呢？没有！没有办过一个案，也没有办过一个贪官，而且此间《中央日报》还大写社评说只是一两个人，一两件事，决非全体，必非全体！事到如今，仍无着落，当老百姓的只能抗议，"这是谎话！"

轰动一时的两个案子，高秉坊案和案，案情大家都明白，国人皆曰可杀，唯×独怜才。拖到现在，高秉坊笑了，陈炳德呢，居然罚金五万元，等于战前的五元！法纪？官箴？是非？国典？当老百姓的也只能抗议，"这是谎话！"

胜利了，和平了，收复区（一说是光复区），代替了原来的名词"沦陷区"，人民喜笑颜开，到底有这一天，生死人而肉白骨，吊民抚亡，引领西望！果然望到了，四子被接收。果然望到了，光复区蠲免田赋一年！蠲免的情形如何呢？本年度据说伪组织已经征过，无从免起，只好补征沦陷时候的田赋。据说河南一些地方补征八年，江苏江阴补征若干年，都见于报章，后者且见于上海《大公报》社评。浙东一部分地方，补征民国三十年到三十三年恰好四年，为笔者所身受，用不着旁征博引。如此蠲免，如此得意，当老百姓的只能抗议，"这是谎话！"

湘桂路、黔桂路的惨剧总还记得吧？那时候到这时候，西南这区域都不见有"匪军"，就是整个大后方，也无法把交通的责任交给什么党什么军。然而，到今天止，后方人士除了特种人物外，老百姓还是寸步难行。修路只限于有特殊情形的地区，愈被破坏愈修得起劲，大后方自己破坏的呢，政府不说，报纸也不说，老百姓无从说只好抗议，"这是谎话！"

还有，所谓国民大会代表问题，是十年前一党专政时代搞出来的，老百姓不接头，不认这笔糊涂账，要重新选过。各政党以及无党派人士也以为旧代表要不得，根本代表不了民意。然而，所谓国民大会代表居然发表宣言，硬要人民认账，硬说是人民造出来的，硬要定期开会，硬要国民党政府还政于为人民所不肯承认的自封的人民代表，实则是国民党代表。老百姓只能抗议，"这是谎话！"

　　我们郑重抗议，抗议这些大大小小的谎话。

　　谎话政治不结束，中国人民的命运永远是问号。谎话政治不结束，中国人民的生活永远无法改善。谎话政治不结束，人民所要求的和平、团结、民主永远落空。

　　我们所不要的是谎话政治，要的是联合政府；理由之一是联合政府不可能也不会说谎话，因为联合政府里必然有不是国民党的成员，国民党一说谎话，就会被当场戳穿。

　　记得《伊索寓言》里小孩子被狼吃掉的故事吧？不记得，读熟它！

　　　　　　　　　（原载昆明《新报》元旦增刊，1946 年 1 月 1 日）

# 古代的战争

　　苏联国防部部长马利诺夫斯基在苏共二十一次代表大会上，讽刺美英战争狂人的核战争方案说："先生们，你们的手太短了！"

　　现代战争广泛运用科学技术成就，苏联的洲际火箭、导弹可以中地球上任何一个角落，百发百中；苏联的科学技术成就有力地保障了世界和平，使得手太短的战争狂人不敢轻于发动毁灭自己的战争。

　　手的长短说明今天两大阵营的军事力量。

　　古代也是如此。在远距离的杀伤武器发明以前，战争是人与人的搏斗，枪、刀、箭、槊等都是手的延长。战将和士兵的体力，运用武器的熟练程度，武器的重量和勇敢、机智的结合，在战争中发生作用。

　　在战争进行中，士兵和士兵、战将和战将搏斗，面对面地厮杀，往往以伤亡较多的一方无力继续进行战斗而结束战局。

　　将军和将军的厮杀，大战几百个回合。甲杀了乙或乙杀了丙，虽然不一定决定战争的胜负，但是，在有些场合，却也起着关键性的作用，特别是敌方的主将或骁将阵亡，失去指挥，影响士气，就非打败仗不可了。

　　小说和戏文上常常描写、演出战争，戏台上除了战争双方的队伍用几个战士作为大军的象征以外，战争展开的重点通常放在两方主将的搏斗上面，这种表现手法是有历史事实根据的。

在斗将的场合，有大战几百个回合之说，一个回合的意思是交手一次。战将无论骑将或步将，都得手执武器。两军相对，中间有一段距离，双方同时前进，到了面对面接触的程度，互用武器杀伤对方，一击不中，就得退回来，准备第二次的接触，这样一进一退，就叫一个回合。在生和死的搏斗中，手的长短也就是武器的长短、重量，是有极重要意义的。长枪、大刀、马槊等长武器要比用剑、短刀这类短武器更为优越。而更重要的则是使用武器的熟练程度、人的机智，这就要讲武艺了。同样的体力和武器，决定胜负的是武艺。战将为了保护自己，就得戴盔披甲，一副盔甲分量是很重的，骑将的马也得披甲，再加上武器本身的重量，没有极健壮的体力是支持不了的。在有些场合，斗到相持不下的时候，还得换马。也有这样一种情况，战将本人并未打败，只因马力乏了，或者马受伤了，进退不得，被敌方杀伤，吃了败仗。"射人先射马"，就是这个道理。

战争时用旗、金、鼓指挥，叫作三官。

旗是管节度的，大将有大纛，指挥全军，有方面旗，东方碧，南方赤，西白，北黑，中央黄，指挥各方。因为人多距离远，讲话听不见，走马传令费时间，就用旗来指挥：中央旗挥动，全军集合，旗俯即跪，旗举即起，卷旗衔枚，卧旗俯伏，见敌旗三挥，布阵旗左右挥。方面旗举，方面兵亟须装束，旗俯即进，旗竖即住，旗卧即回。召将用皂旗，一点皂旗队头集，二点皂旗百人将集，三点皂旗五百人将集，一点一招千人将集。

金、鼓管进退，击鼓进军，鸣金退军。

击鼓三通共千槌，一通三百三十三槌。（一说是三百六十五槌）。行军平时挝鼓吹角戒严，吹角一十二变为一叠，鼓音止，角音动，一昼夜三角三鼓。大将以下都按级别备金鼓，遇有紧急事故，先头部队击鼓报警，全军就进入战争准备状态了。[1]

杀败敌人以首级论功，是沿袭秦的制度，杀一个敌人赐爵一级来的。

报功和发表战绩时也照例要夸大一番，以一为十，例如杀敌百人，露布上必定要写千人之类。[2]

帅旗是中军所在的标识，也是全军指将的中心，帅旗一倒，全军就失去指挥，陷于混乱。以此，夺取敌方的帅旗也就成为古代战将的主要目标了。

 注释

［1］宋曾公亮《武经总要》卷二；《通典》卷一五七。
［2］《资治通鉴》卷六六。

# 古代的斗将

两军对垒，将和将斗，叫作斗将。我国的武打戏有悠久的传统，武打戏中的斗将，突出地集中地表现了勇士们的英勇气概，更是受人欢迎。其实，不只是今天的人们喜欢看斗将的戏，古代人也是喜欢的。例如司马光编《资治通鉴》，态度很严肃，取材极谨慎，但写晋将陈安的战斗牺牲，却十分寄与同情。

太宁元年（公元323年）七月，晋将陈安被赵主刘曜打败，率精骑突围，出奔陕中。

刘曜遣将军平先等追击陈安。

陈安左手挥七尺大刀，右手运丈八蛇矛，近则刀矛俱发，一条就是五六个人，远则左右驰射，边打边逃。平先也勇捷如飞，和陈安搏斗，打了三个回合，夺掉陈安的蛇矛。

到天黑了，下着大雨，陈安和几个亲兵只好丢掉马，躲在山里。第二天天晴了，赵军追踪搜索，陈安被擒牺牲。

陈安待将士极好，和将士共甘苦。死后，陇上人民很想念他，为他作壮士之歌，歌词道：

陇上壮士有陈安，躯干虽小腹中宽，爱养将士同心肝，骢骢交马铁瑕鞍。七尺大刀奋如湍，丈八蛇矛左右盘，十荡十决无当前。战始三交失蛇矛，弃我骢骢窜岩幽，为我外援而悬头；西流之水东流河，一去不还奈子何！

为我外援而悬头，这是陈安被陇上人民长久思念的道理。司马光在北宋对辽和西夏的战争中，怀念古代孤军抗敌的民族英雄，闻鼙鼓而思将帅，怕也是有所寄托吧。

宋曾公亮《武经总要》也记了几件斗将的故事。一是史万岁。隋将窦荣定将兵击突厥，史万岁到辕门要求参军，窦荣定早听说史万岁勇敢的声名，一见大喜。派人告诉突厥，各选一壮士决胜负。突厥同意，派一骑将挑战，荣定就派史万岁应战。万岁驰出，斩敌骑而回。突厥大惊，立刻退军。

一件是白孝德的故事。史思明攻河阳，使骁将刘龙仙率铁骑五千临城挑战。龙仙健勇，骄傲轻敌，把右脚放在马鬐上，破口谩骂。

**郭子仪像**

唐军元帅李光弼登城，看敌人情况，对诸将说："谁能去干掉他？"大将仆固怀恩报了名，光弼说："这不是大将干的事，看还有谁去？"大家都推白孝德。

光弼问白孝德要多少兵，孝德说，我一个人就行了。光弼很称赞他的勇气，还问需要什么，孝德只要五十个骑兵，大军鼓噪助威。

孝德手挟两个蛇矛，骑马过水，刘龙仙见他只一个人，不以为意，还是把脚放在马鬃上。稍近，龙仙刚要动弹，孝德摇摇手，好像叫他别动，龙仙不知其意，也就不动了。孝德对他说："侍中（光弼官称）叫我来讲话，没有别的。"龙仙退却几步，还是破口大骂。孝德勒住马，瞪着眼说："狗贼，你认得我吗？"龙仙说："谁啊？"孝德说："我是大将白孝德。"龙仙骂："是什么猪狗！"孝德大叫一声，持矛跃马便刺，城上一齐鼓噪，五十骑也跟着冲锋，龙仙来不及射箭，只好沿堤乱转，孝德追上，斩首而回。

一是王敬荛，说他多力善战，所用的枪、箭都用纯铁制成。枪重三十多斤，摧锋破敌，都以此取胜。

（原载《人民日报》1959 年 2 月 21 日）

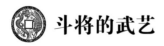 **斗将的武艺**

战将和战将面对面的搏斗中，武艺起决定作用。

小说戏文里记着许多回马枪、夺槊、缒索的故事。

唐玄宗时名将哥舒翰善用回马枪。他有家奴名左车，十五六岁，很有力气。哥舒翰每追敌人靠近了，用枪搭敌人的背，大喝一声，敌人失惊回头，趁势刺中喉头，挑起三五尺掼下，没有不死的。这时左车便下马割取首级，每次如此。

唐太宗的大将尉迟敬德善于避槊，每战，单骑冲入敌阵，敌人的槊四面攒刺，终不能伤。又会夺敌槊，反刺敌人，出入重围，往还无碍。

太宗的兄弟齐王元吉也会使槊，看不起敬德，要和他比赛。太宗叫两人把稍的刃去掉了，光用稍竿相刺。敬德说："带刃也不能伤我，不必去。但我的可以去掉。"比的结果，元吉竟不能中。

太宗问他："夺槊避槊，哪个难些？"敬德说："夺槊难。"太宗就叫夺元吉的槊。元吉执槊跃马，一心打算刺杀敬德，不料一会儿工夫，他的槊三次被敬德所夺。元吉以骁勇著名，虽然口头上十分称赞，心里却非常恼恨，以为丢人。

王世充领步骑数万来战，骁将单雄信领骑直追太宗，敬德跃马大呼，横刺雄信坠马，敌军稍退，敬德护卫着太宗突出敌围。[1]

长武器毕竟只能在近距离面对面厮杀，远一些就不济事了。这时，弓箭就起了作用。另外，有一种抛掷式的武器叫缧索。武则天时契丹将李楷固善使缧索和骑射、舞槊，每次冲锋，都如"鹘人鸟群，所向披靡。黄麕（地名）之战，（唐将）张玄遇、麻仁节皆为所缧"。[2]

长武器也讲究重量，《新唐书》卷一九三《张兴传》："为饶阳裨将，安禄山反，攻饶阳，兴擐甲持陌刀，重十五斤，敌人登城，兴一举刀就杀几个人，敌人很害怕。"《宋史·兵志》十一记公元 1000 年时神骑副兵马使焦偓献盘铁槊，重十五斤，在马上挥舞如飞。还有相国寺和尚法山，还俗参军，用铁轮拨，浑重三十三斤，头尾有刃，是马上格战的武器。

唐代中期流行用陌刀作战，最著名的陌刀将是李嗣业，每为队头，所向必陷。公元 748 年高仙芝攻勃律（国名，在今新疆边外苏联境内。[3] 本为东西布鲁特人 [4] 所居。布鲁特即勃律），嗣业和郎将田珍为左右陌刀将，吐蕃十万众据守娑勒城，据山因水，嗣业领步军持长刀上山头，大破敌军。756 年和安禄山香积寺之战，嗣业脱衣徒搏，执长刀立于阵前大呼，当嗣业刀的人马都碎。[5] 阚棱善用两刃刀，长一丈，名曰陌刀，一挥杀数人，前无坚对。[6]《裴行俭传》和《崔光远传》也都记有用陌刀作战的故事。《资治通鉴》卷二〇二注：陌刀，是大刀，一举刀可杀数人。《唐六典》说，陌刀是长刀，步兵所用，就是古代的斩马剑。

（原载《灯下集》）

# 注释

[1] 曾公亮《武经总要》后集九。

[2]《资治通鉴》卷二〇六。

[3] 在今克什米尔一带。——编者注。

[4] 今柯尔克孜族。——编者注。

[5]《旧唐书》卷一〇九。

[6]《新唐书》卷九二《阚棱传》。

# 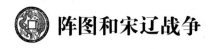阵图和宋辽战争

在古代，打仗要排阵，要讲究、演习阵法。所谓阵法就是野战的战斗队形和宿营的防御部署；把队形、部署用符号标识，制成作战方案，叫作阵图。

根据阵图在前线指挥作战或防御的带兵官，叫作排阵使。

从历史文献看，如郑庄公用鱼丽阵和周王作战，到清代的太平军的百鸟阵，无论对外对内，无论是野战，或防御，都要有阵法。没有一定的组织形式，几千人几万人一哄而上，是打不了仗的，要打也非败不可。其中最为人所熟知的是诸葛亮的八阵图，"功盖三分国，名成八阵图"的诗句，一直为后人所传诵。正因为如此，小说戏剧把阵图神秘化了，如宋辽战争中辽方的天门阵，杨六郎父子虽然勇敢，但还得穆柯寨的降龙木才能破得了。

穆柯寨这出戏虽然是虚构的，但是就打仗要排阵说，也反映了一点历史的真实性。从公元976年到1085年左右，这一百一十年中，北宋历朝的统治者特别重视阵图。（无论是在这时期以前或以后，关于阵图的讨论、研究、演习、运用，对前线指挥官的控制，和阵图在战争中的作用，都比不上这个时期。）从这一时期的史料分析，北宋的统治者是用阵图直接指挥前线部队作战的，用主观决定的战斗队形和防御部署，指挥远

在几百里以至千里外的前线部队。敌人的兵力部署、遭遇的地点、战场的地形、气候等等，都凭主观的假设决定作战方案，即使作战方案不符合实际情况，前线指挥官也无权改变。照阵图排阵打了败仗，主帅责任不大；反之，不按阵图排阵而打了败仗，那责任就完全在主帅了；败军辱国，罪名极大。甚至在个别场合，机智一点而又有担当的将领，看出客观情况不利，不按阵图排阵，临机改变队形，打了胜仗，还得向皇帝请罪。

宋辽战争的形势，两方的优势和劣势，989年熟悉北方情况的宋琪曾作具体分析，并提出建议。他说："每蕃部南侵，其众不啻十万。契丹入界之时，步骑车帐，不从阡陌，东西一概而行。大帐前及东西面差大首领三人各率万骑，支散游奕，百十里外，亦交相侦逻，谓之栏子马。……未逢大敌，不乘战马，俟近我师，即竟乘之，所以新羁战蹄，有余力也。且用军之术，成列而不战，俟退而乘之。多伏兵断粮道，冒夜举火，土风曳柴，馈饷自资。退败无耻，散而复聚，寒而益坚，此其所长也。中原所长，秋夏霖霪，天时也。山林河津，地利也。枪突剑弩，兵胜也。败丰士众，力张也。"契丹以骑兵冲锋为主，宋方则只能凭气候地利取守势。以此，他建议"秋冬时河朔州军，缘边砦栅，但专守境。"到戎马肥时，也"守陴坐甲，以逸待劳……坚壁固守，勿令出战"。到春天新草未生，陈草已朽时，"蕃马无力，疲寇思归，逼而逐之，必自奔北"。最后，还提出前军行阵之法，特别指出，要"临事分布，所贵有权"[1]。宋太宗采纳了他一部分意见，沿边取守势，做好防御守备，但要集中优势兵力，大举进攻。至于授权诸将，临事分布，则坚决拒绝了。

由于宋辽的军事形势不同，采取防御战术，阻遏骑兵冲击的阵法便成为宋代统治者所特别关心的问题了。在平时，和大臣研究、讨论阵图，如987年并州都部署潘美、定州都部署田重进入朝，宋太宗出御制平戎万全阵图，召美、重进及崔翰等，亲授以进退攻击之略[2]。997年又告诉马步军都虞侯传潜说："布阵乃兵家大法，小人有轻议者，甚非所宜。我自作阵图给王超，叫他不要给别人看。王超回来时，你可以看看。[3]"1000年，宋真宗拿出阵图三十二部给宰相研究，第二年又和宰相讨论，并说："北戎寇边，常遣精悍为前峰，若捍御不及，即有侵轶之患。今盛选骁将，别为一队，遏其奔冲。又好遣骑兵出阵后断粮道，可别选将领数万骑殿后以备之。[4]"由此可见这些阵图也是以防御敌骑奔冲和保卫后方给养线为中心思想的。1003年契丹入侵，又和宰相研究阵图，指出："今敌势未辑，尤须阻遏，屯兵虽多，必择精锐，先据要害以制之。凡镇、定、高阳三路兵，悉会定州，夹唐河为大阵。量寇远近，出军树栅，寇来坚守勿逐，俟信宿寇疲，则鸣鼓挑战，勿离队伍，令先锋、策先锋诱逼大阵，则以骑卒居中，步卒环之，短兵接战，亦勿令离队伍，贵持重而敌骑无以驰突也[5]"。连远在河北前线部队和敌人会战的地点以及步外骑内的战斗部署都给早日规定了。景德元年（1004年）八月出阵图示辅臣，十一月又出阵图，一行一止，付殿前都指挥使高琼等[6]。1045年宋仁宗读《三朝经武圣路》，出阵图数本以示讲读官。[7]又赐辅臣及管军臣僚临机抵胜图[8]。1054年赐近臣御制攻守图<sup>9</sup>。1072 年宋神宗赐王韶御制攻守图、行军环株、战守约束各一部，仍令秦风路经略司钞录<sup>10</sup>。1074 年又和大臣讨论结队法，并令五路安抚使各具可用阵队法，及访求知阵队法者，陈所见以闻，<sup>11</sup>出攻守图二十五部赐河北<sup>12</sup>。1075 年讨论营阵法，郭固、沈括都提出意见，宋神宗批评当时臣僚所献阵图，以为皆妄相惑，无一可取，并说："果如此辈之说，则两敌相遇，须遣使预约战日，择一宽平之地，仍夷阜塞壑，诛草伐木，如射圃教场，方可尽其法耳。以理推之，知其不可用也决矣。"否定当时人所信从的唐李筌《太白阴经》中所载阵图，以为李筌的阵图止是营法，是防御部署，不是阵法。而采用唐李靖的六花阵法，营阵结合，止则为营，行则为阵，以奇正言之，则营为正，阵为奇，定下新的营阵法。沈括以为"若依古法，人占地二步，马四步，军中容军，队中容队，则十万人之队，占地方十余里，天下岂有方十里之地，无丘阜沟涧林木之碍者！兼九军共以一驻队为篱落，则兵不可复分，如九人共一皮，分之则死，此正孙武所谓靡军也"<sup>13</sup>。可见宋神宗的论断，是采取了沈括的意见的。宋代统治者并以阵法令诸军演习，如宋仁宗即位后，便留心武备，令捧日、天武、神卫、虎翼四军肄习战阵法<sup>14</sup>。1044 年韩琦、范仲淹请于鄜延、环庆、泾原路各选三军，训以新定阵法；于陕西四路抽取曾押战队使臣十数人，更授以新议八阵之法，遣往河北阅习诸军。这个建议被采纳了，1045 年遣内侍押班任守信往河北路教习阵法。<sup>15</sup>到命将出征，就以阵图约束诸将，如 979 年契丹入侵，命李继隆、崔翰、赵延进等将兵八万防御，宋太宗亲授阵图，分为八阵，要不是诸将临时改变阵法，几乎打大败仗[16]，1070年李复圭守庆州，以阵图授诸将，遇敌战败，复圭急收回阵图，推卸责任，诸将以战败被诛。[17]

在宋代统治者讲求阵法的鼓励下，诸将纷纷创制阵图，如1001年王超授灵州，上二图，其一遇敌即变而为防阵，其一置资粮在军营之外，分列游兵持劲弩，敌至则易聚而并力[18]。1036年洛苑使赵振献阵图。1041年知并州杨偕献龙虎八阵图。青州人赵宇献大衍阵图。1045年右领军卫大将军高志宁上阵图。1051年泾原经略使夏安期上弓箭手阵图，1055年并代钤辖苏安静上八阵图，1074年定州路副都总管、马步军都虞侯杨文广献阵图及取幽燕之策。这个杨文广就是宋代名将杨六郎的儿子，也就是为人所熟知的穆柯寨里被俘的青年将领杨宗保。[19]

在作战时，选拔骁将作排阵使。如976年攻幽州，命田钦祚与郭守文为排阵使，钦祚正生病，得到命令，喜极而死。1002年周莹领高阳关都部署，为三路排阵使。1004年澶渊之役，石保吉、李继隆分为驾前东西都排阵使等等。[20]

由于皇帝事先所制阵图不可能符合客观实际情况，统军将帅又不敢违背节制，只好机械执行，结果是非打败仗不可。1075年宋神宗和朝廷大臣研究对辽的和战问题，张方平问宋神宗，宋和契丹打了多少次仗，其中打了多少次胜仗，多少次败仗，宋神宗和其他大臣都答不出来。神宗反问张方平，张说，"宋与契丹大小八十一战，惟张齐贤太原之战，才一胜耳"。

八十一仗败了八十次，虽然失于夸大，但是，大体上败多胜少是没能疑问的。打败仗的原因很多，其中之一是主观主义的皇帝所制阵图的罪过。

相反，不凭阵图，违背皇帝命令的倒可以不打败仗。道理是临机应变，适应客观实际情况。著例如979年满城之战，李继隆、起延进、崔翰等奉命按阵图分为八阵。军行到满城，和辽军骑兵遭遇，赵延进登高瞭望，敌骑东西两路挺进，连成一片，不见边际。情况已经危急了，崔翰等还在按图布阵，每阵相去百步，把兵力分散了，士卒疑惧，略无斗志。赵延进、李继隆便主张改变阵势，把原来"星布"的兵力，集中为两阵，前后呼应。崔翰还怕违背节制，万一打败仗，责任更大。赵延进、李继隆拍胸膛保证，如打败仗，由他两人负责。才改变阵势，兵力集中了，士卒忻喜，三战大破敌军。这里应该特别指出，赵延进的老婆是宋太宗尹皇后的妹子，李继隆则是宋太宗李皇后的兄弟，两人都是皇帝亲戚，所以敢于改变阵图，转败为胜。[21] 另一例子是1001年威虏军之战。镇、定、高阳关三路都部署王显奉诏于近边布阵和应援北平控扼之路。但辽军并没有根据宋真宗的"作战部署"行事，这年十月入侵，前锋挺进，突过威虏军，王显只好就地迎击。刚好连日大雨，辽军的弓以皮为弦，雨久潮湿，不堪使用，王显乘之大破敌军。虽然打了胜仗，还是忧悸不堪，以造背诏令，自请处分。宋真宗亲自回信慰问，事情才算结束。[22]

前方将帅只有机械地执行皇帝所发阵图的责任，在不符合实际客观情况下，也无权临机应变，以致造成屡战屡败，丧师辱国的局面，当时的文臣武将是很深切了解这一点的，多次提出反对意见，要求不要再发阵图，给前方统帅以机动作战的权力。例如989年知制诰田锡上疏说："今之御戎，无先于选将帅，既得将帅，请委任责成，不必降以阵图，不须授之方略，自然因机设变，观衅制宜，无不成功，无不破敌矣。……况今委任将帅，而每事欲从中降诏，授以方略，或赐以阵图，依从则有未合宜，专断则是违上旨，以此制胜，未见其长。[23]"999年，京西转运副使朱台符上疏说："夫将帅者王之爪牙，登坛授钺，出门推毂，阃外之事，将军裁之，所以克敌而制胜也。近代动相牵制，不许便宜。兵以奇胜，而节制以阵图，事惟变适，而指踪以宣命，勇敢无所奋，知谋无所施，是以动而奔北也。[24]"1040年三司使晏殊力请罢内臣监军，不以阵图授诸将，使得应敌为攻守。[25]同时王德用守定州，也向宋仁宗指出真宗时的失策："成平景德（时）边兵二十余万，皆屯定武，不能分扼要害，故敌得轶境，径犯澶渊。且当时以阵图赐诸将，人皆谨守，不敢自为方略，缓急不相援，多至于败。今愿无赐阵图，第择诸将，使应变出奇，自立异功，则无不济。"[26]话都说得很透彻，但是，都被置之不理，像耳边风一样。其道理也很简单，一句话就是统治者对爪牙的不信任。最好的证据是以下一个例子。922年盐铁使李惟清建议慎擢将帅，以有威名者俾安边塞，庶节费用。宋太宗对他说私话："选用将帅，亦须深体今之几宜。……今纵得人，未可便如古委之。此乃机事，卿所未知也。"[27] 由此看来，即使将帅得人，也不能像古代那样授权给他们，而必须由皇帝亲自节制，阵图是节制诸将的主要手段，是非要不可的。

王安石和宋神宗曾经几次讨论宋太宗以来的阵图问题，并且比较了宋太祖、太宗兄弟两人的御将之道，说得十分清楚。一次是在熙宁五年（1072 年）八月：

宋太祖像

宋太宗像

神宗论太宗时用兵，多作大小卷（阵图）付将帅，御其进退，不如太祖。

王安石曰：太祖知将帅情状，故能得其心力。如言郭进反，乃以其人送郭进，此知郭进非反也，故如此。所以如进者得自竭也。其后郭进乃为好人所摧，至自杀。杨业亦为奸人所陷，不得其死。将帅尽力者乃如此，则谁肯为朝廷尽力？此王师以不复振，非特中御之失而已。

神宗曰：祖宗时从中御将，盖以五代时士卒或外附，故惩其事而从中御。

王安石曰：太祖能使人不敢侮，故人为用，人为用，故虽不中御，而将帅奉令承教无违者，此所以征则强，守则固也。[28]

指出从中御将，颁赐阵图是惩五代之事，是怕士卒叛变，怕将帅割据，指出宋太祖虽不中御，而将帅奉令惟谨。反面的话也就是宋太宗和他以下的统治者，不能使人不敢侮，因之也就越发不放心，只好从中御将，自负胜败之责了。

另一次讨论在第二年十一月：

宋神宗问先朝何以有澶渊之事。

安石曰：太宗为傅潜奏防秋在近，亦未知兵将所在，诏付两卷文字云，兵数尽在其中，候贼如此，即开某卷，如彼，即开某卷。若御将如此，即惟傅潜王超乃肯为将。稍有才略，必不肯于此时为将，坐待败衄也。但任将一事如此，便无以胜敌。[29]

连兵将所在、兵数多少也不知道的前方统帅，只凭皇帝所发阵图作战。这样的统帅，这样的御将之道，要打胜仗是绝对不可能的。这是宋辽战争中宋所以屡战屡败，不能收复幽燕的原因之一。这也是宋代著名将帅如广大人民所熟知的杨业，所以遭忌战死，狄青做了枢密使以后，被人散布谣言去职忧死的原因。因为这些人都不像傅潜、王超那样，而是有才略、有决断、有经验、有担当的。同时，这一事实也反映了宋代统治阶级内部的深刻矛盾。

原载于《新建设》第 4 期，1959 年 4 月 7 日

## 注释

[1]《宋史》卷二六四《宋琪传》。

[2]李焘《续〈资治通鉴〉长编》卷二八。

[3]李焘《续〈资治通鉴〉长编》卷四〇。

[4]李焘《续〈资治通鉴〉长编》卷四七、四九。

[5]李焘《续〈资治通鉴〉长编》卷五四。

[6]李焘《续〈资治通鉴〉长编》卷五七、五八。

[7]李焘《续〈资治通鉴〉长编》卷一五四。

[8]李焘《续〈资治通鉴〉长编》卷一五六。

[9]李焘《续〈资治通鉴〉长编》卷一七六。

[10]李焘《续〈资治通鉴〉长编》卷二四一。

[11]李焘《续〈资治通鉴〉长编》卷二五四

[12]李焘《续〈资治通鉴〉长编》卷二五六。

[13]李焘《续〈资治通鉴〉长编》卷二六〇；沈括《梦溪
笔谈》。

[14]《宋史》卷二八七《兵志》一。

[15]李焘《续〈资治通鉴〉长编》卷一四九、一五五。

[16]李焘《续〈资治通鉴〉长编》卷二〇；曾公亮《武经
总要》后集三。

[17]李焘《续〈资治通鉴〉长编》卷二一四。

[18]李焘《续〈资治通鉴〉长编》卷五〇。

[19]《宋史》本传，卷一一八、一三三、一五七、一七〇、

一七九、二五四、二五七。

[20] 李焘《续〈资治通鉴〉长编》卷二五九注引陈师道：
《谈丛》。

[21]《宋史》卷二七一《赵延进传》，卷二五七《李处耘传
附李继隆传》；《续〈资治通鉴〉长编》卷二〇；《武经
总要》后集三。

[22]《宋史》卷二六八，《王显传》。

[23] 李焘《续〈资治通鉴〉长编》卷三〇。

[24] 李焘《续〈资治通鉴〉长编》卷四四。

[25] 李焘《续〈资治通鉴〉长编》，卷一二六；《欧阳修文
集》三，《晏公神道碑铭》。

[26] 叶梦得：《石林燕语》九。

[27]《宋史》卷二六七，《李惟清传》。

[28] 李焘《续〈资治通鉴〉长编》卷二三七。

[29] 李焘《续〈资治通鉴〉长编》卷二四八。

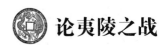 **论夷陵之战**

　　夷陵之战发生于蜀章武元年（公元 221 年）。这年七月，刘备率军伐吴，孙权写信请和，刘备盛怒不许。到第二年六月，吴将陆逊大破蜀军于夷陵（今湖北宜昌），刘备退守白帝城，十月，孙权又遣使请和，刘备答应了。这一仗前后历时一年，吴将陆逊坚取守势，捕捉战机，最后以火攻取得大胜，是历史上有名的战役之一。

　　战事发生的原因是荆州的归属问题。

　　公元 208 年赤壁战役之后，曹军败退，留曹仁、徐晃守江陵，周瑜、刘备水陆并进，追到南郡（今湖北江陵县东南），瑜军围曹仁，相持了一年多，曹仁弃城走。孙权以周瑜为南郡太守。刘备推刘琦为荆州刺史，南征四郡，武陵（今湖南常德）、长沙（今湖南长沙）、桂阳（今湖南郴县）、零陵（今湖南零陵）皆降。刘琦病死，诸将推刘备为荆州牧，驻公安（今湖北公安）。刘备从此有了根据地了。

　　荆州原来不属孙权，赤壁之战，刘备是有功劳的，南征四郡是刘备自己的战果，蜀吴双方怎么会发生荆州的归属问题呢？据《吴书·鲁肃传》："后备谒京见权，求都督荆州，惟肃劝权借之，共拒曹公。"鲁肃死后，孙权评论他："后虽劝吾借玄德地，是其一短。"看来当时兵力，孙强刘弱，孙权兵力可以直取四郡，刘备要求有个立足之地，鲁肃从孙刘联盟，为曹操树敌的战略出发，劝孙权答应，有了这个默契，刘备才能南取四郡，和孙吴成掎角之势，所以"曹操闻权以土地业备，方作书，落笔于地"，给曹操以极大威胁。

公元214年，刘备取益州。第二年孙权就要讨还长沙、零陵桂阳三郡。刘备不肯。孙权派吕蒙率军争取，刘备也到公安，派关羽争三郡。鲁肃驻益阳（今湖南益阳），和关羽相拒。鲁肃责备关羽不还三郡。关羽说：赤壁之战，刘备和吴军戮力破魏，岂能徒劳？连立足之地都没有！达不成协议。正好这时曹操南定汉中，蜀汉北方受到威胁，刘备赶紧与孙权联合，分荆州为二，江夏、长沙、桂阳属吴；南郡、零陵、武陵属蜀，以湘水为界，双方罢兵。暂时妥协了，但问题并未根本解决。

公元219年，关羽率众攻曹仁于樊（今湖北襄阳），水淹于禁七军，斩将军庞德，威震华夏。曹操遣使说孙权，出军攻关羽后路，权将吕蒙诱降关羽在江陵、公安的守将，尽虏羽军妻子。羽军遂散，关羽父子出走，为孙权所杀。

刘备失了荆州，也就失去了向东出川的门户，和曹操抗衡的军事重镇，在战略上是非争不可的。

他和关羽、张飞的关系，从汉灵帝末年，公元184年黄巾起义以后，便相从征伐，"寝则同床，恩同兄弟"。小说上桃园结义之说，便是从这两句话演绎出来的。三四十年的战友、君臣，镇守出川门户的上将，一旦摧折，刘备的感情冲动是可想而知的。公元221年张飞又为部下所杀，持首级奔吴，旧仇加新恨，伐吴报仇便成为他的最后志愿，什么好话也听不进去了。

诸葛亮远在隆中对策时，便指出孙权"可与为援而不可图"。赤壁战前，他和鲁肃共同努力，定下了联合抗曹的大计。他是始终坚持刘、孙两家联合的方针的。但他也深知刘备的个性，对关羽、张飞的感情，和荆州在军事上的重要性，明知用言语是劝阻不了刘备的。夷陵败后，他叹气说：

使法孝直（正）若在，则能制主上，令不东行。就复东行，必不倾危矣。

赵云是坚决反对伐吴的，他指出主要的敌人是曹操，不是孙权。如先灭魏，则吴自服。当前形势，决不应该放掉主要的敌人，先和孙吴交兵。广汉处士秦宓也说天时不利，朝臣很多人都反对，刘备一概不听。

蜀吴交兵后，孙权遣使求和。吴将诸葛瑾驻公安，写信劝刘备，要他留意于大，不要用心于小。指出关羽和汉朝的轻重，荆州和海内的大小，虽然都应仇疾，但要分清先后。论点和赵云是一致的，刘备当然不能接受。

交战双方，蜀军由刘备自己指挥，兵四万余人，大将吴班、冯习攻破权将李异、刘阿等于巫，进军秭归。将军黄权自请为先锋，劝刘备为后镇，刘备不听，派他督江北军以防魏师。夷陵败后，交通断绝，他不肯降吴，只好降魏。备军从巫峡、建平连营直到夷陵界，立数十屯，树栅连营七百多里，全军成一条直线，踞高临下，兵力分散。曹丕听说蜀军布置之后，笑道："刘备不懂兵法，岂有立营七百里而可以拒敌的！必败无疑。"

吴军以陆逊为大都督，率诸将朱然、潘璋、宋谦、韩当、徐盛、鲜于丹、孙桓等五万人拒守。蜀军远来，利于速战，吴军诸将要迎击，陆逊坚决不许。他指出蜀军锐气方盛，而且乘高守险，不利进攻，如有不利，影响全局。不如坚闭固拒，伺机捕捉战机，以逸制劳，取得胜利。

两军对峙相持了七八个月，蜀军兵疲意沮，陆逊乘机发起攻击，先攻一营，得不到便宜。诸将正埋怨他枉然死了许多人，陆逊却说，我已经找到破敌的方法了，下令诸军每人拿一把茅草，乘风纵火，全线进攻，阵斩蜀大将张南、冯习，连破四十余营，蜀军溃败，刘备退守白帝城。

蜀军败后，吴诸将要求直取白帝，陆逊认为曹丕正在大合士众，不怀好意。下令退军。

这年十一月，孙权遣使到蜀汉聘问，刘备也遣使报聘，两国又恢复和平，重建了对魏的掎角之势。

这次战役，刘备犯了两个大错误：第一是政略的错误，正如赵云、诸葛瑾所指出的，他把大小、轻重摆错了次序，因荆州之失、关羽之死而发动对吴战争，破坏了两国联合共同抗曹的正确策略，第二是战略的错误，不听黄权的忠告，把他一军放在江北，削弱了兵力，又把全军列成纵深战斗序列，战线过长，兵力分散，前军一败，后军动摇，彼此不相呼应，造成全面的败局。

京剧《夷陵之战》是根据历史事实编成的历史剧，剧情是符合历史真实情况的。主题思想是通过战争的失败来批判刘备个人的"义气"，赵云、诸葛亮的谏阻，诸葛瑾的求和，直到马良死后刘备的自责，都表达了这个看法。就演出而论，是成功的。特别是保留了传统剧目哭灵牌一折，造成全剧的高潮。问题也正是出在这里，恰恰因为前半部把刘、关、张三人的关系写得深了，再加上这一哭，又哭得这么好，使观众的同情逐步引到刘备方面，相对地把主题思想削弱了。

剧中次要人物关兴是关羽的次子，作过侍中、中监军的官，早死。张飞的儿子张苞也是早夭的。看来都没有参加夷陵之战。剧本把这两人写成蜀军的大将，通过他们加强刘备主战拒和的决心，是完全可以的。

马良在征吴之役，奉命到武陵招抚当地少数民族，军败后，他也被杀。剧本把他写成掩护刘备，中箭身死，也是可以的。

（原载《北京日报》，1963 年 6 月 27 日）

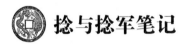 **捻与捻军笔记**

《民间文学》指定要我写有关捻军的文章，我对这个问题没有作过深入的研究，只好从头学起。几个月来，先后读了新出的《安徽民间故事》《安徽捻军传说故事》和《捻军史初探》、《关于捻军史的几个问题》《民间文学》所刊载的捻军的故事。

这些书和文章主要是根据广泛深入的调查研究得来的民间口头资料，其中绝大部分是捻军领导人的后人和捻军地区的老年人所提供的，都是正面材料，是活的史料，不但史实正确，而且爱憎分明，生动活泼，非常之好。同时也读了大量的反面材料，如《中国近代史资料丛刊》的《捻军》和《捻军资料别集》《捻军史料丛刊》等，这些资料和前者相反，都出于捻军所反对的清朝的官僚和地主阶级之手，其中有些资料是镇压捻军的刽子手如曾国藩、李鸿章、左宗棠等人的书札。尽管他们对捻军的斗争尽歪曲诬蔑的能事，但是纸毕竟包不住火，在研究敌情，决定对策，在比较捻军和清军的纪律，各地人民对捻军和清军的态度的时候，真话就出来了，因为不说真话就不行，全说假话，这个仗便没法打。从这些大量的反面史料中，不但可以清楚地看出这些刽子手们对捻军的恐惧，和镇压捻军的战略、战术，也可以从他们偶尔流露出的真话，和民间传说相印证，证明这部分已经收集到的口头资料的可靠性，真实性。

以下就根据这些反面资料，谈捻与捻军的一些问题。

# 捻　子

十八世纪后期，至迟在十九世纪初期，安徽、河南、江苏三省交界一带兴起了一种农民武装力量，称为捻或捻子。1851年（清咸丰元年）张洛行在安徽雉河集（今安徽涡阳）举起抗清义旗。1853年（清咸丰三年）5月以后，太平军北伐部队路过江北各地，捻子受了太平军的积极影响，爆发了全面的起义，成为捻军。从1851年到1868年十八年中，在安徽、河南、山东、江苏、湖北、山西、河北、陕西、四川、甘肃等十省地区，进行了英勇的、壮烈的、波澜壮阔的反清斗争，在中国农民革命史上写上了光辉的一页。

从捻子到捻军的覆灭，时间大约有七八十年。

捻或捻子这一名词的来源，有各种不同的解释，如《湖北通志》以捻为捏，把许多人捏在一起，仓促捏成，撒手立散，是临时组织的意思。《湖北通志》七十三：

咸丰元年辛亥（公元1851年）秋闰八月…初安徽颖亳、寿诸州及河南汝宁、光州、南阳各郡，风气犷悍，往往聚徒党劫掠为生，俗谓之捻子。捻者捏也。亡赖招呼成队，若手之抟物，仓卒捏成，撒手立散。蔓延江南之淮、徐、海，山东之兖、沂、曹、济，湖北之襄、枣、钟、随。以诸省论，皆属边界；以大势论，则居天下之中。自粤匪倡乱，群捻揭竿而起，受其嗾指，或分扰以掣我军，或前驱以助贼势，亡虑千数百股。

如《牟平县志》说是"以捻香聚众起，故曰捻"。《菜阳县志》和《寿光县志》则以为"捻匪者起于皖北。当嘉庆时，苏、皖、鲁之交，乡民迎神赛会，有燃油纸捻为龙戏之俗。洪秀全占据金陵，皖北苦于兵祸，捻党结聚，初立名号，曰堂主，曰先锋，或数百人为一捻，数千人为一捻，遂成流寇，故曰捻匪"。《掖县志》则以为"以其贩私盐、捻小车，故名"。《涡阳县志》和王闿运《湘军志》则以为"其党明火劫人，捻纸燃脂，因谓之捻"。另一种说法则以为一股谓之一捻，如陶澍在1814年（清嘉庆十九年）条陈缉捕豫皖等省红胡徒折子里所说：

每一股谓之一捻子，小捻子数人，数十人，大捻子一二百人不等。

黄钧宰《金壶七墨》，佚名《山东军兴纪略》，方玉澜《星烈日记汇要》的说法大体相同。

以上各种说法，绝大多数是望文生义，不可置信的。只有最后一种说法，每一股谓之一捻子才是捻的真正语源，因为根据调查，现在皖北的涡、蒙、亳一带一直到河南南部，湖北北部一带的方言，叫一股子，一伙人还叫作捻。"捻儿上的"这句口头话到现在也还流传在人民中间。

关于捻的性质、作用，河南固始人蒋湘南有很具体的描写，《蒋子潇先生遗集·读汉书游侠传》：

江淮间有所谓捻子者，数百人为一群，抬炮、鸟铳、刀、矛各杀人器皆具，蚁拥蜂转，地方官莫敢谁何。予尝视其魁，下中人耳。而所在阛门，呼曰响老。响老者，人有不平事辄为之平。久之，赴愬者众，赞口洋溢轰远近，如风鼓雷鸣，则成响捻子也。因问其主人曰："国家为民设官，百里一县，若等有事，胡不之官而必之捻子为？"士人嚬蹙曰："难言也。官衙如神庙然，神不可得而见，司阍之威，狞于鬼卒，无钱者不能投一辞也。投矣而官或不准，准矣而胥或不传，传矣而质或无期，质矣，而曲直或不能尽明；然已胥有费，吏有费，传卷有费，铺堂有费，守候之费又不可以数计，故中人之产，一讼破家者有之。何如愬诸响老，不费一钱而曲直立判，弱者伸，强者抑，即在一日之间乎？"余于是喟然曰：捻子其汉代之游侠耶！当其闻难则排，见纷则解，不顾其身，以殉人之急，合于太史公所谓救危振赡，有仁义行者。然而重诺市义之后，无业者投之，亡命者投之，贩盐、掘冢、博掩者投之，兄事弟畜，盗贼以薮背公死党，无不可为，自古侠魁未有不为罪魁者。班孟坚曰："杀身亡宗，非不幸也。盖其人亦自知末流之无可归矣。"孟坚与子长违，而各成其是，皆足以观世变云。

这是一篇极有史料价值的文字。作者是举人，道光时代曾经主持过陕西关陇书院的讲席，是地主阶级知识分子。他这篇文章写作于捻军起义之前，生动地指出：第一，捻子是农民的武装力量，农民自己有了组织，有了武器，地方官便奈何他们不得。第二，捻子的首领叫响老，是专为老百姓打不平的，替老百姓申冤雪枉，做的好事多了，得到人民支持，成为响捻子。第三，对比清朝地方官和响捻子的作用，老百姓有冤枉，假如经过官府，官府就像个神庙，神是见不着的，衙门门房的威风，比神庙的鬼卒还可怕，不送门包是投不进状子的。送了钱，告了状了，官可能不准。官即使准了，衙门的胥役或者不传。即使传了而审案的日子又没个准。即使审了，是非曲直也不一定弄得清楚。就是这样，要送钱给门房，给胥役，给吏；传卷得给钱，开庭审案得给钱，至于等候开庭的那些日子的费用就更没法计算了。要告官府，中等家庭的生活，一告就得破产，还不一定申得了冤，又何如去告响老，不花一个钱，曲直立刻分明，弱的申了冤，强的栽了跟头，一半天就解决问题呢！蒋湘南从老百姓那里了解了捻子的情况以后，便以赞叹的口吻，比类捻子为汉代的游侠，文章表面上赞美的是捻子，而实质上却对清朝地方官僚的统治流露出不满的情绪。他的阶级立场是很鲜明的，在惋惜自己的阶级统治机构无能的情况下，说出了人民对捻子的真实估价。

蒋湘南还写了一首《捻子》的长诗：

淮西叛唐代，教民尚勇斗，习染一千载，至今沿其陋。儿童矜带刀，长大诩弓毂，架炮肩机枪，蜂蚁纷相就，伙涉数百人，亡命皆辐辏，响者为头目（能排难解纷者，众奉为首，呼曰响者），见难必拯救，睚眦无不报，杀人当白昼，其名曰捻子，红胡乃祖咒（良民詈之曰红胡子）。捻子有强弱，众寡皆盗冠，两捻或不合，一战祸已构。其先下战书，来使必丰侑，期前各亮兵，门前勿驰骤（凡捻子相斗，必先下战书定期。期前三日，此捻子向彼捻子门前耀武，次日，彼捻子亦向此捻子门前耀武，各不相见，谓之亮兵）。至期择广场，对垒排猎围，戚邻作调人，长跪口为授（说和者具衣冠至场中长跪，二捻子头目亦长跪），和则两相揖，不和两相哄。但听枪鸣鸟（捻子以鸣鸟枪为相骂），遂如圈逸兽。伤锚者折股，中刃者绝腘，黠者抢枪炮，飞跳捷于狄（无赖少年有专习抢枪炮者，各捻子皆出重资赁之。）战胜奏凯归，战败仍守候，匿尸不报官，养锐仇必复。汝、光邻凤、颍，习惯真逐臭，新例罪纵加（新例：南汝、光有十人结伙者，即发烟瘴），顽梗终如旧……我生于此邦，颇知其所狃，地本瘠而贫，人亦蠢不秀，博进为生涯，私盐转贩售，官亦姑容之，民穷且宽宥。固始与息县，疆界相错绣，固境有水利，安静袭仁寿，息境沟渠堙，饥寒遑恤后，恒产自来无，恒心何处逗？……

这首长诗说明了这一带地区，长时期以来民间有尚武斗争的传统；捻子的产生，主要是地瘠民贫，饥寒交迫，以固始和息县相比，固始水利好，人民生活好些，息县水利不修，就有捻子的组织；除了强调捻子响老排难解纷的行为以外，也说明了捻子是自发的农民武装组织，特点是分散独立，不相统属，没有统一的领导，并且这捻与那捻之间，有时还发生私斗。诗中的良民指的是地主，说人民蠢而不秀，也正是说明了这一地区人民的反抗地主阶级压迫的优良传统。从这一篇文章和长诗来看，捻子时期的主要行动是农民为了保卫自己而组织起来，有了武装力量，有了领袖，便能够团结在一起，免于或少受地主阶级的迫害，在有冤屈需要申冤的时候，捻子的头目响老便代行了地方官府的职权，由于他们是生活在人民当中的，熟悉了解情况，因之，也就可以立刻判别曲直，为人民申冤做主，因而也越发得到人民的支持，成为地方官府奈何不得的力量。

另一面，由于这一地区地瘠民贫，捻子经常在春秋二季，援旗麾众，外出打粮，夺取地主的粮食浮财，由近及远，粮尽再出。一、年成好活动得少些，一遇之灾荒，便到处出动。二、居则为民，出则为捻。三、各地的地主为了保卫自己的利益，也纷纷组织武装力量，成立寨、堡，抵抗捻子的袭击。捻子和地主阶级的武装斗争相持了几十年，清朝的地方顾得这头，顾不得那一头，这一股打退了，那一股又起来，弄得筋疲力尽，只好闭着眼睛不管，图个暂时安便。就这样，捻子的声势便越来越大，人数越来越多，活动地区越来越广。2851年雉河集结盟以后，有了统一的组织和领导，到了和太平天国结合以后，有了明确的政治目标，高举反清义旗，军事组织和战略战术也有了进一步的提高，捻军便成为太平天国后期和太平天国灭亡以后，打击清朝封建统治的重要力量了。

# 军民关系

研究捻军、清军和当时人民的不同关系，是了解捻军性质的主要标志之一。

当然，捻军本身没有留下任何文献资料，但是，反面资料谈到当时两军和人民关系却着实不少。例如陈昌《霆军纪略》说：

同治五年（公元1866）八月，是时捻踪所近，百姓迁徙一空，闭寨自守，贼得因地为粮，而官军无从买食；及得一饱，而贼已远飏。其兵民相仇之地，奸民得借口纠众以与官军为难，夺其衣物器械，戕其身命，至有活埋零队兵勇，或举数十百人而同付一坑者，其咎不尽在兵，亦不尽在民也。

捻军可以因地为粮，而清军则无从买食，有些地区的人民则更进一步，专和清军为难，不但夺取清军的衣物器械，还杀害零散的清军，甚至活埋数十百个清军，在这种对比下，人民对于捻军和清军的爱憎不是很分明吗？

杜松年的《知非斋琐记》具体记述了河北东部人民仇视清军的行动：

直东从贼各村妇女亦刁悍异常。每遇官兵列队而来，妇女悉持竹帚铁锨，从上风扬土；杀之不惧。

马贼既起，从逆者达数万人。官兵所至各村，仅有老弱妇女供应炊汲，毫无畏惧者，其壮丁均在贼中也。贼来其村，不特不掳掠，反以财物与之，所以人乐从贼。

兵勇掳掠奸淫，村民恨愤，各筑堡寨，官军至，列队登埤以拒。骄兵悍将必欲入村，往往互相格斗，兵民从此成仇。

军中文武委员往来，若仅四五人，村中即杀之，行李马匹并掘一坎，与尸同埋，无迹可寻，被害甚众。

恒提军（恒龄）马队入直，有四十余骑入一村求食，村众醉以酒，掘大坑，人马全埋杀之。

村人埋杀弁兵，人少者逼令本人自掘坑坎，毒虐备至。

卓胜营（金运昌所部）入直隶，分队追贼，至吴桥境，一哨百余人住宿一村，悉被埋杀。

作者是河北静海人，道光二十九年举人，作过山西大宁知县，记的是本乡本土的事情，当然是可信的史料。

《瑛兰坡[4]藏名人尺牍·周尔墉》二

昨日闻宋郡逃难妇女及捻败后贼营妇女被掠自行逃出者，均望汴垣而来，为数约数百名，入城时，均经在官人扣住，以布蒙头，不分老少妍媸，每人八百大文，听人略卖，妓馆倡楼，视为奇货，两日来闻卖去者已不少。

二十四又说：

收养被难妇女一事，前日间之极确。

对于逃难的妇女和从捻军出来的妇女，清朝官府和军队所采的手段就是略卖，以布蒙头，八百大文卖作妓女，这种行径，人民怎么能够不恨！不起来反对？

又如葛士达《远志斋稿·尉氏军中呈贾云阶师书》：

东豫民俗顽悍，各立圩寨，贼至献粮纳款，兵至反闭关绝市，甚有乱放枪炮，击伤弁勇，守令莫能主张，似此为乱乐祸，上下离心，兵民隔绝，即寇氛少已，时势岂可问哉！

明白指出河南东部人民，捻军来则献粮纳款，清军来则闭关绝市，甚至用武器抗拒。李棠阶也说：

今日大患在官与民如寇仇…官不能卫民，民思自卫，犹属良善之徒。若民并不得自卫，则焚杀淫掠，既被惨祸，不能自存，必皆从贼。民日少，贼日多，何由得平！十余年来，日计平贼，而贼益滋蔓，可不反思其故乎？颖、亳、陈、汝之前车可不鉴乎？今闻山东、直隶之交，如曹、单、东明一带，又皆为贼矣。民岂甘于为贼？上为官驱，下为贼扰，不能安居，势所必至耳。[5]

指出这一带人民之所以欢迎捻军，是由于清军的焚杀淫掠，人民不能自卫，只有归顺捻军一条道路。孟传铸写了一篇《禁兵掠食论》，他说：

比来兵勇劫掠村墟，主帅佯日不闻；有踵门泣告者，大声恐喝，逐去之，不使尽所欲言。意谓轻骑逐寇，势难重赍；贼过之地，市肆皆虚，非掠食则饿莩矣。初不令其掠资财也，掠妇女也，掠牛马也。抑知食既可掠，则瞋目叱吒，张威横行，室内之物，乘机恣取，何独贪于饮食，廉于资财、妇女、牛马乎？[6]

指出清军抢粮食，抢资财，抢妇女，抢牛马，不折不扣的是强盗。这种行径，领兵将帅是知道的，却一意包庇，被害百姓来告状，反而大声恐吓，赶出去完事。结果闹得清军所到地方，不但老百姓闭门不纳，连有些城市的地方官也闭门不纳了。刽子手曾国藩有个批牍，标题是《全军营务处李副将昭庆呈，军抵嘉祥，城门不开，请饬东省州县，遇有官兵到境勿得闭门由》，批语是：

> 该军初五日驰抵城外，黄令何得闭门不纳？……坚闭城门，禁绝出入，则大不可！……东豫两省民间圩寨，本已恨兵如仇，若各州县再为之倡，则以后行军，处处皆成荆棘，实属有碍大局。[7]

可见他是知道东豫两省人民恨兵如仇的。可是一到连地方官也闭门不纳清军的时候，便认为有碍大局了。他的学生李鸿章在给他的信里也说：

> 直境柴草维艰，兵与贼皆取资于民，千里无寨，所过已如梳篦，故民仇兵甚于仇贼，久必不堪设想。鸿章谓从军十六年，此为下下策。[8]

另一刽子手左宗棠在给他儿子的信里说：

> 直隶之大、顺、广一带与山东、河南各处接壤，各处民团凶悍异常，专与兵勇为仇，见则必杀，杀则必毒。[9]

同时的大官僚翁同龢在日记里记着：

> 同治七年二月初六日，仆人曹喜归省，行至涿州南，见难民遍野，露处号呼，而官兵抢掠之酷，又倍于贼，万口同声非无据。[10]

以上这些资料都出于封建官僚之手，而且还都出于直接屠杀捻军的刽子手之手，他们共同供认，各地的人民仇恨清军，欢迎捻军，捻军和人民的关系，不是很清楚了吗？

相反，说捻军正面好话的，当然不会有。但是，也有偶尔流露出来的个别真话，例如林纾在《六合十龄童子贼中寻弟记》一文中便说：

捻既窟宅于滁，亦伪立官府，不复遮杀行旅。

可见捻军在取得城池，建立政权以后的军纪情况。这种情况恰和清军的焚杀淫掠，形成鲜明的对比。

 ## 曾国藩、李鸿章论捻军

曾国藩、李鸿章都是镇压太平天国的刽子手，在长期战争中积累了一些反革命的军事经验。尽管如此，两个老奸巨猾，对捻军的战略战术，却都感到难以应付，外表镇定，内心恐慌，曾国藩在和捻军接触以后，仔细研究分析捻军情况，他向皇帝报告：

臣查群贼之中，以任柱之骑为最悍，以赖文光之谋为最诡。

又说：

该逆狡诈多端，飘忽异常，从不肯与堂堂之阵，约期鏖战，必伺官军势孤力弱之时，出不意以困我。

对捻军和太平军的比较，以为：

捻匪奔突六省，久成流寇之形，虽人众不及发逆，而马队则数倍过之。[11]

在致吴南屏的信里也说：

（捻军）飘忽无常，伺隙则逞，稍一失势，则电掣飚去，终不得痛击而大创之。故捻匪之人多志大远不如粤匪，而其狡黠多马则反过之；中原之民穷财尽，难于行军，则又倍于江南也。[12]

曾国藩像

李鸿章像

指出捻军和太平军的不同，人多志大，不如太平军，飘忽多马，则超过太平军。捻军的战术，见有利形势，就很狠地打，稍一失势，便电掣飚去，保全有生力量，这个估计是完全正确的。

在吃了捻军多次苦头以后，在写给李元度的信里说出了自

已恐惧的心情:

　　捻匪势极猖獗,善战而不肯轻用其锋,非官军与之相逐相迫,从不寻我开仗。战则凶悍异常,必将马步层层包裹,困官军于核心,微有不利,则电掣而去,顷刻百里,故我有大挫之时,而贼无吃亏之日,其难办有数倍于长毛者。不谓衰惫之年,遇此棘手之事,恐湘、淮各勇,俱不能了此贼,身名不足惜,大局殊可忧。[13]

　　他总结了捻军的长处和短处,写信告诉他的兄弟曾国荃说:

　　此贼故智,有时疾驰狂奔,日行百余里,连数日不少停歇。有时盘于百余里之内,如蚁旋磨,忽左忽右。贼中相传秘诀曰"多打几个圈,官兵之追者自疲矣。"僧王曹县之败,系贼以打困之法疲之也。吾观捻之长技约有四端:一曰步贼长竿,于枪子如雨之中冒烟冲进;二曰马贼周围包裹,速而且匀;三曰善战而不轻试其锋,必待官兵找他,他不先找官兵,得粤匪初起之诀;四曰行走剽疾,时而数日千里,时而旋磨打圈。捻之短处亦有三端:一曰全无火器,不善攻坚,只要官吏能守城池,乡民能守堡寨,贼即无粮可掳;二曰夜不扎营,散住村庄,若得善偷营者乘夜劫之,胁从者最易逃溃;三曰辎重妇女骡驴极多,若善战者与之相持,而别出奇兵袭其辎重,必大受创。此吾所阅历而得之者。[14]

　　在另一信中,又说:

　　捻匪长处在专好避兵而不肯轻战,偶尔接战,亦复凶悍异常,好用马队四面包围,而正兵则马步夹进。马队冲突时多用大刀长枪，步队冒烟冲突时，专用长锚猛刺，我军若能搪此数者，则枪炮伤人较多，究非捻匪所可及。劈山炮尤为捻所畏。[15]

经过反复研究，曾国藩制定了消灭捻军的恶毒方案，为了对付捻军的飘忽战术，避免老是跟踪追击，陷于被动，他在临淮、徐州、济宁、周家口四个据点各置重兵，防遏捻军冲突；又穷凶极恶地颁布清圩法令，断绝人民对捻军的接济；另练大批马步队，作为游击之师，往来策应。同治四年（公元1865）六月，在复莫子偲（友芝）信中说：

外间小视此捻，谓可蹙于老巢，而平之于旦夕，诚能如此，宁非快事。捻酋万马奔突，剽悍异常，赖逆（文光）发股，百战之余，诡诈百出，二贼相合，已成流寇，断无坐待官军合围之理。此次雉河之役，援师略集，重围遽解，贼势未衰，分遁归、陈，计趋巩、洛，若官兵与之俱流，殆将着着落后，疲于奔命。鄙意于临淮、徐州、济宁、周家口四路，安置重兵，以遏其冲；又搜查颍、凤、归、陈四属匪圩，以清其源，另练马步大枝劲旅，以为游击之师，庶几以提之止，制水之流，或者渐有归宿。[16]

这个恶毒的战略没有如他所想望的"以堤之止，制水之流"，被捻军突破而彻底失败。但是这个方针却被他的学生李鸿章继承下来，扑灭了捻军革命的火把。

李鸿章是淮军领袖，和湘军领袖的曾国藩是有矛盾的。但在镇压捻军这一血腥行动上，却又完全继承曾国藩的衣钵，同治七年三月二十五日在复曾国藩的信里说：

细察贼情，以走自活，即以走疲我；遇单弱兵将及马队孤行，则又纵骑一扑，其僄猾过于任柱，任好战犹项，张则似刘……贼中云："不怕打而怕围。"但谁肯弃一块净土与之？

任柱是捻军骑兵统帅，张指梁王张宗禹。李鸿章是很怕任柱的，称为今日第一等骑将好汉，他在同治六年十一月十八日复应敏斋观察信中说：

捻逆与粤匪差异。踞城之贼，殪其魁则余众立溃。捻以走为业，蒙、亳、曹、郓之为首者，大率亲族男女偕行，穷年奔窜，练成猾劲。父兄死而子弟代，若世守家法然。任柱称雄十年，拥骑万匹，东三省及蒙古马兵俱为战尽，实今日第一等骑将好汉。刘省三、鲍春霆皆畏其锋。[17]

1868 年 8 月，捻军最后被包围，全军覆没于山东徒骇河边，梁王张宗禹投水自杀。正如历史上著名的农民革命领袖黄巢、李自成一样，他们虽然牺牲了，但人民总是传说他们还活着，张宗禹也是样。有这样一个故事：

清同治七年西捻张总愚（宗禹）之乱，官书谓捻窜至荏平境之广平镇，被田于徒、黄、运之间，大股歼灭，张总愚携八骑，至徒玻河滨投水死。然故老或谓此督师者之饰词也。张首败后，逃至邑治东北之孔家庄，变姓名为童子师，后二十余年病死，即葬于其庄，至今抔土尚存焉。其临没时告人曰，吾张总愚也。先是庄人恒见其醉饮时持杯微呼曰："杀呀！"因怀疑莫释，至是始恍然。[18]

（原载《民间文学》第 8 期，1961 年）

# 注　释

[1] 佚名《山东军兴纪略》卷二之上。

[2] 黄钧宰《金壶七墨》。

[3] 王定安《求阙斋弟子记》。

[4] 英兰坡即郑瑛棨，汉军正白旗人，在河南做官多年。

[5]《李文清公遗书·与周春门观察书》。

[6]《秋根书室诗文集》卷七。

[7]《曾文正公全集·批牍》卷三。

[8]《李文忠公全集·朋僚函稿八·复曾相》。

[9]《左文襄公家书》卷下。

[10]《翁文恭公日记》第八册。

[11] 王定安《求阙斋弟子记》。

[12]《曾文正公全集·书札》卷十三。

[13]《霆军纪略》。

[14]《曾文正公全集·家书·同治五年十二月二十二日》。

[15]《曾文正公全集·家书·同治五年十二月二十二日》。

[16]《曾文正公全集·书牍》。

[17]《李文忠公全集·朋僚函稿》七。

[18]《沧县志·轶闻》。

 **谈甲午海战**

甲午战争是中国近代对外战争史上重要的转折点，这一仗日本打败了清朝，北洋海军全军覆火，清朝政府委屈求和，忍辱割地赔款，订立不平等条约，使已经走向没落的腐朽的清朝统治，推向悬崖的边沿。同时，也因为这一不光彩的败仗，一连串的屈辱，激发了全国各阶层人民的同仇敌忾，看清楚了清朝统治者的真实面貌，知道非用自己的力量来保家卫国不可，非用自己的力量来反抗侵略不可，高举反对帝国主义的大旗，敢于斗争，进一步敢于革命，从而改变了中国历史的面貌。

这一仗是腐朽的、垂死的封建主义和新兴的资本主义国家间的战争，清政府的失败是必然的。但是，应该着重指出，军事上的失败是次要的，主要的是政治。

首先是清朝政府的失败主义，注定了战争的结局。清军统帅李鸿章从一开头便不敢抗争，不惜牺牲一切来换取和平。当敌人着着备战，引起战火，甚至在击沉清政府的运兵船高升号以后，李鸿章始终采取避战方针，幻想通俄、英、法、美等国的斡旋，出卖中国人民利益，求得暂时的妥协，事实是你愈退让，敌人便于愈疯狂，你越不敢打，敌人便越要打，以退让、出卖国家主权来换取屈辱的妥协，结果是导致甲午战争的完全失败。

**旅顺街景**

更有讽刺意义的是海陆军统帅主和，手无寸铁的文人却坚决主战，以翁同龢为首的一批清谈家和傀儡皇帝却极力主战。他们没有实权，不懂军事，却大嚷大叫，制造了强烈的舆论，可是在实际行动上却拿不出一点办法来，更谈不到和人民联结在一起了。这样，统治集团内部就形成两派，翁同龢和皇帝这派主战，李鸿章和西太后这派主和，吵个不休。在两派的混吵中，敌人却全国一致，全力进攻，清朝政府呢？一面向各国哀求斡旋，一面被动挨打，因为正在不惜牺牲一切祈求和平，也就没有认真备战，也正因为没有认真备战，就不能不接连打败仗，这样，连屈辱的妥协也哀求不到了。政治的腐烂，决定了战争是非失败不可的。

以这次著名的海战为例，事实也正是这样。

中日两国海军的实力，李鸿章是清楚知道的，他在光绪二十年（公元 1894 年）七月二十（阴历）报告清朝政府：

> 查北洋海军可用者只镇远、定远铁甲船二艘，为倭船所不及。然船重行缓。吃水过深，不能入海汊内港。次则济远、经远、来远三船，有水线甲、穹甲而行驶不速。致远、靖远二船，前定造时号称一点钟十八海里，近因行用日久，仅十五六海里。此外各船逾旧逾缓。海上交战，能否趋避，应以船行之速迟为准，速率快者，胜则易于追逐，败亦便于引避。若迟速悬殊，则利钝立判，西洋各大国讲求船政，以铁甲为主，必以极快船只为辅，胥是道也。

> 详考各国判行海军册籍，内载日本新旧快船推为可用者共二十一艘，中有九艘自光绪九年后分年购造，最快者每点钟行二十三海里，次亦二十海里上下。我船订购在先，当时西人船机之学尚未精造至此，仅每点钟行十五至十八海里，已为极速，今则二十余海里矣。

> 近年部议停购船械，自光绪十四年后，我军未增一船。……倭人心计谲深，乘我力难添购之际，逐年增益。

战舰的吨位和航行速度，决定海军的作战力量。北洋海军只有两条大铁甲舰，却船老行迟，日本呢，主力舰吨位虽小，却船新行速。更重要的是清朝从光绪十四年以后未添一船，日本却从光绪九年以后逐年添造，白白给日本以六年时间，走到前面，这不是单纯的军事问题，而且是政治问题。

其次是速射炮的出现。《晨园漫录》指出：

我各军舰之购置，其最新者亦距开战十二三年。其时军舰之牺装大抵专注重舰首之重炮，而于两舷侧之速射炮，则不甚加意。试一检查各舰之炮位表可以知之矣。其后速射炮日益发达，我各舰依然仍旧，未曾加以改造。

李鸿章知道不知道这情况呢？他是知道的，并且专写报告要求添装，但是政府决策是"停购船械"，实现不了。可见这也不是单纯的军事问题，而且是政治问题。

主力舰舰首的重炮比敌人的威力大，在战时是可以发生作用的。但是到临战时重炮的炮弹一共只有三枚，英人泰莱亲身参加了这次海战，他在《甲午中日海战见闻记》中说：

在旅顺查看军械清单，得知一可悲之事实，战舰中十时口径之大弹，只有三枚。其练习用之小弹亦奇绌。惟其他诸舰，弹储尚足。

他立刻向李鸿章提意见，要求补充。结果负责后勤的官员答复，此种炮弹不能制造。这个官员是谁呢？李鸿章的亲戚张士珩，这难道不是政治而是军事问题？泰莱明确地指出："盖腐败、中饱，及授结私亲诸症，使其手下各组织无复完肤者，其病源皆在鸿章自身，而彼之染此诸症，且视寻常中国官吏为甚。"事后，他总结说："是故中国舰队，就重炮及铁甲而论，至少与日本相埒，炮术甚精。训练虽稍有遗憾，惟水兵可称善战。极严重之事因厥为子弹之缺乏。此缺乏也，吾人有理由可信其咎非仅在疏忽，而在其工厂总办之通敌卖国。"其实，更确切地说应该是，"其病源皆在清朝政府自身"李鸿章不过是代表人物之一而已。

海战发生在 1894 年 9 月 17 日。

据泰莱的观察，海军战士的士气很高："呈欣欣之色者，大率为水手。彼等举动活泼机敏，以种种方式装饰其炮座，若不胜其爱护者，其响望之情盎然可觉。"又说："惟水兵可称善战。"

提督丁汝昌是陆军出身的，战事由海军总兵刘步蟾指挥。刘步蟾是海军中公认"怯懦已素著"的胆小鬼。

发现日舰后，刘步蟾发出信号，改变丁汝昌和将领们一致决定的分段纵列式，两主力舰居前的战斗序列，改为诸舰相并横列，以主力舰居中的横阵。这样，敌舰炮火就会集中两翼的弱舰，不致集中到刘步蟾指挥的旗舰了。他本人比较安全了，可是北洋海军的命运也就由这一个怕死的指挥官改变阵势而决定了。他是知道这两种不同战斗序列的意义的，为了个人的安全而牺牲全军，这不只是军事上的严重错误，而且是政治上的严重错误。

交战后，北洋舰队凌乱呈半月形，仅有的三个重炮弹，有一弹射入日舰松岛之腹内。"北洋士兵均狞厉振奋，毫无恐惧之态。"致远舰经过激战，炮弹打完了，管带邓世昌开足马力去撞日舰吉野，和敌人同归于尽，被日舰鱼雷击中牺牲。超勇等四舰亦被击沉，济远船见致远沉没，管带方伯谦先逃，撞沉另一战舰，剩下的残舰也先后驶出阵地逃避，这场不光彩的海战就此结束了。

电影《甲午风云》中的正面人物是邓世昌和李士茂、王国成，反面人物是方伯谦和李鸿章，都是符合历史实际的。当时虽然有人为方伯谦被军法处死而鸣不平，写了一本《冤海述闻》的书，是不可信的，没有根据的。书中说日海军击沉高升号时，济远发炮打伤日船有功，其实，方伯谦一见日船就害怕，赶忙挂白旗，日舰不理，他又挂日本旗，又不理，就赶忙逃走，只是由于士兵英勇，李士茂、王国成等违令发炮，才能打伤日舰。就方伯谦两次临阵脱逃而论，他的死是千该万该的。

这次海战失败的教训是，第一，和平不可能是祈求得来的，也不可能是从任何国际活动或会议得来的，祈求和妥协只能招致屈辱和失败。第二，侵略战争既然强加于人，那么反侵略战争就是不可避免的。当敌人着着进攻，战争怎么有可能单方面避免呢？相反，只有团结一致，被侵略者奋起抗战，沉重打击侵略者才能保国卫民，取得胜利。第三，战争是政治的继续，也是政治表现的形式，甲午战争的失败，主要不是军事上的，而是政治的腐烂和内部的不团结。第四，只有敢于斗争，敢于革命，敢于胜利的人民，才有可能阻止战争的爆发，也才有可能在战争中取得胜利，保障和平的事业。

最后，还要插一句话，清朝政府从光绪十四年起就决定不再添买军舰和武器了，那么，海军经费用到什么地方去了呢？《晨园漫录》指出了这笔钱的去路："拨其经费，作为建造颐和园之用！"

1963 年 6 月 27 日

（原载 1963 年 7 月 19 日《北京晚报》）

文化篇

# 古人的业余学习

在封建社会里，学术文化是掌握在地主阶级手里的。因为只有他们才有时间，读得起书，才有钱，抄或买得起书，和请得起老师，付得出束脩。

农民、手工业者和其他的穷苦人，这样也没有，那样也没有，读不起书，更谈不到掌握学术文化。

这是封建社会阶级关系的一种表现，教育被垄断，绝大多数人民被排除在学术文化领域之外，是普遍的基本的现象。说是普遍的基本的现象，也还是有不少的例外。

历史上有不少穷困的农民、穷人，发愤图强，克服困难，顽强学习，成为著名的学者。例子很多，现在只举列入儒林传的一些人，顺便指出，正史里名列儒林传的大体是后一时代认为在某一学术领域有成就、有贡献的学者。

后汉桓荣年轻时和哥哥元卿在田里做活，一到休息时候，桓荣便打开书本，朗诵起来。哥哥笑他，白费气力讨苦吃，中什么用？后来桓荣成为学者，哥哥才叹口气说，像我们这样农民，哪能知道念书有这样好处呢！另一学者儿宽，从名儒孔安国受业，也是家里穷，只好为人佣作，带经而锄，上学以后，给同学做杂事维持生活。虞博《江表传》记张纮居贫，躬耕稼，带经而锄，孜孜汲汲，夜以继日，至于弱冠，无不穷览。晋徐苗白天耕种，晚上念书。梁沈峻家世农夫，他发愤好学，白天黑夜，努力钻研，到困极时便拿棍子打自己，后来博通五经，尤长于三礼。孔子祛耕耘樵采时，还带着书念，一到农闲，越发努力，成为古文《尚书》学者。北齐李铉春夏务农，冬闲入学，成为当代经师。

也有的是看猪、放羊、放牛的苦孩子，经过刻苦努力，成为学者的。著例如后汉的承宫，七岁时替人放猪，同村《春秋》学者徐子盛正在讲学，承宫每次经过，在门下偷听。主人发现了，要打承宫，徐子盛的学生出来阻止，承宫就此留在徐家，替学生们砍柴做杂活，一面学习，终于有了成就。晋朝王育替人佣工牧羊豕，住的地方靠近学堂，他便趁空捡些柴火，卖了钱请人抄书，晚上用蒲叶学写字，终于博通经史。前燕张恮也靠牧牛过活，他和王育一样，捡柴请人抄书，在树叶上写字，成为学者的。

他们解决生活和学习的矛盾的方法，是边劳动，边学习，没有书，便自己抄，如梁朝袁峻家里穷，买不起书，便向人借书，自己抄写，每天抄五十张纸，不抄完不休息。任孝恭向人借了书，每读一遍，讽诵略无所遗。《三国演义》里诸葛亮舌战群儒，对手之一的阚泽，是替人抄书出身的，他抄了一遍，便记得了。

上面所举的只是极少数的几个例子。由此看来，在历史上，尽管封建地主阶级包办了学术文化，但是学术文化却不尽出于封建地主阶级，穷苦农民和牧猪牧羊的孩子只要有坚定的决心，持久的毅力，不懈的学习，是可以克服一切困难，攀登当时学术的高峰的。当然，这些人在成为学者以后，或者有了田地，或者做了官，阶级成分变了，那是另一回事。

克服困难，勤劳学习，这是我们祖先的优良传统，是值得发扬的。

业余学习之风，古已有之。不同的是古人只能凭个人的努力，而今天呢，有各种各样业余学习的机会，党和政府为愿意学习的人们准备了一切条件，看看我们先人的榜样，不是值得我们思之重思之吗？

原载《前线》第 19 期，1961 年

 ## 谈读书

题目好像很奇怪，只要认识三五千汉字，便可读所有用汉字印剧的书了，书人人会读，何必谈？

然而问题并不如此简单，能读书是一回事，善于读书又是一回事，并不是所有认得若干汉字的人都善于读书，能和善，相差只是一个字，实际距离却不可以道里计，问题就在这里。

经常有些青年人，也有些中年人，其中有学生、教师，也有编辑工作者等，他们提出问题，怎样做才能读好书，作好学术研究工作？特别是当前各个高等学校学生都在奋发读书的气氛中，这个向题也就显得很突出了。

要具体地谈各个学科，各个年级的学生该读什么书，或者研究什么题目，该读什么书，这是各个教研组和研究导师所应

该答复的。这里只能谈一点基本的经验。

首先是方法问题，用老话说，有两种不同的方法，一种是寻章摘句式的，读得很细心，钻研每一段，以至每一句，甚至为了一个字，有的经师写了多少万字的研究论文。其缺点是见树木而不见森林，捡了芝麻、绿豆却丢了西瓜，对所读书的主要观点、思想却忽略了。另一种是观其大意，不求甚解式的，这种人读书抓住了书里的主要东西，吸收了并丰富、提高了自己，但是不去作寻章摘句的工作。明朝人曾经对这两种方法做了很好的譬喻，说前一种人拥有一屋子散钱，却缺少一根绳子把钱拴起来。后一种呢，却好相反，只有一根绳子，缺少拴的钱。用现代的话说，这根绳子就是一条红线。这两种方法都有所偏，正确的方法是把两种统一起来，对个别的关键性的章节、词句要深入钻研，同时也必须领会书的大意，也就是主要的观点、立场，既要有数量极多的钱，也要有一条色彩鲜明的绳子。

在学习理论的时候，还必须联系实际，才能学得深，学得透。

其次是先后问题，先读什么，后读什么。是先读基础的书呢，还是先读专业的书呢？例如学习中国历史，是先学好中国通史，还是先学断代史或专门史呢？有不少人在这个问题上走了冤枉路，把先后次序颠倒了，不善于读书，其实道理极简单，要修一所房子，不打好基础，这房子怎么盖呢？你能把高楼大厦建筑在沙滩上吗？以此，要读好书，必须先打好基础，读好了基础书，才能在这基础上作个别问题的钻研，基础要求广，钻则要求深，广和深也是统的，只有广了才能深，也只有深了才要求更广。

"读书百遍，其义自见。"这话是有道理的。有的书必须多读，特别是学习古典文，那些范文最好是能够读到可以背通的程度。除了多读之外，还得多抄，把重点、关键性的词句抄下来，时时翻阅，这样便可以记得牢靠，成为自己的东西了。多读多抄，这个是必须保证的。

最后是工具问题，认识了字并不等于完全了解这个那个名词的具体意义，有些专门术语随着时代的变化而具有不同的意义，并不是每一个人都容易理解的。解决的方法是善于利用工具书，也以学习历史作例，不懂得使用《辞源》、历史人名词典、历史地名词典、历史地图、历史年表和历史目录学，在研究历史科学的康庄大道上，也还是寸步难行的。

要多读书，用功读书，但是还得善于读书。

（原载《前线》第 23 期，1961 年）

 论学风

近几年来，学术界的学术研究工作遵循着理论联系实际的方针，发扬了实事求是的良好风气。例如研究水利的，过去只能在狭小的实验室里，假想种种课题，做了一些实验，从书本到书本，从教室到实验室，搞了多少年，也没搞出一个什么名

堂来。但是，从官厅、十三陵水库，特别是密云水库兴建以来，不管是年长的教授，或年轻的学生，都投入了改造自然面貌的斗争，从设计到施工，刮风也罢，下雨也罢，他们都和工人一起共同劳动，理论为实际服务，又从实践中总结出经验教训，不只锻炼了人，有效地出色地完成了建设任务，也不断提高了学术水平。农业技术科学也是如此。农科院校的许多师生到田间、地头，他们从选种、施肥、土壤改良、水利灌溉、病虫害防治、果树栽培、防止碱化、机械耕作等，都努力结合实际，从具体、当前生产出发，做了有成效的研究，提出了许多好的意见，为提高农业生产作出了贡献，这是非常可喜的事情。

社会科学方面的研究工作，也同样有了不少成绩。但是和上述的例子比较起来，就显得有些和国家的要求不相适应了。而且，特别应当引起注意的是有些不健康的倾向，已经在露头了，尽管是少数的、个别的现象，却也值得我们警惕。

举例说，从贯彻保证六分之五的教学、研究时间以来，一方面高等院校的教师们的业务学习空气浓厚了，可是另一方面，却也有少数人，以此为借口，钻到故纸堆里出不来了，对理论学习、政治实践有些放松了。甚或有个别的人，连报纸也不看了，把自己和国内实际、国际实际隔绝起来了。厚古薄今的倾向又再次出现了。

举例说，有些艺术院校的教师，在一味追求什么大的、洋的、古的，对自己的东西，优秀的传统，现代的东西，看成低人一等，一概不感兴趣。其中，个别的人还在吹嘘什么永恒的艺术，如此等等。

举例说，在学术讨论中，有人对孔子的某些论点解释为理论和实践相结合，解释为接触到了自由和必然的辩证法的真理，好像在孔子时代已经有了科学的认识论了，和马克思列宁主义的某些论点没有什么区别了。有些文章甚至把孔子思想说成是超阶级、超时代的永恒的东西，什么时代、什么阶级都可以适用。个别文章还说出这样一种理论，阶级斗争学说在近现代历史上是可以说得通的，但在古代就不一定了。这样，就把阶级斗争的学说，一切都要从阶级分析出发这一真理，从中国哲学史、中国历史中给阉割了。

这一种学术倾向，无论如何不能说成是健康的，正确的，有益的。

把马克思列宁主义理论看成是孤立的事物，不去和中国的当前实际、历史实际相结合；把阶级斗争、阶级关系、阶级分析一概存而勿论；为了论定历史上的人物，"没有唯物主义的批判精神，所谓坏就是绝对的坏，一切皆坏，所谓好的就是绝对的好，一切皆好"。这些错误的东西毛主席早已批判过了。毛主席教导我们，学习历史是为了向前看，而不是向后看，但上述这些倾向，恰好是向后看，而不是向前看。党的百家争鸣的方针，无疑地必须是在马克思列宁主义、毛泽东思想指导下的争鸣，而从这些倾向来看，却显然不是如此。

应该说，这种学风是不好的，不健康的，有害的，应该坚决反对的。

纠正的方法只有两条，一是认真学习理论，二是紧密联系实际。

要注意，要纠正，使我们的社会科学坚决地在马克思列宁主义道路上前进。

（原载《前线》第 9 期，1963 年）

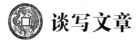 **谈写文章**

从前有人说过：文章本天成，妙手偶得之。

我说，不对。应该是：文章非天成，努力才写好。

天成的文章是不存在的。即使是妙手，也无从偶得。

妙手当然有，但也绝不是天生的，而是经过长期的努力学习，锻炼，在实践中逐步提高的。"妙"是努力的结果。妙手写了好文章，也还是要经过努力，而绝不是偶然得来。假如说"偶"是灵感，看见了什么，接触了什么，有所感，有所会通，因而写出一点什么好东西来，那也还是要有先决条件，那便是具有一定的文化水平。要不，没有这个水平，即使"偶"，也还是不能"得"的。

要写好文章，必须经过长期的努力学习和实践。

首先是多读书，今人的书要读，古人的书也要读一些。中国的书要读，外国的书也最好能读一些。

生活在现代，写文章当然要用现代的语言，以此，多读一些近现代好文章的道理是无须解释的。为什么要读一点古书呢？这是因为古代曾经有许多妙手，写了很多好文章，多读一些，汲取、学习他们的写作方法，结构布局，遣词造句，对写好文章会有很大帮助。读一点外国的文学名著，道理也是如此。

对初学写作的人来说，我想，选择《古文观止》中三五十篇好文章，读了又读，直到烂熟到能背诵为止，这样便可以初步掌握古文的规律，虚字的用法，各类文章的体裁了。进一步便有条件阅读其他古代文献，有了领会、欣赏的能力了。当然，选读的文章要以散文为主，楚辞、汉赋之类，可以不读。此外，选读几十首唐诗，懂得一点旧诗的组织韵律，也是有好处的。

其次是多写作。在读了大量的近现代文章和一些古文之后，懂得了前人掌握运用文字的方法，但并不等于自己会写文章。要学会写文章，还得通过长期的实践，自己动手写，还要多写。学习两字是联用的，读书是学，写作便是习。不但要多写，还要学习写各种体裁不同的文章，例如写散文，写书信，写日记，写发言提纲，写工作报告之类。

写作要有题目，就是要有中心思想，要有内容。目的性要明确，例如这篇文章是记载一件事情，或提出一个问题，解决一个问题，或发表自己的主张、见解，等等，总之，是要有所为而作。无所"为"的文章，尽管文理通顺，语气连贯，但是内容空洞，也只能归入废话一栏，以不写为好。

最后是多修改。一篇文章写成之后，要读一遍改一遍，多读几遍多改几遍。要挑剔自己文章的毛病，发现了就改，绝不可存爱惜之心。用字不当的要改，含义不明的要改，词句不连贯的要改，道理说不透彻的要改。左改右改，一直改到找不出毛病为止。必须记住一条原则，写了文章是给别人看的，目的是要使别人都能看懂，以此，只要设身处地，站在别人的地位来看这篇文章，有一点含糊的地方，晦涩的地方就改，尽最大的努力使别人容易懂，这是一个基本的也是最起码的要求，必须做到。

有了这三多：多读书，多写作，多修改，文章是可以写好的。只要坚持不懈，任何人都可以成为妙手。

（原载《人民日报》，1962 年 5 月 15 日）

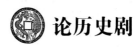

# 论历史剧

我不懂戏，也不常看戏，但对历史剧却有浓厚的兴趣。

原因是正确的历史剧可以普及历史知识，是进行历史主义、爱国主义教育最有效的工具。

新中国成立以前，我们国家的广大人民没有普遍受到学校教育的机会，百分之八九十的人们是不识字的。但是，尽管没有读过历史书，他们却有了一些历史知识，知道有战国、三国、唐、宋等朝代和刘备、曹操、关羽、张飞、包公、岳飞等历史事件和历史人物。特别是诸葛亮，"三个臭皮匠，顶过诸葛亮"，在人民中间的威信很高。解放军在连队里开诸葛亮会，大家出主意。农村公社里的老社员组成黄忠班，表示不服老，要和青年人竞赛。包公的声名则更是妇孺皆知，这是因为广大人民长期受封建官僚的压迫，侮辱，以致倾家荡产，丧失生命，渴望有一个清官能够替他们申冤平反，过较好的日子的缘故。海瑞在我国东南地区有"南包公"之称，也是这个道理。

旧历史剧在过去的时代里，是起了它应有的作用的。不过，也有它的缺点，那就是剧作者是根据他所处的时代的思想意识，来处理历史事件和资料的。每一个历史剧都有它的创做意图和时代背景，或者以古论今，以古讽今，指桑骂槐，或者是强调某一方面的教育意义，或者有其他意图等，总不免夹杂一些糟粕，甚至对历史真实面貌有所歪曲。前者例如宗教迷信的宣传，后者例如对王昭君、曹操的评价等。我们虽然不能以今天的标准去要求过去时代的旧历史剧，指出这一点却是必要的。

应该肯定，旧历史剧中确实有些好戏，如《空城计》《群英会》《杨家将》等，经过几百年的考验，到今天还为广大人民所喜爱，它的教育作用也还是有现实意义的。

也还需说清楚，旧时代把某些故事剧也算在历史剧范围里，这种影响直到现在还未消除，例如两年前我曾翻阅几厚本的历史剧目，发现其中有百分之九十以上是故事剧，无论如何是不能算作历史剧的，这是一个可以商讨的问题。

例如《杨家将》，杨业、杨延昭、杨文广三代都领兵和北方的辽国作战，保卫边疆，英勇善战，有功于国家，有功于人民。在过去长期受外来侵略，广大人民多灾多难，闻鼙鼓而思良将，《杨家将》这个戏受到广大人民的热烈欢迎，是有它的社会基础的。《杨家将》的人物是真实的，保卫边疆的斗争是有根据的，这个戏是历史剧。虽然其中夹杂了潘杨两家的矛盾，把宋初名将潘美的形象歪曲了，不符合历史真实，但陈家谷之战，失败的主因是监军王侁、刘文裕力主进攻，王侁争功，擅离陈家谷，主将潘美不能阻止，遂致杨业全军覆火。因此潘美对杨业的败死是负有责任的，把账算在他身上也不是完全没有道理的。

由于《杨家将》的形象深入人心，从这个戏派生出了一系列的杨家的戏，例如《辕门斩子》《四郎探母》《杨门女将》《十二寡妇征西》《杨门少将》《杨排风》《余赛花》《百岁挂帅》《穆桂英挂帅》《破洪州》《杨文广征辽》等一大堆，从人物论，余太君、穆桂英和杨门一群寡妇都是虚构的。从史实说，征西也罢，征辽也罢，破洪州也罢，挂帅也罢，也都出于剧作家的主观愿望，是不符合历史实际的，是那个历史时代所不可能发生的。尽管其中有些戏确是好戏，但不可以给它戴上历史剧的帽子。

同样，薛家将的戏也有类似情况，薛仁贵是实有其人的，是唐太宗、高宗时的名将，曾和高丽、吐蕃打过仗，立下战功。他的子孙也有人当过将军。但如《薛刚反唐》《徐策跑城》这类戏便一点历史影子也没有了，不能算作历史剧。

至于包公戏，这个人的斗争性是很强的，剧作家有权对某些人物加以虚构，不过，像《打龙袍》《秦香莲》这类戏，皇太后和公主跑到开封府吵吵闹闹，戏剧性确是加强了，历史性却说不上有一点点。

以上是我对旧历史剧一些看法。要郑重声明的是，第一，我不赞成其中有些戏算是历史剧；第二，我还认为其中有些戏是好戏；第三，假如有人一定要把《杨门女将》之类的戏当作历史剧，这是他们的自由，不过，就我个人来说，我还要说不是；第四，旧历史剧是过去时代剧作家的创造，经过长期考验，虽然其中有些缺点，我却不主张改，假使一定要改，也只能个别地方改，改其太不合理和文字不顺的地方，千万不要大改，以至乱改；第五，旧历史剧反映了旧时代剧作家的一些看法，作为历史剧的发展过程来看，是有它的时代意义的。但是，我们这个时代却不应该跟着旧时代的剧作家脚迹走，因为道理很明白，时代不同了！

我要谈的主要是新历史剧的问题。

从最近杨家将这一系统的戏一个接一个演出以来，我感到有些迷惑。我国的历史这么长，内容这么丰富多彩，有成百成千的历史人物和事件可以搬上舞台，为什么不选取其中有教育意义的戏剧性较强的编为历史剧，而非打杨家将的孤儿寡妇的主意不可呢？这样做，有什么必要呢？随便举一个例，《破洪州》这个戏，我虽没有看过，不过洪州这个地方我倒是知道的，就是现在江西南昌。杨家和辽国作战，怎么会打到南昌，这样连祖国地理也搞不清，对观众又有什么好处呢？

在我看来，不妨两条腿走路。一条是继续上演经过考验的好的旧历史剧，另一条是集中力量编出新的正确的历史剧。旧有的杨家将这一类的戏当然可以上演，但杨家将孤儿寡妇这条道路却不必再走了。新历史剧的道路是无限宽阔的。

要创作新历史剧，我想，应该注意几点：

第一，历史学家和历史研究工作者应该充分和戏剧家合作，提供戏剧家以新的题材，在我国无限丰富、生动、悠久的历史中，选取其中某些有现实意义的题材，例如我们祖先的智慧、勇敢、勤劳、坚强不屈、雄心大志、勤俭奋斗、创造发明、忠实勤恳、保家卫国、自力更生、调查研究、明辨是非、同甘共苦等美德，弃其糟粕，取其精华，要求有可靠的真实的史料，又要有戏剧性，每一个故事都写成提纲，附以参考书目，送给戏剧家写作时参考。戏剧家再选取其中一些题材创作成剧本，历史学家要帮助讨论修改，在排演过程中也是如此。这样，把历史和戏剧两个家打通了，一定可以出现很多新的好的历史剧，繁荣了创作，普及了历史知识，也有效地满足广大观众的要求。这个工作我们已经在尝试着做了，也希望其他兄弟省市的历史学家和历史研究工作者们能够这样做。

第二，必须明确历史和历史剧有联系也有区别这一原则。所谓有联系，指的是既然是历史剧，必然要受历史真实性的约束，在时代背景、主要人物和事件等方面，绝不能凭空捏造，或者以今时今地的思想意识去强加于古人，让演员穿戴古代衣冠，却具有中华人民共和国人民的思想感情。相反，新的历史剧在主要方面，亦即人物、事件、时代背景方面，必须基本上符合于历史真实，从这方面说，历史剧是和历史有联系的，是不可以不受历史真实性的约束的。违反了这一点，即使文艺价值极高，戏剧性很强，叫什么剧都可以，却不大好称为历史剧。同时，历史剧既不是历史教科书，更不是历史论文，它除了受历史真实性的约束以外，主要的还是戏。是戏就得按戏的办法写，要有矛盾，有冲突，有情节，要收到艺术效果，还必须有所突出，集中，夸张，因之也就不能不有所虚构，使之更丰富，更生动，更美，更动人。戏剧家完全有权利这样做。要充分运用革命的现实主义和革命的浪漫主义相结合的精神，创造出新的历史剧。但是，也还有一条限制，那就是尽管容许而且必须有所虚构，却只能、必须限于这个人物、事件所处的时代所可能发生的，也就是必须具有时代的特征，或者说是时代的约束。超出了这个范围，无论是以今人的思想意识或者物质生活虚构于古人，或者以明清时代的情况虚构于唐宋，同样是违反了历史真实性，是非历史主义的。

片面强调联系约束的一面，把历史剧写成历史教材，那就不叫戏。反过来，片面强调区别的一面，如有些人所说的那样，文艺的真实性不同于历史的真实性，剧作家可以无须凭借历史记载，只凭马列主义理论和自己的生活体验，就可以写出符合历史唯物主义的历史剧来，这也是一种天真的缺乏严肃态度的说法。在我看来，有人一定要这样写，当然无从反对，只是，这种戏和历史实际一点关系也没有，可以叫什么什么戏，却不能称为历史剧。也要提醒这些先生们一下，历史是不许可捏造的，是不能凭自己的主观愿望虚构的。

第三，对历史记载的看法也必须澄清。有的人认为所有历史记载都是封建史家写的，记的只是帝王将相的事迹。由于他们的阶级立场，对农民、人民的活动就不能不有所歪曲、隐蔽，以至诬蔑，这个提法是正确的。问题是如何来对待现存的史料。他们从这个前提得出结论，认为过去的历史记载全都是不可信的，因而不能凭借。这样一来，就把我国无比丰富生动的历史资料一棍子打死了。这是一种对自己国家历史的虚无主义态度，是不科学的，因而也是错误的。当然，过去时代的历史家所写的记载都带上他们阶级的烙印，不这样写是不可想象的。当然，他们所最感兴趣的是帝王将相的活动。当然，他们仇恨农民起义，农民战争，看不起农民、工人。这些都是由他们的阶级本质决定的。当然，他们的记载，其中有许多是不可信的，有歪曲，有隐蔽，有诬蔑，甚至还有捏造呢。问题是用什么态度去对待这些历史记载，是全盘否定呢？是全盘接受呢？还是批判地继承呢？

无须多说，不管是全盘否定也罢，全盘接受也罢，都是不正确的，错误的，非马列主义的。只有老老实实学习毛主席的思想，运用辩证唯物主义和历史唯物主义的观点、立场、方法，批判地继承，去粗取精，去伪存真，由此及彼，由表及里，把死史料运用为活史料，密切结合当前需要，使浩如烟海的无比丰富的史料中某些优良部分，充分发挥其作用，古为今用，为今天的建设社会主义服务，才是唯一正确的可行的办法。

第四，也还要说一下，对旧历史剧我一点反对的意思也没有，只是不同意把某些旧剧强名为历史剧。其次，我认为对新历史剧的创作必须要有较高的标准——我们这个时代的标准，因为我们生活在这个伟大的无比幸福的时代。

1961 年 5 月 15 日

（原载《文学评论》第 3 期，1961 年）

#  生活与思想

大概上了所谓"中年"年纪的人，在饭后，在深宵，有一点可以给自己利用的时间的时候，想想过去，想想现在，终会喟然长叹，感觉到有点，甚至于很不同，困恼，彷徨，但愿时光倒流。至于明天，那简直不敢想起，一想起明天，烦躁，恐慌，算了罢，但愿永远不会有明天。明天是一把利刃，对着你的胸膛，使你戒惧，不敢接近。

过去的怀恋，现实的不安，未来的恐惧，成为一般有家庭之累的，有生活负担的中年人的普遍的感觉。当然，这里所谓中年人应该除开少数的权贵和大大小小的战时暴发户。也除开有信仰有魄力肯做傻事，希望能够以牺牲自己的微少代价，来换取光明的未来的那些"傻子"们。我不说青年，因为青年还在学校，即使已经走进了社会，也还不到对社会负责任的时候，自然，有些有了中年气味的青年人，也可包括在我所指的事实上的中年人之内。

这种普遍的感觉形成一种世纪末的人生观。最好的说明是曹孟德的话："对酒当歌，人生几何！"苟安甚至麻醉于目前的现实的生活的痛苦，对于未来不敢有计划，有希望，更谈不到理想。这和前一时代相比，和这批中年人的青年时代相比，他们曾幻想明天如何如何，个人如何如何，尽管幼稚，尽管荒唐，却表明他们对前途有信心，有把握，这信心造成了民族的动力，推动时代前进。这信心使他们出汗流血，前仆后继蹈着前人的骷髅向前。然而，现在呢？信心是丧失了，勇气被生活所消沉了，一部分人学得糊涂，也乐得糊涂，"各人自扫门前雪，莫管他家瓦上霜。"发发牢骚，哭哭穷苦，横直无办法，而且假使有办法，自己也得救了，不会比别人吃亏。没办法呢？你一个人又济得甚事。一部分人变得聪明了，他们继承而且体会了"明哲保身"的古训，是非只为多开口，既然不应该说话那最好是不说，不该想的最好也不想。做傻事的有的是，办妥了自然不会单撇开我，而且我也是人才，毕竟也撇不开我，弄不好他倒他的霉，也沾不着我。还有一部分呢？会说也会想。他会告诉人这个不好，那个要不得，批评很中肯，有时也还扼要。可是他只是说说，背着人说说，到末了也还是说说而已，以后有好处，他会说这是我说过的，我出过力气，没好处他也不负责任。这三种人处世的方法不同，看法却是一样的，他们以为"国家兴亡，匹夫有责"是书呆子的想头，在民主的国家不是已经有人民的公仆在负责了吗？军队有指挥官，各级政府有长官，付托得人，要你来操这闲心则甚？最要紧的最要操心的还是自己的生活，开门七件事，柴米油盐酱醋茶，还得加上房租小菜灯水四样，添衣服，买袜子，孩子教育和医药费用固然谈不上，这九件事却缺一不可，你这个月的收入只够五天便完了，其余的二十五天是准备吃风还是吃空气？假如你嫌风嫌空气不大饱肚子，那得赶紧张罗，衣服卖完了，书籍吃完了，告贷的门路都堵住了，那你得另生法门，第一是兼差，第二是兼业，兼差兼政府机关职员，公司商店职员，什么都可以，只要有全份米贴。兼业更无所谓，教书，做官，开铺子，跑街，做点肥皂牙粉什么的，甚至种菜种花，养猪养牛都行，不是说国民应该增加生产吗，这正是替国家增产呀！另外有点什么权带上个把什么长之类的，薪水连米贴合起不过六七千元，雇的女帮月薪便是两千三千，每天开销几千元满不在乎。他自己原谅，他不如此干就得饿死，社会也同情他，做官不赚个十万百万，那成个什么官，而且他是人，他有家眷，他总得吃饭呀？人人抱着吃饭第一，弄钱第一，生活至上现实至上的宗旨，自然，对于国家，对于民族，对于社会，这些空洞的观念只好姑且置之高阁了。

而且最不好的，还是明天。几年来的经验使他深切了解乌龟和兔子赛跑的故事。这故事已经改编了，主要的一点是兔子不但不肯睡一会而且会驾飞机。他已经断了心，放弃了赶上去的幻梦。现实还是现实，第一要明白的是你今天必须要活着，而且有活的权利。对于明天以至遥远的后天或下一个月，你不能有什么打算，即使你要打算，时间可不能对你负责任，三个月前的米价是多少，今天是多少，你过去曾打算到没有？如此这般你本能地明白这个道理，你现在有多少钱，最好即时换成实物，保险你最近不会饿死，票子在市场周流不息地转着，各种货物被大量地小量地囤积着，票子转得愈快，物价就愈高，票子也跟着愈快，循环到了一个限度以后，公的私的出入将都以实物来代替票子，人不但对事失去信心，对未来和对自己本身也失去信心，一切都改变了，头昏眼花，精疲力竭，只好守住今天，对现实做最后的挣扎，明天的且到明天再说了。

生活的改变，改变了一般人的人生观，把握现实，苟延残喘，对前途无信心，对未来无理想，对以后不存希望，这是现在最严重的中年人的痼疾，民族的惰性的蔓延，也是国家的隐忧。

生活改变了思想，转移了社会风气，我们假如还要有明天的话，唯一的办法是想法请兔子先生下来步行，替乌龟先生预备一辆自行车，让一般替国家社会服务的中年人安心于工作，保证他们明天后天还能和今天一样地生活，而且惟有给他们以明天，才是他们唯一的出路。

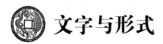 文字与形式

八股文废止于 1902 年，到今天已经四十三年了。四十三年在中国人的生命历程来说，是一辈子的大半，时间不可说不久。

就形式说，八股文死了几十年，应该早已和草木同腐了。然而，在事实上，它不但未死，它的精神仍然磅礴于新时代新社会，充塞澎湃，表现于每一政令上，每一事务上。形式也依然存在，不过换了新名目，例如四维八德，什么生活，动什么员之类。

六百年的八股文教育，八股文生活，单凭了政治的表面改革，先是由皇帝下一道诏谕，后来又粉刷门面，换上中华民国四个大字，结果当然是形去实存，灵魂不灭。几十年来的政治的、社会的、经济的、思想的一切一切的改革，只是表现在文字上形式上，本体上不但是依然故我，而且变本加厉，就历史的线索来说明，可以说是应有的现象，应有的结果。因为时代的形式虽变，它的精神——八股精神却并未为时代所转变。

抽象地说，八股文之所以为八股文，是因为它专讲求形式，文字只是表达这一机械形式的符号。形式的一定公式是承起转合，例如起句必用"今夫"，承句用"是故"，转句用"然而"，合句用"所以"。无论什么理论或批评或建议，或游记或书后，都可套上这公式。一共四大段，每段又双股对称，说了大半天，尽可毫无意思，等于白说，尤其妙的是最好的文章也就是白说最道地的文章。写的人看的人都彼此心照，明知是如此。相传有一名人作一破题，题目是"鞟"，破题是"鞟，皮去毛者也。"这一点也不错，犹之于说"建设健全的政治必自去贪吏始"一样的合理。但是下文呢，没有了，于是只是一张光皮，一个吏治贪污成为风气的时代而已。

讲求形式的极致。进而讲求书法，墨要浓而发光，字体要方正，风檐寸晷，一刻钟要能写上多少字。主文者也是从此道出身的，只要眼睛看着顺眼，取录的把握就有了五成，形式再不错，就稳着等捷报了。至于意思，那上文已经说过，越没意思越好，实践根本说不上。假如真的有意思，独出心裁的意思，胆敢想前人所未想，说古圣先贤所未说，即是反动，是叛逆，小子鸣鼓而攻之，权威者则将你捉去坐监，杀头。

受了六百年的教育、训练，养成了光白说不做事，专讲形式，玩弄文字的国民性。我们要记住，六百年来的政治，就操在这些专说古圣先贤的话的人手里，从当国的执政到中下属干部，即使是有不从科举出身的，至少也受过八股文的训练。社会上的领袖名流，也无例外。这习性根深蒂固，蟠结在每一个人的心里，活动在每一个人的脑子里，即使是见面寒暄，也还是今天天气好那一套公式。对人无友不如己者，拣高处爬。对事见机而作，有钱落的就干，对己自然是恕道啰，有一千个理由，一千个古人的话可以辩解，自然问心无愧。把自己和自己这批人除开以后，自然更可以应用公式，把所有古圣先贤的话搬出来，一大堆道理教人应该如此，应该如彼。有关国家兴亡民族隆替的，更可以说得叫人感激流涕，忠义愤发。这些语言文字被他的门生故旧撰成志传记状以后，史书采录，自然编入名臣传或理学传，而名垂青史，成为一代完人了。

六百年来所养成的讲求文字与形式的精神，光绪帝的诏书和辛亥革命所给予的打击，只是摧毁了这精神的形式的形式而已。民国五年袁世凯死后，日本首相大隈重信在吊袁世凯一文中，感慨地说中国人的特性是专用文字来表现高超的政治见解，所实行的则正好和所说的相反。细读袁世凯的文告诏谕，假如不知他的为人和祸国殃民的经过的，一定会以为是不世出的贤臣圣主伟人。他之所以成功在此，失败亦在此。大隈的话固然中肯，但是犹去一间，因为袁氏之所以如此，正因为他是这时代的产物，他是这时代的宠儿，他因为如此，才能得光绪帝的信任，才成为西后的宠臣，因为如此，才能当内阁总理，当总统以至于皇帝，假如没有对外问题，他能得到外国援助的话，也许到今天还是中华民国的皇帝。

民国以来的文字上形式上的成绩，也许会超过世界上任何国家，即使是最先进最民主的国家。我们曾经有过多少套宪法约法，我们也有参照中西集其大成的最完美的民法刑法，我们读过无数通的纲领宣言，我们也有过多少个计划，三年或五年的，并且还有数目字和表格。然而，只是表现在文字上形式上而已。

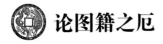

# 论图籍之厄

抗战的建国大业，纲举目张，时贤已多论列，有一事似轻而实重，似可缓而实急，上关几千年来先民精神神智所寄托，下为后世子子孙孙所必守的，是旧藏的图籍的复原的问题。

从有记载以来，因内乱外患而引起的图籍的厄运著例有十几次，第一次是秦始皇的焚书，始皇三十四年（公元前213）李斯请史官非秦纪者烧之，非博士官所职，天下有藏诗书百家语者皆诣守尉杂烧之，所不去者医药、卜筮、种树之书。制曰可。第二次是王莽之乱，刘歆总群书，著《七略》，大凡三万三千九十卷，莽败（公元前23年）焚烧无遗。第三次是汉末的丧乱，献帝初平元年（公元190）董卓移都之际，吏民扰乱，自辟雍东观兰台石室宣明鸿都诸藏典策文章，竞共剖散，其缣帛图书，大则连为帷盖，小乃制为滕囊，及王允所收而西者载七十余乘，道路艰远，又弃其半，长安之乱，焚荡泯尽。第四次是惠怀之乱（公元300至312）京华荡覆，石渠阁文籍，靡有孑遗。第五次是魏师入郢（公元554），江陵城陷，梁元帝焚古今图书十四万卷，又以实剑砍柱令折，叹为文武道尽。第六次是大业之乱（公元618）隋西京嘉则殿有书三十七万卷，东都修文殿有正御本三万七千余卷，兵起后焚失殆尽，唐平王世充，得隋旧书八千余卷，浮舟西运，又尽没于水。第七次是安史之乱，唐自武德以来，极意搜书，至开元天宝而极盛，两都各聚书四部，以甲乙丙丁为次，列经史子集四库，渔阳兵起，两都倾覆（公元755），尺简不存，第八次是广明之乱（公元880），肃代二帝相继搜访，文宗又诏秘阁采书，四库文书重复完备，黄巢乱起，复致荡然。第九次是靖康之变，宋代图史，一盛于庆历，再盛于宣和，汴都陷落（公元1127），尽为金人辇载以去。第十次是临安陷落，南宋图书，一盛于淳熙，再盛于嘉定，中兴馆阁书目有书四万五千卷，嘉定又增一万五千卷。伯颜灭宋（公元1279），尽数捆载以去。第十一次是英法联军（公元1860），第十二次是八国联军，（公元1900），这两次外患，北京俱曾被占领，公私藏书因之而流入海外者不可数计，著名世界的《永乐大典》，即因之而散失殆尽。到现在是第十三次的图籍遭厄了！

这一次的图籍损失的详细情形，目前虽然无法精确说明，但就大概而论，国内人文最盛藏书最多的五个城市北平、上海、南京、苏州、杭州已沦陷，国立图书馆如北平图书馆、故宫博物院图书馆的藏书，除掉小部分珍本图书先期南运以外，其余中西图书档案写本全部损失。国立大学图书馆如北京大学、清华大学，私立大学如南开大学，每校都经数十年的经营购置，各有藏书数十万册，变起仓卒，都全部沦陷。上海的藏书，以商务印书馆的涵芬楼为最多，所收地方志之多，全国无出其右，"一·二八"之役涵芬楼被毁，上海沦陷后所有书籍自然也被敌人捆载而走。南京龙蟠里国学图书馆所藏大部多为杭州丁氏八千卷楼善本，苏杭二地的故家和杭州省立图书馆也拥有数量极大的典籍，据说在陷落前，敌人即已精密调查，事后按图索骥，尽数运去。至于其他城市，公家和私人的藏书损失的如山东杨氏的海源阁，南浔刘氏的嘉业堂等等更不可计数。例外幸而保全的，据现在所知只有中央研究院历史语言研究所和国立中央大学的藏书安全运到后方，算是替国家替民族保存了一点产业。

除开因战争而损失的图籍以外，在平时珍贵的普通的书籍正如漏卮一样，逐年流到海外，例如日本的静嘉堂文库所藏书大部是归安陆氏十万卷楼和皕宋楼的旧藏，陆家子孙没落了，要卖书，国内找不到买主，只好卖给外国。美国的哈佛燕京社委托燕京大学、□□在北平以□款收购旧书，运往美国。此外美国的国会图书馆、英国的伦敦博物院、法国的巴黎图书馆都收藏有数量极大的中国图籍，这些书都是逐年流出的。

这一次的图籍的损失，数量之多，范围之广，意义的重要，综合起来，也许超过以前十二次的总和。因为第九次以前的书都是写本，卷轴虽多，和后来的刻本书比，一本书要抵十几卷，隋炀帝有书三十七万卷，合起刻本书来，也不过几万册而已。第二在内乱时所损失的书籍，除非是孤本，除非是焚毁，否则楚弓楚得，将来还有办法可以寻访，可以重刻。第三在外患侵入时所损失的，例如汴都的书籍入金，金亡入元，元亡归明，临安的图籍运到大都，元亡后也是为明所继承，始终未曾流亡国外。和现在相比，不但损失的数量无法计算，而且有一部分是古刻本、古写本，一部分是孤本，而且都流出国外，其余的数量最多的普通刻本，有的刊印时代较早，有的校刊特精，有的经学者批注，有的纸墨图版特别考究，就版本学的领域说，都是无法补偿的至宝。即使用现代印刷技术，用摄影用珂罗版覆印，也到底是赝品，和原来的价值不可同日而语。次之刻本书和现代的印书术各有短长，近代刻本的版片，经过这次战争，恐怕都已散失，无法重印。刻本书怕要绝迹，流出海外的普通书的重刻，工费太浩大了，也是一件不可能的梦想。就现在的情势看，我们这一代已经感觉到读书的困难，旧的买不到，新的书出不来，下一代人势将无旧书可读，我们的历史将割成两截，战前和战后，上代和下代无法取得联系，先民精神神智所寄托的著做不复为后人所钻研，所景仰，这是一个意义极严重的问题。

要解救这厄运，我们提议几个具体的方法：

第一，在敌寇无条件投降以后，应该把敌国的公私藏书，凡是中国文字的一律运回，内中一部分是这次被抢去的，照法理应该收回，一部分是过去被收买去的，我们以战胜国的地位，得点战利品也是极应该的。

第二，在盟国的公私图书馆馆中的中文书籍，凡是有重本的，应该商请将重本赠送，如无重本，可以商洽派专家逐种摄影或晒印，运回后精钞数本，分藏各地国立图书馆。

第三，国内藏书家应该将藏书种目呈报政府，政府得就需要出款收买或派人誊录副本。

第四，聘请专家学者组织访书机构，就过去公私书目探求现存图籍种目，编成现存书目，然后再就此目录校查国内所有公私藏书，标明现有者某种共有几部，分藏地点，然后就所无者尽力搜访，务使十年之内，恢复原有现存图籍。

至于外国文字的图书杂志的复原，英美两大盟国俱未遭战祸，将来商请他们的政府和私人捐助，一定不会十分困难。苏联出版事业极发达，虽然被侵损失极大，在复兴文化的立场上，也一定会给我们以慷慨的援助的。

人物篇

# 赵括和马谡

我国历史是无比丰富的宝藏，其中包括有成功的经验，也包括有失败的经验。

只有书本知识，缺乏或者没有生产、阶级斗争知识的知识分子，是半知识分子。这种人的特点是不从具体出发，不联系实际，夸夸其谈，卖弄书本上的知识，哗众取宠。等到一接触实际，用书本知识生搬硬套，根据主观的愿望、想象去改变客观的实际，结果没有一个不摔跟头的，结果不但害了自己，还害了别人，害了国家。

这里举赵括和马谡两个例子。

赵括的父亲赵奢是赵国的名将，公元前270年，秦攻韩，围阏与，赵救韩，赵奢大破秦军，立下赫赫的战功，赐号为马服君。

十年以后，公元前260年，秦军又大举攻赵，赵国派老将廉颇拒秦军于长平（今山西高平县西北二十里王报村）。廉颇看到秦军攻势凶猛，便下令坚守，秦军挑战，廉颇也不肯应战。廉颇富有军事经验，决定坚壁固守，等到秦军士气疲惫，再找秦军的弱点进攻，这个主张是完全正确，符合双方实际情况的。秦军看到这种形势，不能取胜，便派间谍造谣说，秦军最怕的是马服君的儿子赵括，此人为将，秦军必败，赵王听了，便召回廉颇，派赵括作拒秦的大将。

赵括小时很聪明，学习兵法，说得头头是道，没有人能超过他。有时候和他父亲辩论，赵奢也说他不过。赵奢很不以这个儿子为然，对老婆说：打仗是有关生死存亡的大事，可是赵括说得那样轻易，今后赵国不用赵括作将军，倒也罢了，如用作将军，破赵军的一定是他。赵奢死后，赵括的母亲牢牢记住这番话。

赵王用赵括做大将，大臣蔺相如已经病重，极力反对，对赵王说：你用虚名使赵括为将，正像要鼓瑟却把弦和瑟柱用胶黏合了。赵括只会读他父亲的书传，只有书本、理论知识，却不会在实践中运用、变化，万万不可。赵王不听。

赵括的母亲也坚决反对，对赵王说赵括不可为将，理由是赵奢为将时和将吏团结得很好，所有赏赐都分给军吏士大夫，受命以后，不问家事。现在赵括呢？受命以后，威风得很，会见诸将，诸将不敢仰视，大王赏赐的金帛，都收在家里，成天买田产、房子。你看他比得上他父亲吗？父子两条心，请你不要让他带兵。赵王说，你别管，我的主意打定了。赵括的母亲便提出，你一定要让他去打仗，打了败仗，可不要连累我。赵王答应了。

赵括一到前线，就改变了廉颇的战略、军令，换了领军大将。秦将白起知道了，便派出一支奇兵，假装败走，却从后方断绝了赵军的粮道，把赵国大军切断为二，赵军士卒离心，过了四十多天，军粮断绝，士卒挨饿，赵括只好亲自带领精军搏战，秦军射杀赵括，赵军大败投降，白起下令把赵军一律坑杀，赵军前后损失四十五万人，这便是历史上著名的长平之战。

赵括的母亲因为有言在先，没有因为儿子军败被杀。

另一个例子是马谡，京戏里演的《失街亭》，就是他的故事。

街亭在今甘肃秦安县东北，地势很险要。

蜀建兴六年（公元 228），诸葛亮率兵出祁山攻魏，军威很盛，天水、南安、安定诸郡都响应蜀军，蜀军先锋是马谡，魏遣大将张郃拒战。

马谡字幼常，襄阳宜城人。才器过人，喜欢谈论军事。建兴三年诸葛亮进军云南，马谡建议用兵之道，攻心为上，光用兵力消灭对方，不只不人道，而且军退之后，云南人民又会起来反抗的，主要的要做到使南人心服，才能现固后方。这意见很对，诸葛亮很重视。对孟获的战争就是根据这个策略解决的。但是刘备却看出马谡的弱点，临死前嘱咐诸葛亮：马谡言过其实，不可大用，你要注意。诸葛亮不以为然，用马谡做参军，和他谈论军事，有时谈到天亮。

街亭之役，军中都认为大将魏延、吴壹等有战争经验，该做先锋。诸葛亮不听，以马谡为先锋。这年马谡三十九岁。

马谡没有战争的实际知识，也没有指挥军队、临机应变的经验，自以为精通兵法，不听诸葛亮所指授的军事措施，率军抢据街亭山头，远离水道，军令前后不一，举措烦扰，副将王平据理力争，也坚决不听。魏将张郃率军隔断了蜀军的水源，四面包抄，蜀军大败，只有王平所领千人，整顿部队，大擂战鼓，张郃疑有伏兵，不敢进逼，王平领军徐徐而还。这一仗打败了，诸葛亮进无所据，只好退军回到汉中。追究战败责任，按军法把马谡杀了，诸葛亮十分痛惜，哭了一场，军士们也禁不住哭了。

这两件事都是历史上有名的教训，赵括和马谡都是好人，不是坏人，他们的主观愿望都是要办好事情的。却吃了主观主义的亏，吃了教条主义的亏，自以为是，光凭书本知识、理论知识，不顾客观形势，不听有实践经验人们的劝告，结果是摔了大跟头。这是典型的知识分子空谈因而失败的教训，知识分子不联系实际，结合实际的教训，知识分子缺乏实际斗争经验，光凭书本上的理论，自以为是，因而失败，害己、害人、误国的教训。时间虽然隔得很久了，今天来重温这些教训，看来还是有益的

（原载《前线》第 2 期，1962 年）

 # 伟大的历史学家司马迁

公元前 126 年的春天，一辆马车，载着一个二十岁的青年，驭者不断挥动丝鞭，四匹雪白的骏马撒开着腿飞跑，走遍了祖

国大江南北的著名城市。

这个青年生得眉清目秀，长身玉立，衣着朴素整洁。随身带着许多竹简、木板，准备把所看到听到的事情，随时记录下来。他这次旅行的目的是访求古代史书，向老人们访问古代遗事，调查了解各地情况，是一次学术旅行。

他叫司马迁（公元前145—前86？），字子长，左冯翊夏阳（今陕西韩城县南）人。父亲司马谈，做汉朝太史令的官。太史令在政府中是专管天文历法的官员，司马一家从很古时代就专管天文历法，到周宣王时代（公元前827—前782）还兼管周朝历史资料的保管和编写。到了司马谈，除了继承世代相传的天文历法和历史的家学以外，又跟著名天文学家唐都学天文，有名的学者杨何学《易经》，黄子学道论。精通各家学说，学问很好。他很钟爱这个儿子，一心一意要教育司马迁继承世代相传的家学，亲自讲授指点，在闲暇时，还和儿子讲论诸子百家流派，所见所闻的史事。司马迁读书非常用功，儿童时从师就学会了当时所通行的文字，十岁就念古文——《左传》《国语》《世本》等书，到二十岁时已经博通群书，有了广泛的知识，很扎实的基础了。

这一年，司马谈为他儿子安排了一次学术旅行，接触实际，扩大眼界，增长知识，结交朋友。

根据司马迁所著《史记》里有关这次旅行的记载，大致情况是这样的：他到过长沙，在《屈原贾生列传》里说：我读了《离骚》《天问》《招魂》《哀郢》，很为他的志向所感动。到了长沙，又亲眼看了屈原投水自杀的地方，想象中有这么一个形容憔悴、满腔抑郁的爱国诗人，在这儿行吟、踯躅，他忠于君主，热爱人民，热爱祖国，却落得这样下场，徘徊沉思，不禁伤心落泪。顺便看了九嶷山，传说中舜安葬的地方。到江西庐山，考察了夏禹疏浚九江的情况。在山顶独坐，恍惚看到平原上浊流滚滚，洪水滔天，老妇幼儿，随波呼号，牲畜家具，互相挤撞的惨象。一会儿又看到一群短衣赤脚的汉子，其中有一个身材特别高大的在指手画脚，他摩顶放踵，治水十三年，三过家门而不入，采用疏浚的办法，导水入河，终于战胜了洪水，这是何等的勤劳、智慧和毅力啊！接着到浙江会稽（今浙江绍兴），参观传说中的禹穴。[1] 到江苏姑苏（今江苏苏州），游览了五湖，领略了烟波浩渺、一望无际的内湖景色。[2] 参观了楚国春申君黄歇的故城，发出"宫室盛矣哉"的感慨。[3] 到淮阴，当地人民说：淮阴侯韩信在当老百姓的时候，志向就和众人不同，母亲死了，虽然很穷，备不起棺椁，却找了一个高敞空旷的地方葬下，准备日后在墓旁可以安置万数人家。司马迁听了，就跑去看，果然是这样情况。[4]

北上到山东，沿途考察了许多河流的水利情况。在过去齐国、鲁国的都城，和一些戴着高高的帽子，宽大的衣袖的学者们，商讨学问，反复辩论，观察孔子的遗风余韵。到曲阜时，还看了孔子的庙堂和保存着的车服礼器，看到学生们在那里按时学习礼节，仪容端正，队伍整齐，看了又看，竟舍不得走。[5]在薛，看到地方上的青年人，大多数有点粗野，和邹、鲁地方文绉绉的风气不一样，便打听缘故，说是从前孟尝君在的时候，招致了各地方任侠的有各种本领的人到薛来，有六万多家。从这件事证明，孟尝君以好客自喜，确是名不虚传啊！[6]在汉高祖发迹的丰、沛地区，访问了许多老人，谈了旧事。还看了汉初功臣萧何、曹参、樊哙、滕公等人的故居，他和樊哙的孙子他广是朋友，他广也告诉了他汉初功臣许多轶事。[7]西向经梁、楚，这是战国时代战争频繁的地区。在大梁之墟，访问信陵君时代的夷门，原来就是城的东门。徘徊门下，仿佛想见当年信陵君亲自执辔，车骑簇拥，夷门监者侯生，一个七十岁白须白发的穷老头子，在车上高坐，信陵君执礼愈恭，路人聚观，从骑窃骂的情景。[8]当地人都说，秦国攻魏国的都城，引河水灌城，城墙坏了，守不住了，魏王只好投降，秦就灭掉魏国。人们的意见，认为因为魏国不用信陵君，所以国家削弱，以至于亡。司马迁研究了当时历史情况，不同意这种意见，他认为秦灭魏是当时人民要求统一的必然结果，魏王即使有伊尹那样的贤臣辅佐，也还是抗拒不了的。[9]

在《史记·龟策列传》里，司马迁说：我到江南，了解南方人的生活习惯，访问了许多年纪大的长老。他们说沿江一带人们有养龟的习惯。很有意思，我也是南方人，四十年前在一个朋友的家里，看到院子的水池里就养着许多大大小小的龟。隔了两千多年了，江南人民还保持着这种习惯，可见司马迁观察事物是很细心的。

在山东地区游历的时候，他从泰山一直到琅邪[10]，东到海

司马迁像

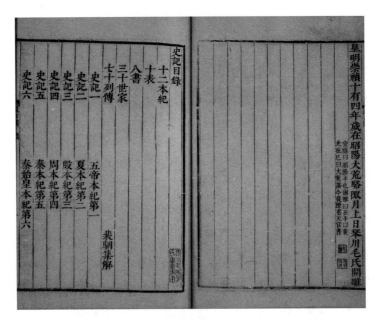

史记书影

边，看到这一带两千里之间肥沃的土壤，和当地人民接触，发现他们很有气概，不大暴露聪明，他认为这是和当地的地理环境有关系的。[11]

在这次旅行以后，不久他就做了郎中的官，有机会跟从汉武帝到各地游历。公元前112年，他跟皇帝西到空同（今甘肃岷县西）。公元前110年又奉使到四川南部，看了秦时蜀郡守李冰所凿的离碓（今成都都江堰）。回来复命后，又跟皇帝东封泰山，从碣石一直到辽西一带，经过北边九原（今内蒙古乌喇特、茂明安二旗之地），回到甘泉（今陕西淳化县）。在这次旅行中，他观察了秦朝将军蒙恬所修的长城，和秦朝所修从九原到甘泉的直道（公路），在《史记·蒙恬列传》里说：我到北边，从直道回来，看到蒙恬所修筑的秦长城，和亭、障他们把山凿开了，把谷填平了，工程非常浩大，所用的人力可真是不少啊！第二年又跟皇帝到河南、山东，上泰山。这一年黄河决口泛滥，水灾严重，汉武帝亲自在河北濮阳县黄河决口处主持堵口工程，随从人员从将军以下都参加劳动，背着柴木堵口，司马迁也参加了。决口堵塞以后，汉武帝很高兴，就在堵口处建造一所宫殿作纪念，叫作宣房宫。通过这次实践，司马迁认识了水的利和害两个方面，后来就特别在《史记》里写了《河渠书》的专门记载。公元前107年，又跟皇帝到河北涿鹿，和当地父老们谈论古代黄帝、尧、舜的传说。[12]

司马迁一生所游历的地方很多，他不是为了游山玩水，而是有一定的目的——做历史的调查研究工作。他注意地理环境，人民生活习惯，历史传说，和著名人物的遗闻轶事，他到处访问地方长老，随时记录，很用功，也很细心，观察力又很敏锐，就这样，通过长期的多次的游历，不但丰富了文章的辞藻，壮大了文章的气势，展开了自己的眼界，开阔了自己的心胸，也积累了无数的宝贵的历史资料。

为了求得历史的真实性，司马迁还通过和史事有关人物的谈话，来核对史实。例如赵王迁的情况，在《史记·赵世家》里，司马迁说：我听冯王孙说，赵王迁的母亲原来是妓女，赵悼襄王很宠爱她，把嫡子嘉废了，立迁为王。赵王迁品德很不好，又喜欢听一些没有根据的话，把最好的将军李牧杀了，用无能的郭开做将军，结果，赵国为秦所灭。这段故事指出了赵国宫廷的情况，和赵王迁的家庭教育影响。又如荆轲刺秦始皇的真实情形，当时目击者有秦始皇的侍医夏无且、司马迁父亲的朋友公孙季功、董生都曾和夏无且交游，《史记》这部分记载看来就是司马迁从父亲那儿听来的，所以写得非常生动，精彩。又如《史记·郦生陆贾传赞》说：平原君（朱建）的儿子和我是好朋友，所以我才能谈论这件事。《田叔列传赞》说：田叔的小儿子田仁是我的好朋友，我所以一并谈论他。《卫将军骠骑列传赞》说：苏建对我说，他曾批评大将军（卫青）地位那样高，可是国内的贤士大夫没有称道大将军的。希望大将军能够像古代名将那样注意选择贤人，结交朋友才是。通过卫青部下将领苏建的话，指出卫青的短处。有些历史人物的特征，则是听朋友说的，如《项羽本纪赞》说：我听周生（周霸）说，舜的眼睛重瞳，项羽也如此。留侯（张良）的相貌，则是看了他的画像，《留侯世家》说：我以为这个人的相貌一定是魁梧奇伟的，谁知道看了画像，样子却像个漂亮的妇女。孔子说过，用相貌来衡量人的品德，对子羽（澹台灭明字子羽，是孔子的学生，长得很丑，品德却很好）就不适用。我看留侯也是这样。有些历史人物则是根据他自己的直接接触来描写的，例如《史记·李将军（李广）传赞》说：我看李将军，样子老老实实像个庄稼人，嘴里说不出话。司马迁和李广的孙子李陵同为郎官，所以有机会见到李广。又如《游侠列传赞》说：我看郭解，长得不比平常人好，谈话也不怎样出色。但是全国不管是好人、坏人，知道他和不知道他的人，都仰慕他的名声，讲游侠的都拿他作榜样。司马迁是夏阳人，郭解也曾经逃亡在夏阳住过一个时期，因此，马迁不只认识了郭解，了解了郭解，还替他写了传，通过对郭解的叙述，表达了他对当时社会现象的愤慨。

在到处游历访问的同时，司马迁还跟当时著名的学者受学，例如孔子的后代孔安国做博士（教授）的时候，司马迁向他学习古文《尚书》。（《尚书》有古文、今文两种本子，今文是汉朝当时通行的隶书，古文则是蝌蚪文字。学者讲解两种本子，各有流派师传。）《史记》里所记《尧典》《禹贡》《洪范》《微子》《金滕》这些篇，用的都是古文家说。又如董仲舒是当时著名的《春秋》学者，《史记·太史公自序》讲孔子作《春秋》的缘故，就是听董仲舒说的，可见司马迁也是跟董仲舒受过教的。在朋友中，贾谊的孙子贾嘉最为好学，和司马迁通信；壶遂是个天文学家，和司马迁同事，讨论过历史问题。

公元前 110 年，司马迁从四川奉使回来，这时汉武帝正要东封泰山，司马谈是太史令，照例是应该从行的。不料生了重病，留在洛阳。司马迁回到洛阳见了父亲，司马谈拉着儿子的手，哭着说：我的祖先是周朝的史官，远祖专管天文历法，很有名气。后来中间衰落了。你如能够再做太史令，那就可以继承祖先的事业了。我死后，你一定会做太史令的！做了太史令，不要忘了我想要讨论、著作的事。做一个好儿子，首先是对父母好，其次是对君主好，但最重要的是做一个堂堂的人，能够站得住。要做好事情，使声名传到后代，使人们知道这是他父母的好教育，这是最大的孝。人们都在歌颂周公，因为他做了好事，表达了他先人的成就。以后到孔子，论《诗》《书》，作《春秋》，讲学问的人到现在还以他为榜样。孔子死后四百多年了，各国互相兼并，历史也没有人记载了。现在汉朝建立，全国统一，有多少应该记载的可歌可泣的历史啊！我做太史令多年，可是没有着手做，让国家的历史断绝了，我非常之着急，恐慌，你要记住这件事才好！司马迁低头流泪，对父亲说：儿子虽然不成材，一定要把祖先和你所谈论的记录下来，不让它有一点遗漏。他对父亲立下了编写国家历史的庄严誓言。

不久，司马谈就死去了。三年以后，公元前 108 年，司马迁果然继承了父亲的工作，做了太史令。这一年司马迁三十八岁。

石室、金匮是国家藏书的地方，司马迁做了太史令，尽情阅读了国家的藏书，特别是古代各国的史记，他的历史知识越发丰富了，对历史发展的看法也日益成熟了，做了编写《史记》的充分准备工作。这里应该指出，远在两千多年前，那时候，纸和印刷术都还没有发明，所有的书都是用竹简或者木板抄写的，抄写一部书要用很多时间，费用很贵，数量也很大。一般人读书只能听老师口授和笔记，要读很多部书是极不容易的事情。司马迁生在世代掌管编写历史的家庭，有特别优越的条件，能够阅读家藏的史书，现在又有更多更好的机会阅读国家藏书了，他的著作之所以能够取得伟大的成就，除了他的家庭教育，好学勤读，游历访问，做了充分的调查研究工作之外，指出这一点也是必要的。

公元前 104 年，司马迁和公孙卿、壶遂建议改定历法，奉命造太初历，这个历法也就是"夏历"，一直通行到今天。从这一年开始，司马迁用全部力量编写国家的历史，从有史以来一直到当代的通史，总结了过去时期的经济、社会、政治、军事、文学、科学、艺术等等各方面活动的经验。

五年以后，公元前 99 年，汉将军骑都尉李陵战败投降匈奴，司马迁说了几句公道话，触怒了汉武帝，被处宫刑。

事情的经过是这样的，李陵是名将李广的孙子，勇敢果决，善于作战，奉命率领五千步卒出击匈奴，在浚稽山（今内蒙古人民共和国喀尔喀土喇河及鄂尔浑河之间）为匈奴骑兵三万所包围，全军力战，杀伤匈奴兵几千人，且战且退，原来配备的援军没有来到，匈奴方面又增加了八万的兵力，经过几天的激战，又杀伤了匈奴兵几千人，最后退入山谷中，匈奴骑兵从山上射箭，矢如雨下，李陵军士卒死伤惨重，箭射完了，授兵还没有影子，势穷力竭，投降了匈奴。李陵战败的消息到了长安，满朝官员都骂李陵辱国，汉武帝问司马迁的意见，司马迁以为李陵兵力少，和兵力大十几倍的强敌死战，转战千里，后无援兵，杀伤敌兵近万，这样英勇，古代的名将也不过如此。他虽然力竭投降，还可能找机会立功报答国家的。李陵投降敌人当然是不好的事情，但是司马迁根据敌我情况，做了如实的说明，他不是肯定李陵，而是希望李陵以后能有机会做出报效国家民族的表现，不料汉武帝大怒，以为司马迁替李陵说情，立刻把他关进监牢，处以重刑。（下蚕室，去掉睾丸。）

司马迁的身体虽然残废了，汉武帝还是爱惜他的才学，改官为中书令，这个职务掌管接受百官报告，转达给皇帝，是个宫廷的机要工作。

李陵案件，对司马迁是极为严重的打击。但他没有灰心，下定决心要活下去，无论如何，要完成国家历史的编写工作。公元前93年，他在答复朋友任安的信里说道：我受了这样可耻的重刑，所以隐忍苟活是有原因的。多年来搜集全国历史事迹，考察比较，研究其成功、失败、兴起、灭亡的道理，写了一百三十篇，目的是要弄清人类和自然界的关系，阐述古代到现代的发展、变化，建立一家之言。不料工作还没有完成，便遇到这件惨祸，为了写完这部书，便只好忍受这种刑罚。反之，假如早已成书，传布开了，就是死一万次，也是不会后悔的。

信写得十分愤慨激昂，非常动人，说出了司马迁对历史著作的严肃、郑重、负责的态度，和百折不挠完成事业的奋斗精神。

司马迁的死年，历史上没有记载，根据史料估计，大概死在公元前86年左右，存年约六十岁。

司马迁的时代，是我国历史上最杰出的皇帝——汉武帝在位的时代（公元前141—前87）。经过秦朝末年农民战争的历史教训，汉朝初期的统治者采取了一些缓和阶级矛盾的措施，让农民能够休养生息，发展生产。经过几十年的统一、安定局面，经济发展了，社会繁荣了，国家富足了，军事力量强大了。汉武帝是一个雄才大略的政治家，他在这个基础上，几次出兵打败多年来经常侵扰北方边境的匈奴，打通河西走廊，和西方许多部落建立了联系，交换了物资。并且通过各种方式，扩大了国家的疆域。把煮盐、冶铁、铸钱三大工业收为国有，使政府的收入大为增加。汉武帝在位的时代是汉朝的全盛时代。

也正是这个时代，阶级矛盾更加尖锐化了。地主无休止地剥削、兼并农民，地主愈富，农民愈加贫困；商人囤积货物，勾结官吏，放高利贷，剥削中小地主和农民。封建统治集团也越来越腐化了，官吏欺凌、奴役人民，老百姓有冤无处诉，社会上出现一些游侠，为受苦难的人们打抱不平的人物。

司马迁以自己敏锐的观察力，忠实地、科学地用富有文采的动人描述，概括地记录了这个时代。他同情农民战争，歌颂陈胜、吴广起义；对项羽和刘邦的斗争，感情也是偏向项羽一面的。他谴责酷吏，赞扬游侠。对皇帝的缺点，从汉高祖的无赖到汉武帝的妄想长生、封禅、求仙，都直笔不讳。对广大人民的痛苦生活，一再表示同情。特别是对封建官僚的龌龊生活，寡廉鲜耻的行为，"侯之门，仁义存"，只有做官的人才有道理的不平现象，予以有力的揭露和押击。他通过人物、事件本身的叙述，表达了自己的观点，也通过历史家的笔法，用自己的口气，"太史公曰"，提出自己的意见和评价。他注意社会生活、活动的各个方面，对当时经济情况做了详尽的记录和分析，也注意到人和人的关系，对那种不公道、不合理的社会现象，发出了忧时的感慨和愤怒。他的爱和憎是分明的，对是和非是毫不含糊的。在他的著作中，充满了对祖国的热爱和歌颂，也对坏人、坏事做了有力的暴露和谴责。

他的著作原名《太史公书》，后人称为《史记》，内容分十二本纪，十表，八书，三十世家，七十列传，共一百三十篇，五十二万六千五百字。《史记》的学术地位是极高的，汉代大学者扬雄推许《史记》为实录，实录是真实的记录，是历史著作的基本要求。史学家班固说：刘向、扬雄两人都博极群书，都称赞司马迁有良史之材，佩服他善于叙述事理，辩而不华，质而不俚，其文直，其事核，不虚美，不隐恶，所以称为实录。宋代史学家郑樵更是推崇，说司马迁继承孔子的意图，把有史以来下至秦、汉的历史，编成一部通史，分成五种体裁：本纪是帝王的编年史，世家是诸侯的家族史，表扼要记事，书记典章制度，传详叙人物，这五种体裁的奠定，后代的历史家都不能改变。学者离不开这部书，六经之后，只有这部书！清代史学家王鸣盛说司马迁自己说写这部书是述而非作，其实是以述兼作的，是有创造性的。赵翼说《史记》是史家的最高准则，在过去的历史时期，没有任何一部历史著作曾经超过《史记》。这些评论都是公允的，符合实际的。

当然，也还必须指出，《史记》不只在历史著作方面占有极高的地位，在文学艺术方面，也是有其光辉灿烂的成就的。他写人物都栩栩如生，呼之欲出，写事件简明扼要，生动活泼。《史记》不只是部极为优良的历史著作，也是一部极为优良的文学作品，在历史和文学两个方面，都占着历史时期第一流的地位。在我国的历史著作中，史学和文学一向是统一的，这个优良的传统，经过司马迁的努力而更加发扬光大，永远值得后人继承、学习和敬仰。

司马迁是我国的伟大的历史家和文学家。

1961 年 12 月 26 日

（原载《人民文学》第 2 期，1962 年）

# 注释

[1]《史记·自序》。

[2]《史记·河渠书》。

[3]《史记·春申君列传》。

[4]《史记·淮阴侯列传》

[5]《史记·孔子世家》。

[6]《史记·孟尝君列传》。

[7]《史记·樊郦滕灌列传》。

[8]《史记·魏公子列传》。

[9]《史记·魏世家》。

[10] 今作琅琊。——编者注。

[11]《史记·齐太公世家》。

[12]《史记·五帝本纪》。

 # 谈曹操

## 一、谈的意义

这些天来，一碰见人就谈曹操，大家兴致很高，甚至在会场上，会前，会后，中间休息的时候，谈的都是曹操。有的说他是好人，有的说是坏人，也有人说一半一半，一半好人，一半坏人。议论很多，文章也不少，人人各抒己见。正是春暖花开的时候，有了谈曹操这样一个好题目，学术界也在百花齐放了，春色满园关不住，好得很。

好人坏人的争论，不只是曹操，历史上许多人物都有。不只是大人，小孩子也有。小孩看戏，红脸白脸上场，故事没看懂，先问这是好人坏人，弄清楚了再决定喜欢哪一个。有些剧中人，凭脸谱可以信口回答，但是一问到曹操，就不是那么简单了。

历史上著名人物很多，数不清，也记不清。有些人物尽管大，但是人们还是不熟悉。曹操可不一样，名气最大，从北宋一直到今天，数他的熟人多，从小孩到大人，从城市到乡村，只要听过故事看过戏的，谁都认得他那副大白花脸。风头最足，挨骂也最久。"说曹操，曹操就到"这句话，在哪儿都可以听到。

记载曹操事迹的书，主要是《三国志》，但是看的人不很多。自从北宋的讲史，说三国故事，元明以来的《三国演义》，清朝后期的三国戏流行以后，曹操便成为妇孺皆知的人物了。印刷术和戏剧事业发展了，识字的人看小说，不识字的人看戏，通过这些，广大人民吸取了有关祖国发展的历史知识。文学家和艺术家们逐步地塑造成功现代舞台上的曹操脸谱，使得曹操这一名字在群众语言中有了特定的含义。

描写曹操的小说、戏剧，成功地影响了人民群众；人民群众的爱憎又反回来影响了小说、戏剧，这种不断的反复影响，曹操在人民群众中成为定型的人物，坏人的典型。说也奇怪，尽管坏，却并不讨人厌，人们喜欢看曹操的戏。

我们的祖先骂了曹操一千年，如今，我们却来翻案。

这个案不大好翻，因为曹操有悠久的、深远的、广大的群众基础，小说和戏文已经替他定了型，换一个脸孔，人家会不认得，戏也不好演。譬如《捉放曹》这出戏，曹操如改成须生出场，便只好和吕伯奢痛饮三杯，对唱一场，拱手而下，没有矛盾了，动不得武，杀不得人，还成什么《捉放曹》?

不好翻则不翻之，乱翻把好戏都翻乱了，要不得，我看，旧戏以不翻为好。况且，何必性急，曹操已经挨了一千年的骂，再多挨些年，看来也没有什么不可以。而且，还有一个办法，唱对台戏，与其改旧戏，何如写新戏，另起炉灶，新编说曹操好话的戏，新编我们这个时代的曹操戏，有何不可。

另一面，说不好翻，也好翻。我们需要一本好历史书，历史上有许多许多问题都需要翻案。应用新的观点，从历史事实本身，重新估价曹操在历史上的地位，肯定他在历史上的作用，研究曹操，研究三国时代的历史，发表些文章，写些书，逐渐改变人民群众对曹操的看法，不也就翻过来了？

再过些时候，舞台上的曹操也会跟着起变化，我相信会是这样的。

从曹操这个人物的重新评价开始，将会引起历史上其他人物的重新评价，从讨论曹操这个人物开始，将会引起人们对祖国历史的学习兴趣，那么，为什么不谈呢？

## 二、奸雄、能臣

最早对曹操评论的两个人，一个是桥玄，一个是许劭。桥玄称他为命世之才，能安天下。许劭说他是治世之能臣，乱世之奸雄。两人的说法不同，意思是一样的，总之，都很佩服他。

奸雄这一鉴定是许劭的创造，后来许多关于曹操的评论，大体和这一创造有关。

这两句话的意义，第一，治和乱是相对的，能臣和奸雄却指的是同一个人。第二，无论乱世治世指的都是曹操所处的时代。第三，曹操的人格有两面性，有能臣的一面，有奸雄的一面，也就是有好的一面，坏的一面，有优点，也有缺点。

我基本上赞成他们的话，认为公道。问题只是一个好字。

奸是对忠而说的。对谁奸、忠呢？从当时当地的人来说，对象是汉朝皇帝，是刘家。从当时当地汉朝的臣民说，对汉朝、对刘家不忠的是奸臣。但从整个历史，从此时此地的人来说，一非汉朝臣民，二非汉帝近属，硬派曹操奸臣帽子，为汉献帝呼冤，岂非没有道理之至。

但是，问题也不简单，尽管过了多少朝代，甚至到了今天，还是有人对曹操夺取刘家政权有意见，岂不可怪。

说怪，其实不怪，其中有个道理。

**曹操像**

原来国家这一观念是近代才形成的，古代的人对国家的观念并不那样具体。比较具体的象征是皇帝，有了皇帝，也就有了政府了，有了法制了，也就会有统一的安定的局面。没有皇帝，没有政府，没有法制，天下就大乱了。因此，忠君爱国四个字总是连用的。要爱国就得忠君，不忠君也就是不爱国，皇帝没有了，也就失去了忠、爱的对象，也就失去了和平、统一、安定的秩序。至于皇帝是什么人，什么样子，那倒关系不大。

重要的是要有一个统一的政府和法制。

从秦始皇统一以来，二世残暴，统治时间短，秦亡，没有听说有人要复秦的。但从汉朝起，情况不同了，刘家统治了几百年，维持了几百年和平、统一、安定的生活秩序。在这几百年中，在人民中建立了这样一个信念，要生活安定，就得统一，要统一就得要有皇帝，而且只有刘家的才算。王莽也做过皇帝，但是不行，搞得天下大乱。后来刘秀起来了，是刘家子孙，又维持了许多年代。东汉末年，政治腐烂得实在不像话，人民忍受不住，起来闹革命，黄巾大起义，被政府军队和地主武装残酷镇压，失败了，造成地主武装割据地方，连年混战的局面。到处是屯、坞、堡、壁，这一州，那一郡，这一个军事集团，那一个军事集团，打来打去，百姓流离，饿死道路，妻离子散，田畴荒芜，人民吃够了苦头，普遍的要求是统一、安定和平的生活。在这种情况下，汉朝皇帝这一象征成为人民向心的力量。忠于皇帝也就是爱国。

曹操掌握了汉献帝这一工具，组织了强而有力的政府，颁布限制豪强的法令，也就适应了广大人民要求统一和平的愿望，符合了时代要求。当时的中原豪族，衣冠子弟，中小地主都被吸引在曹操周围，挟天子以令诸侯，造成了瓦解敌人的军事优势，壮大了力量，巩固了统治。同时，通过这一工具的利用，也继承了汉朝的政治遗产，利用了汉朝的政治机构和人才，逐步建立安定的秩序，颁布法律，发展生产，得到人民的护拥。

同样，江东孙权这一家，虽然割据江东，却还用汉朝官号，

　　　　　　　　　　　　　历史的镜子

用这块招牌办事。四川的刘备更是自称汉朝子孙，用这牌号来骂曹操是国贼。直到曹丕称帝以后，这两家才先后称帝。

以后历史上，唐朝亡了，少数民族的李存勖还称唐，宋亡后几十年，韩林儿起义还冒称是宋徽宗子孙，明亡了，鲁王、桂王还在沿海和西南地区继续抵抗，并且都取得人民支持，道理就是这样。

要说曹操挟汉帝就是奸臣，那么，反过来，曹操不挟，汉朝早完了。曹操用上这块招牌，从公元196年到220年，汉朝多延续了二十五年。要是曹操不挟，如他自己所说的，正不知有几人称帝，几人称王，中原地区的分裂割据局面延长了，对人民有什么好处？

正因为人心思汉，汉家这块牌号还可以继续利用，曹操一生不称帝，周文王是他的榜样。到曹丕继位，经过曹操二十多年的经营，内部巩固了，另一面，吴、蜀一时也打不下来，才摘了旧招牌，另起牌号。

总之，曹操这顶奸雄帽子，是扣死在和汉献帝的关系上面的。过去九百多年都骂他作奸臣，是由于过去的封建体制、封建道德所起的作用。今天，评价曹操，应该从他对当时人民所起的作用来算账，是推动时代进步呢，还是相反？

我以为奸雄的奸字，这个帽子是可以摘掉的。这个案是可以翻的。

至于曹操镇压黄巾起义的问题，也有不同的意见。镇压、屠杀黄巾是坏事，是罪恶。但是，也应该分别来看，第一不能以曹操曾经镇压黄巾就否定他在这一时代所曾起的作用；第二曹操的对手刘备和孙家父子都是镇压黄巾起家的；人们骂曹操，却同情刘备，称孙家父子是英雄，同样的凶手，袒刘、孙而单骂曹操，这是不公道的。

除此以外，曹操还犯了不少罪，一是攻伐徐州，坑杀男女数万口于泗水、屠虑、睢陵、夏丘诸县；二是官渡之战，坑杀袁绍降卒八万人；三是以私怨杀崔琰、华佗等人。

至于《捉放曹》杀吕伯奢全家这一件恶名昭著的坏事，倒应该有所分析。据《三国志》注有三说。一是《世语》，说吕伯奢不在，五个儿子在家招待，曹操疑心他们谋害，夜杀一家八人逃走。一是孙盛《杂记》，说是曹操听见吕家吃饭家具响声，以为要暗害他，就杀人逃走。还自言自语说："宁我负人，无人负我。"《捉放曹》是综合这两说编成戏的。其实孙盛的话就有漏洞，人都杀光了，自言自语的两句话是谁听见的？第三说是《魏书》，说吕伯奢的儿子和宾客抢劫曹操的马匹衣物，被曹操杀了几个人。这一说对曹操最有利，但偏偏不用。从历史事实说，裴松之是很小心的，把《魏书》的说法引在第一，三说平列，不加论断。从时代先后说，孙盛是晋朝人，他记的史事一定就比《魏书》正确，也是值得怀疑的。

### 三、统一的努力

从秦到汉末，四百多年时间，全国的经济中心是中原地区。不论是农业生产、水利、蚕桑、冶铁等等方面，都占全国较大的比重。由于经济的发展，文化水平也相应地提高，讲经学的、文学的、艺术的人才荟萃，汉末的郑玄、卢植、蔡邕、管宁、邴原等人都是门徒千百数，他们所住的地方，都成为一时的学术中心。政治中心如洛阳、长安、邺、许都在北方，集中了全国各方面的人才。

东汉后期的政治局面，是以皇帝为中心的统治阶级内部的两个集团的互相倾轧。一个集团是宦官领导的，有些寒门的地主阶级分子在他们的周围，极盛时连名门的人也钻进去了。另一个是地方豪族、名门和太学生，名望高，人数众多，却没有军事实力。曹操、袁绍、袁术等人都参加了后一集团。袁绍、袁术家世显贵，是名门豪族，号召力量很大，曹操的家世虽然有人做官，却因为出自宦官，算不得名门，有点寒碜，抬不起头。名门豪族有政治威望，有的要自立门户，有的勉强敷衍，不肯和他合作。以此，曹操有了军事实力以后，便有意识地打击当时的名门豪族，扶植培养寒门子弟和中小地主，作为他依靠的力量。

曹操的军事力量，主要的是他自己的部曲。公元 189 年他东归到陈留，散家财，合义兵，陈留孝廉卫兹也以家资帮助，有兵五千人。其中夏侯惇、夏侯渊、曹仁、曹洪等名将都是他的亲戚、子弟。其次是各地地主的部曲，如李典从父乾合宾客数千家在乘氏，吕虔将家兵守湖陆，许褚聚少年及宗族数千家坚壁，这些地主都是和黄巾作战的，打不过就投奔到武装力量较大的曹操这边来。部曲战时从征，平时的给养得自己想办法，不归郡县管辖，称为兵家。另一支较大的兵力叫青州军，是把黄巾军改编的。跟他打了二十多年仗，220年曹操死，青州军惊惶失措，以为天下又要大乱了，打起鼓来就向东开发，回到老家去，差一点出乱子。

总之，曹操的军事力量是以部曲为主组成的，部曲首领都是地主，数量最大的是中小地主。

吴、蜀的情况也是一样。

吴、蜀地区和中原相比，是比较后开发的地区。从汉武帝以后，这两个地区的经济情况在逐步上升。黄巾起义以来，中原残破，中原人士成批地流亡到南边来，人力的增加和生产技术、文化、学术的传播都促进了这两个地区的发展。东吴开发山越地区，政令直达交州，有海口，发展对外贸易；刘蜀安定后方，取得少数民族支持，屯田前线，进可以攻，退可以守。在经济上文化上都有了很大的进步，可以站得住脚了。

这样，曹操统一的努力，就遭遇到极大的阻力。打了三十年仗，只能够完成部分的统一事业。

中原地区的农民是渴望统一的，不但是为了安定的秩序和正常的生产，也为的是不打仗了，可以不服兵役，可以减轻军事供应负担。上层的文官谋士是要求统一的，不但统一的观念深入人心，对他们来说，统一也只会带来好处。部曲主是坚决主张统一的，统一了会更壮大自己的队伍，提高地位，有利于部曲的给养。农民、豪族、官僚、武将虽然彼此间的利害不同，但是对于统一的要求是一致的。

吴、蜀的情况正好相反，换了一个新主人，当地的农民已经有了比较安定的生产环境了。部曲主则坚决反对统一，因为统一的结果将使他们丧失部曲和分地，将使他们送家小到曹操那儿作抵押，离开故乡故土。吴、蜀的统治者也是一样，失去统治地位，听人安排。只有一部分从中原来的文士官僚们，他们在哪儿都做官，投降了还可升官封侯，因之，他们是主张投降的，但数量很少，形成不了一种强大的力量。

曹操努力统一全国的事业，虽然得到中原地区人民的支持，但是，面对着吴、蜀的坚决抵抗，终于不能成功。

尽管曹操不能及身完成全国统一事业，但是，他毕竟在他所统一的地区做了不少好事，不但安定了秩序，也促进了生产，繁荣了文化，推动了时代进步。

和袁绍相比，袁绍是代表大地主阶级利益的，曹操正好相反。袁绍宠信审配、逢纪等人，这些有权势的人拼命搜刮，邺破时，这些家都被抄家了，家财货物都以万数。曹操指责袁绍："袁氏之治也，使豪强擅恣，亲戚兼并，下民贫弱，代出租赋，衒鬻家财，不足应命。"他制定制裁豪强兼并之法，并规定收田租亩四升，户出绢二匹、棉二斤。其他的不许擅兴发，责成郡国守相检察。百姓很高兴。

曹操安定冀州的例子，说明了他在中原地区的基本措施。当时农民从大地主的兼并下解放出来，有了定额的租赋，无论如何，比之过去代山大地主租赋，郡国守相要什么就得供应什么的情况，是不同了，这对于当时的生产力的发展，无疑是起了很大作用的。

除在政治上抑豪强之外，他还进行了许多增产措施，如屯田，如推广稻田，改进工具等等。

从公元196年开始，曹操大兴屯田。募民许下耕种，得谷百万斛，以后逐步推广到沛、扬州、准南、芍陂等地；郡国创制田官，有典农中郎将、典农都尉等，专职领导，自成系统。"五年中仓廪丰实，百姓竞劝乐业。"明帝时人追说屯田之利说："建安中仓廪充实，百姓殷足。"屯田的成绩不但供应了前线的军食，还增加了生产，减轻了农民的负担，节省了农民远道运输的劳力。百姓比以前富足了。

和屯田并举的是推广稻田。如郑浑在下蔡，课民耕桑，兼开稻田，又于阳平、沛二郡兴陂堨，开稻田，功成后亩岁增租八倍。刘馥在扬州，治芍陂及茹陂、七门、吴塘诸堨，以溉稻田。刘靖在河北，修戾陵渠大堨，灌蓟南北，种稻田，边民蒙利。后来皇甫隆在敦煌，教农民用水灌溉，做耧犁，省了一半劳力，增加了一半收成。

生产工具的改进，如监冶谒者韩暨改马排为水排，省马排用马百匹，利益三倍于前等等。

这些措施都是对人民有利的。

在这基础上，公元202年，曹操下令兴建学校，县满五百户，置校官，也正是在这基础上，他奖励文学艺术的创作，招集文士。他自己手不释书，白天讲武，晚上研读经传，登高必赋，制造新诗，被之弦管。建安文学的形成，他是有诱掖奖进的功劳的。

在政治上，他也采取抑豪强的方针，东汉两个最大的家族，袁杨两家，都是四世做公的。袁家兄弟破灭，杨家杨修有才，又是袁家外甥。孔融是孔子之后，也有重名，都借细故把他们杀了。相反，不是名门大族出身的广陵陈琳为袁绍作檄文痛骂曹操，连祖宗八代都臭骂一通。后来陈琳投降，曹操对他说："你替袁本初骂人，骂我也就可以了，恶恶止其身，怎么连祖宗八代都骂起来呢？"陈琳谢罪，也就算了。还重用他，军国书檄，多出陈琳手笔。

用人只挑才干，不问门族品德，他有意识地反抗汉末说空话的风气，几次下令求贤，提到不管什么生活不检点的，即使偷窃、盗嫂的都可以用。如满宠出身郡督邮，张辽、仓慈、徐晃、庞真、张既都出身郡吏，都做到大官。汉末三公充位，政归台阁，秘书（中书）监、令掌管机密，最为亲重。刘放、孙资都不是名门大族，用为监、令，曹操极为信任。

曹操有意识地打击豪门，用人唯才，不管家世，用有才干的人管机密，作郡国守相，加强了统治机构的力量，也有效地贯彻了他的治国方针，发展了生产，现固了统治。从政治制度上说，曹魏的秘书（中书）监、令，一直继续沿用到元朝。明清两朝也还受到影响。

曹操这个人的才能是多方面的，他是当时最伟大的军事家，第一流的政治家，第一流的诗人，此外，他还是艺术家，写一笔好草字，懂音乐，有很高的文化水平。刘备、孙权都远不如他。

他对当时人民有很大功绩，他推动了历史进步，在历史上占有重要地位。

他也犯了不少罪过，这些罪过排列起来一条条都很大。但就曹操整个事业来说，却是功大于过。

曹操是个当时杰出的大人物，有功劳，也有罪过，决不是十全十美的完人。十全十美的完人，在历史上是没有的。

我的意见是曹操这个历史人物，在历史地位上应当肯定，应当在历史书和历史博物馆中占有相当的地位。但是，历史人物的讨论不应该和艺术作品中的人物完全等同起来，旧戏中的曹操戏照样可以演。某些已经定型的曹操戏最好不改，而且，与其改也，毋宁新编，历史题材多得很，何必专从改旧戏打主意呢？

（原载于《光明日报》，1959 年 3 月 9 日）

 # 隋末农民领袖窦建德

隋朝末年，爆发了规模巨大的农民起义。

起义的目的是推翻隋炀帝的残暴统治。爆发的导火线是隋炀帝动员全国力量对高丽进行的战争。

隋炀帝大业七年（公元 611）二月命令在山东东莱（今山

东掖县）海口造大船三百条，官员们亲自监督，工人白天黑夜都站在水里干活，死的人多到百分之三四十；征调各地军队，不管远近，都在涿郡（今河北涿县）集中；征调江淮以南水手一万人，弩手三万人，岭南小槊手三万人。五月，又要河南、淮南、江南造兵车五万辆作载运盔甲帐幕之用，都要兵士推车。发河南、河北民夫替军队运输。七月间发江、淮以南民夫和船运粮食到涿郡，船跟船接着有千把里长。来回在路上的经常有几十万人，道路上走满了人，白天黑夜不断，民夫们因被虐待、饥饿和疾病，到处是死人，臭气触鼻，全国骚动。

这时，山东、河南都闹大水，有三十几个郡受灾。

运粮到前方去的，往往连车连牛都回不来，兵士也死亡过半。种田地的农民被征发去当兵当民夫，田地无人耕种，很多都荒废了。加上又闹灾荒，粮价飞涨，百姓活不下去了。

在这样骚乱的时刻，隋炀帝又调发六十多万民夫，两人推一车，运粮三石到指定地点，路途很远，三石米还不够两个人在路上吃的，到达以后，交不出军粮，就只好逃亡了。加上隋朝官吏的贪污残暴，百端勒索，百姓穷困，饥寒交迫，没有别的道路可走，唯一的活路是参加反隋的起义军。

窦建德就是当时农民起义军的领袖之一。

窦建德（公元573—621），贝州漳南（今山东恩县）人，家世务农，他身体好，力气大，会武艺，答应了的事一定做到，爱打抱不平。有一天，他正在耕田，听说同村子的人死了父亲，穷得买不起棺材，他很感慨，手头没有钱，便把牛送给这家子办丧事。有一晚，强盗来抢他家，建德毫不惊慌，站在大门背后，强盗进来一个打死一个，一连打死三个，剩下的不敢进来了，哀求把死尸还给他们，建德想了一想，知道有诈，便叫他们丢绳子进来收尸，建德抓住绳子跳出，又杀了几个。从此，他仗义勇敢的名声便四处传开了。

大业七年隋朝政府募兵到辽东作战，建德被派为队长，带二百人，准备出发。

同县人孙安祖的家被水淹没，老婆孩子都饿死了。县官看上安祖骁勇，硬派他从军，安祖诉说家庭穷困，备不起军装行粮，县官不由分说，把他打了一顿，安祖气极，刺杀县官，投奔窦建德家。建德劝安祖："看天下情况，必然有变。丈夫不死，当立大功，逃来逃去中甚用？附近的高鸡泊有几百里宽，芦苇丛生，可以隐蔽，何不到那里去，看局面变化，再作计较。"替他招集逃兵和无业贫民几百人，带着到高鸡泊（在山东恩县西北）起义，孙安祖自称将军。

这时，到处有起义队伍，张金称聚兵万余人沿清河立寨，高士达聚兵一千多人在清河边界活动。这些起义队伍到处杀富济贫，打家劫舍，只是不犯窦建德的家乡。地方官认为他一定和起义军勾结，便把他全家杀光。建德正在河间，听说一家子都被杀光了，立刻带领部下二百人投奔高士达，士达自称东海公，以建德为司兵。不久，孙安祖为张金称所杀，部下几千人都来投奔建德，部队扩大到一万多人。建德和士卒接近，同甘共苦，同劳共逸，士卒很喜欢他，只要一声命令，便冲锋陷阵，勇往直前，士气极为旺盛。

大业十二年（公元 616）隋朝派兵万多人来攻，高士达自己认为智谋不如建德，请建德作军司马，统兵迎敌。建德设计大破敌军，斩杀敌将。不久，隋朝大将杨义臣攻杀张金称，乘胜进攻高鸡泊。建德劝士达："杨义臣很会用兵，如今乘胜而来，其锋不可当。不如避免接触，使其求战不得，空延岁月，将士疲倦，再乘便袭击，可以取胜。"士达不听，率兵迎击，打了个把小胜仗，就摆酒席庆祝。建德说糟了，东海公轻敌如此，必然大败。便留人守塞，自己常精兵守住险要，接应士达。过了五天，杨义臣果然大破高士达军，士达战死。隋军乘胜进攻，高鸡泊守军溃散，建德只带了百多个骑兵逃到饶阳（今河北饶阳），发现饶阳城没有守军戒备，乘机攻陷，招集当地贫民和收集散兵，又建立一支三千多人的队伍，自称将军。

当时，各地起义军抓到隋朝官吏和士族子弟，一律诛杀。建德采取了不同的策略，对这些人加意款待，分别任用。得饶阳后，待饶阳县长宋正本为上客，和他商议军机。这样，附近各地的隋朝官吏纷纷投降，疆土日广，声势日盛，兵力也发展到十几万人，成为一支可以独立作战的军事力量了。大业十三年正月在河间乐寿（今河北献县）自称长乐王，建立了政府机构。

接着又用计击败来攻的三万隋军。建都乐寿，号为金城宫，唐武德元年（公元 618）建国号称夏。

唐武德二年，杀害隋炀帝的宇文化及在魏县（今河北大名）

称帝。建德发兵攻擒化及，把这一批叛乱的首恶都杀了，被宇文化及裹胁的隋朝的官员很高兴，有不少人在夏国做官。八月，取洺州（今河北永年），迁都洺州，号为万春宫。建德重视农业生产，劝导百姓种好庄稼，栽桑养蚕，政治清明，境内安定，没有盗贼，做买卖的和来往旅客都可以放心在田野过夜。境土日益扩大，西接洛阳王世充，并和唐朝通好。

武德三年七月，唐秦王李世民率兵进攻王世充，王世充向夏国求救。有人建议，如今唐在关内，王世充在河南，夏有河北山东，形成三方鼎足之势。唐攻河南，王世充挡不住，唇亡齿寒，接着被攻的必然是夏国。应该出兵救援王世充，两家合力，必败唐兵。再看形势，吃掉王世充，进攻关中，可以取得天下。四年正月，建德打败了另一支起义军孟海公，增加了军事力量，出兵三十万，西救洛阳。

建德生活朴素，不喜欢吃肉，吃的是粗米饭蔬菜。攻下城市，所得财物都分给将士。喜欢倾听别人意见，很得人心。缺点是好话坏话都听，晚年听信谗言，杀了勇将王伏宝，和敢说直话的宋正本，从此，打仗不那么顺利了，官员们也不敢提意见了。新破孟海公以后，将士骄傲起来了，和唐军对全两个月，不能前进，士卒也日夜想回家，士气低落。谋士凌敬劝他全军渡河，直取怀州（今河南沁阳）、河阳（今河南孟县），过太行，入上党，抄唐军的后路。这样有三个好处，第一乘虚突击，可保万全；第二开拓领土，增加人口；第三洛阳之围，不救自解。建德认为是好主意，准备接受。王世充的使臣日夜哭求进兵，部下将士得了王世充使臣的贿赂，主张决战，建德只好改变主意，听从诸将的意见，进攻虎牢关，连营二十里。唐将李世民按军不战，建德的军队列阵半天，士卒又饿又倦，坐在地下抢着喝水。李世民趁这机会，亲自带领轻骑冲锋，大军随后，漫山遍地响起一片杀声。这时，夏国的许多官员正在建德处议事，唐军突然冲到，官员们纷纷挤到建德周围，建德下令叫骑兵迎敌，骑兵来了，被官员们挡住过不去，建德又令官员们避开，一来一往之间，唐军进入阵后，高举唐军旗帜，夏军望见，惊惶溃退。建德受了伤，被唐军俘掳。七月，被杀于长安。

窦建德之死，离开现在已经一千三百四十年了。一直到今天，河北曲阳还有他的庙，说明人民对于这个了不起的农民领袖的怀念。

 ## 谈文成公主

文成公主是我国历史上有贡献的妇女，她在青年时代受命嫁给吐蕃（音播）赞普松赞干布，使唐蕃亲如一家，建立舅甥关系，保持了三十一年的和平，广大的唐人蕃人得以休养生息，都对她十分尊重。一直到今天，她的事迹还为汉藏人民所喜闻乐道，田汉同志这个剧本正是根据汉文史料和藏族民间传说写成的。

唐朝唐太宗统治的贞观年间（公元627—649），是我国历史上繁荣昌盛的时代。当时的长安是世界上的文化中心，许多国家、许多民族都派学生来留学。对外贸易也很发达，穿着各种民族服装的商人，在长安到处都可以看到。

正当唐太宗在位时期，今天祖国大家庭成员之一的藏族，当时叫作吐蕃，出现了有才能的统治者松赞干布，他和唐太宗一样，年纪很轻便带领军队，战胜攻取，统一了长期分裂的各个地区。他不只是一个成功的军事家，同时，他还是一个有远见的政治家，深知必须和唐朝和好，才能使两族人民安居乐业。从公元634年便派使臣到长安建立友好关系，并要求迎娶唐朝的公主，这个愿望到641年达到了。

唐太宗虽然很英武，在军事上有很大的成功，但却主张和吐蕃和好。公元630年他大破突厥。635年平定吐谷浑，封吐谷浑王诺曷钵为河源郡王，后来又把弘化公主嫁给他。吐谷浑在吐蕃的北面，吐谷浑和唐朝建立政治和亲成关系以后，新兴的唐朝和新兴的吐蕃便有了更多的接触。虽然长安和逻些（拉萨）相去很远，唐太宗却高瞻远瞩，采取民族团结的方针，除厚待吐蕃来使，派使臣回访以外，决定把宗室女文成公主远嫁，并通过送亲使节，带去大量的农具、种子、医药、书籍、百工技艺和医生，以后又应公主的请求，送去蚕种、碾、碓等生产工具和造酒工人、汉文秘书等。对吐蕃的文化、生产发展很有帮助。

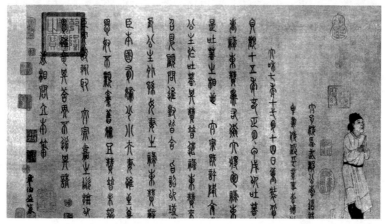

**步辇图**

　　应该指出，当时的吐蕃文化也曾对唐朝起了作用，汉文史籍曾经记载松赞干布五次求亲，每次都带来了大量的金帛和珍玩，640年的一次就送来珍玩几百件，虽然史书没有详细记载名目和形式，但是据几十年后有一次吐蕃使臣带来的工艺品，唐朝皇帝大为赏识，曾经特地公开陈列展览，让官员们都来欣赏这一史实来看，吐蕃当时的手工工艺水平是相当高的。

这个剧本把我们带到一千三百年以前，通过舞台艺术，演员的深刻表情，把这一段唐蕃结亲的佳话，具体地生动地展现在我们面前。这个剧本不只反映了历史的真实性，同时，又通过艺术的浪漫手法，有夸张，有集中，把这段历史写得更美丽，更可爱。

主题是唐蕃和好、团结，但是，有曲折，有迂回。当时的实际情况是两方面都有主张和平、赞成结亲的人，也有主张打仗、破坏结亲的人。主张和平团结的唐朝方面以唐太宗、魏徵为首，吐蕃方面是松赞干布和禄东赞。反对派唐朝方面的代表人物是侯君集，吐蕃方面是俄弥勒赞和恭顿。这两派有明争，有暗斗，最后是唐太宗和松赞干布的主张胜利了，文成公主一行终于到达逻些，举行了盛大的婚礼。

完成这个任务的人是青年的文成公主。她年轻，美丽，决心完成她父亲的委托，八千里远嫁，不向困难低头。在她到达拉萨以后，虽然汉文史料上没有记载她的什么活动，但是，从今天藏族人民对她的有关传说的喜爱来看，对松赞干布和她的敬仰尊重来看，从以她到达为标识，缔结两族人民的友谊，促进了文化和经济的交流，维持一个时期的和平安定局面来看，她对当时，对历史是有贡献的，在今天祖国大家庭的历史中，她是有地位的。

（此《步辇图》卷是唐朝画家阎立本的名作之一。唐贞观十四年，吐蕃王松赞干布仰慕大唐文明，派使者禄东赞到长安通聘。画幅描绘的便是唐太宗李世民在宫内接见松赞干布派来的吐蕃使臣禄东赞的情景。）

这个剧本里吐蕃的蕃字读音也应该说明一下，当时吐蕃人自称为蕃或大蕃，蕃音播，一直到今天，藏族人民还自称为播。明朝以后把蕃读成翻，是错误的，应该纠正回来。

（原载《北京晚报》，1960 年 4 月 15 日）

 # 杰出的学者玄奘

唐僧取经的典故，由于吴承恩的《西游记》的渲染，已经成为我国人民尽人皆知的故事了。作为一个虔诚的宗教徒，作为一个著名的旅行家，唐僧的声名是无须介绍的。但是，作为一个勤勉努力，用毕生的力量追求知识，在哲学领域内达到很高成就的学者，一般人就比较生疏了。神话小说的《西游记》特出地描写了唐僧的宗教热诚和旅行艰苦方面，至于学术成就方面，根本没有提到（也无须提到），我看，这就是作为一个杰出的学者的唐僧，不甚为人所知的原因。

不只如此，唐僧的性格，如《西游记》所描写的，忠厚老实，耳朵有些软，打不定主意，容易偏听偏信，有时也会发一点牛脾气，就小说的人物性格塑造来说是很成功的。但和历史人物的唐僧则恰好相反，历史人物的唐僧是非常坚强的，勇敢的，不怕困难，不怕艰险，百折不回，是个仁慈、厚道、博学多能、辩才无碍的英雄人物。

"取经"这一个大家熟悉的名词，在今天的现实生活中常被引用。一般的理解是对某一方面的知识不懂或不够，去向懂的人或知道较多的人学习。这样理解当然不错，但还不够确切。从唐僧的历史来看，应该是已经对某一方面知识做了专门的研究，学得越多，积累的问题便越多，为了解决这些问题，丰富和提高知识，学术水平，才下决心去取经。相反，没有进行充分的准备工作，不了解这一问题的研究所已经达到的广度和深度，应该和必需解决的问题，遇到困难，一开口便是取经，无的放矢，这是种懒汉态度，是取不到经的，即使取到了，也会驴头不对马嘴，没有用处。同样，取了经以后，放在一边，或者没有研究、消化，囫囵一口吞下去，像猪八戒吃人参果那样，也是无益的。唐僧把取来的经用半生的精力把其中主要的译为汉文，成为自己的东西，丰富了祖国的文化，在我国学术史上是一个光辉的典范。

不谈宗教徒和旅行家的唐僧，谈学者的唐僧。

玄奘法师（公元602—664）俗姓陈，名祎，河南缑氏（今河南偃师县）人。少年时家庭贫困，二哥长捷法师在洛阳净土寺出家，把他带在身边，诵习经典。十三岁这一年隋朝政府在洛阳度僧，名额很少，学的经多的来考试的有好几百人，他学的经少，站在门外很羡慕，刚巧被考试官看见，一谈话，发现他有志气，聪敏，便录取了，出了家。

净土寺有位景法师讲《涅槃经》，玄奘跟着学习，连吃饭睡眠都忘记了。又跟严法师学《摄大乘论》，越学越喜欢，听一遍就差不多记得，再读一遍，就完全掌握了。老师们叫他上讲台复讲，讲得抑扬流畅，大家都很佩服。

隋末战乱，玄奘和长捷离洛阳到长安，经子午谷到成都，从道基、宝暹二法师学《摄论》《毗昙》，从震法师学《迦延》。他爱惜寸阴，努力学习，在两三年时间里，掌握了佛教哲学的基本知识。

二十一岁时在成都学《律》。这地方的著名经师他都已经受过教了，有些问题得不到解决，便想再到长安访师求友，但哥哥不答应，他便偷偷和商人结伴，逃出成都，乘船过三峡到荆州，在天皇寺讲《摄论》《毗昙》各三次，很受欢迎。北游到相州，从休法师学《杂心》《摄论》，质难问疑。到赵州，从深法师学《成实论》。到长安，从岳法师学《俱舍论》，都是听了一遍就完全懂得，读了一遍完全记得。那时候我国的雕板印刷术还没有发明，研究学问的方法一是听讲，二是抄写，其他的办法是没有的。玄奘不但勤听勤抄，还能够在领会的基础上，进一步发挥自己的见解。

接着他又从当时最有名的法常、僧辩二大师学《俱舍》《摄大乘论》，从玄会法师学《涅槃经》，学问日益精进，名誉日渐传开了。

贞观元年（公元 627），他学得越多，便越不满足。因为所学经论，不同的经师有不同的理解，传抄的经典也有讲不清楚的，他要"分条析理，广彼前闻，截伪续真，开兹后学"，便决心到印度游学，解决疑难，求得《十七地论》（即《瑜伽师地论》），提高学术水平。困难是语言、文字的隔阂，一个穷和尚到外国去，怎么可能有翻泽人员帮助工作呢？下定决心学习梵文，当时长安有很多外国人游学、经商，他跟着学习语文，专心致志，不久就学会了。

贞观三年，玄奘二十九岁，约了几个同伴，写信给皇帝请求出国。这时，国内经济还未恢复，边境也还不十分安定，政府命令禁止百姓出国。请求被拒绝以后，别的人都放弃了，玄类奋勇不回，政府不许就私逃，同伴没有就一个人走。他知道路上是十分艰险的，十分困难的，便假想种种苦难，自问自答有把握一定可以克服，下定决心出发。

他从贞观三年八月离开长安，经秦州、兰州、凉州、瓜州，过玉门关，渡莫贺延碛（沙漠），到高昌，历经西域诸国，游历了今阿富汗、尼泊尔、印度、巴基斯坦诸国，经过一百几十个地方，历时前后十七年，到贞观十九年（公元 645）才回到长安，这年他已经四十四岁了。

途中的困难，正如他所预料，是数说不完的。到凉州时，凉州都督要强迫他回长安，便连夜逃走，昼伏夜行，到了瓜州。好容易找到一个引路的，在玉门关上流偷渡过去后，引路的怕艰险，又跑掉了。剩下孤身一人，偷渡边界五个烽火台，骑马通过沙漠。在沙漠中看到回光反影的幻象，千奇百怪，他虽然错认为妖鬼，却毫不动摇。莫贺延碛长八百多里，上无飞鸟，下无走兽，也没有水草，一人一马走了一百多里，找不到泉水，喝带来的水，不料一失手，皮袋掉在地下，水全倒掉了，前面还有七百里沙漠，没有水是走不过的，只好折回取水，走了十几里，又一转念，立下誓不到印度，终不东归一步，如今一遇挫折，便走回头路，怎么可以呢？又折回来，继续前进。在途中晚上看到的是幻影的火光，白天呢，惊风拥沙，口眼难开，四五天没有水喝，人马都困乏不堪，走到第五夜半实在不行了，躺在地下，天快亮时，忽然有凉风吹来，通身轻快，马也能起来了，勉强前进，走了十几里，发现有青草、泉水，人马大吃大喝一顿，休息了一大，装满了水，又走了两天，才走出沙漠。

经过高昌（今新疆吐鲁番），得到高昌王麴文泰资助盘费、随从和马匹，还写了许多介绍信，要求所经诸国给以方便。但不久又遇到困难，过葱岭时，高山冰雪皑皑，风雪杂飞，蹊径崎岖，寒冷彻骨，悬釜而炊，席冰而睡，走了七天才出山，随从的人员冻饿死了将近一半，牛马死的更多。又过大雪山，凝云飞雪，途路艰危，比葱岭更险。

入北印度境波罗奢大林中，碰着五十几个强盗，一行人的衣服资财全被劫夺，被赶到一个干枯的池子中，要加杀害，玄奘和一小沙弥从水穴逃出，奔告村人齐来解救，同伴才幸免于死。

在殑伽河船行时，又被十余贼船抢劫，这些强盗是信奉邪神的，每年秋天要杀一个相貌端美的人祭神，看见玄奘仪容伟丽，便在树林中辟地设坛，两人拔刀牵玄奘上坛要杀，忽然黑风四起，折树飞沙，河流涌浪，船只漂覆，强盗很迷信，问玄奘从何处来，众人说是从中国来求法的，大吃一惊，连忙把玄奘放掉，把抢走的东西也都还给本主。自然气候的变化，救了玄奘的命。

玄奘经历了无数艰险，百折不回。同样，对于安乐的环境，也不肯久留，过高昌时，高昌王要留他住下，劝其不必西行，愿以一国供养，玄奘坚决不肯。高昌王威胁要么留下，否则就送回长安，玄奘痛哭辞谢，绝食三天，到第四天还不肯进食，高昌王才许他西行，请他复食，玄奘不相信，高昌王和他约为兄弟，要求回来时留住三年，才资送玄奘西行。（公元640年唐灭高昌，玄奘回来时，高昌已灭，不能践约了。）

在印度那烂陀寺（今印度比哈尔邦伽雅城的西北）两次留学七年，学问成就以后，准备回国，寺中同学反复劝说，要他就住在印度，不要回国了。玄奘坚决不肯，最后同学闹到长老戒贤法师面前，戒贤问玄奘意见，玄奘说："这个地方我并非不喜欢。只是我的来意是为求得学问，从到寺以后，蒙法师讲授《瑜伽师地论》，解决了疑难，和各学派深奥的道理。私心非常高兴，没有虚此一行。现在我要把学到的东西，回去翻译，让别的有疑难的人，也能够得到学习，报答老师的教诲，以此不愿留在此地。"戒贤听了很高兴，说：很对，这也就是我所期望于你的。叫诸人不要苦留，让他回国。

在十七年的旅行中，他随时随地访求著名学者，虚心学习。[1]

在那烂陀寺，请戒贤法师讲《瑜伽论》《顺正理》《显扬》《对法》《因明》《声明》《集量》《中论》《百论》等论，学婆罗门书，钻研各学派经典和学梵文，历时五年；

又到伊烂拿国，从怛他揭多鞠多、羼底僧诃二师学《毗婆沙》、《顺正理》等论；

到南憍萨罗国，有婆罗门善解《因明》，从读《集量论》；

到驮那磔迦国，从苏部底、苏利耶学《大众部根本阿毗达磨》等论，他们也从玄奘学《大乘》诸论；

到建志补罗，遇到僧迦罗国（锡兰）的和尚，就问《瑜伽》的要义；

到钵伐多罗国，住了两年，学《正量部根本阿毗达磨》《摄正法论》《教实论》等。

又回到那烂陀寺，从般若跋多罗学《声明》《因明》，从胜军论师学《唯识决择论》《意义理论》《成无畏论》《不住涅槃论》《十二因缘论》《庄严经论》和《瑜珈》《因明》等疑义，首尾两年。

那烂陀寺是印度最大的寺院，经过六代国王的不断营建才建成的。僧徒主客常有万人，研究《大乘》兼十八部，以及《俗典》《吠陀》等书，语言文字学、逻辑学、天文学、医学、术数等科。寺中通经论二十部的有一千多人，三十部的五百多人，五十部的十人，其中之一就是玄奘。长老戒贤法师是印度当时最伟大的学者，精通一切经典，玄奘从他受学，成为高足弟子。

玄奘回寺后，同学师子光讲《中论》《百论》，破《瑜伽论》，玄奘兼通二论，和会二宗，著《会宗论》三千颂，戒贤法师和全寺同学都齐声道好。有一个婆罗门外道立义四十条挂在寺门，并声明有人能破一条，斩首相谢。玄奘叫人把榜取下撕掉，和他辩论，立义明确，婆罗门理屈词穷，说我输了，把头给你。玄奘说不必，你跟我为奴吧，婆罗门很喜欢。玄奘研究小乘所制的《破大乘义》七百颂，有几个地方有疑问，就问所伏婆罗门有没有研究过，说听过五遍。玄奘就要他讲，弄清楚了，写成《破恶见论》一千六百颂，申大乘义，破小乘义，戒贤法师和全寺同学都称赞"以此穷核，何敌不亡"。玄奘便赦免了所伏婆罗门，让他自由。婆罗门到东印度，向鸠摩罗王宣扬玄奘的德义，鸠摩罗王很钦佩，立刻派人来请玄奘去讲学。

玄奘在鸠摩罗王处住了个把月，戒日王也发使来邀请，问到秦王破阵乐，玄奘一一陈说。又读了玄奘的《破恶见论》，非常欣赏，叫全国学者讨论，无人能破。便决定召集诸国学者，在曲女城（今印度北方邦巴雷利城）举行辩论大会，讨论玄奘的著作。

这个会规模非常大，有十八个国王参加，大小乘学者三千多人，婆罗门及尼乾外道二千多人，那烂陀寺也来了一千多人。请玄奘作论主，宣扬大乘，并由那烂陀寺明贤法师当众宣读《破恶见论》，又写一本挂在会场门外，征求不同意见，一直过了十八天，没有一个人发言。最后按照当地习惯，玄奘乘大象巡游会场，随从高唱："中国法师立大乘义，破诸异见，过了十八天，没有不同意见，大家要知道。"到场学者替玄奘起名字，大乘学者称为摩町耶那提婆，汉译大乘天。小乘学者称为木叉提婆，汉译解脱天。中国学者在国外得到这样高的学术荣誉，这是破灭天荒的第一次。

玄奘在印度所发表的论文都是用梵文写作的。马鸣的《起信论》有汉文译本，印度倒失传了。玄奘答应印度学者的要求，把汉文本的《起信论》译为梵文，流传五印度。回国以后，又奉唐太宗的命令，译《老子》为梵文，玄奘邀集了许多道教学者，讨论研究，译成梵文，流传印度。

贞观十七年（公元643）玄奘辞别戒日王归国。戒日王除了快沿途费用以外，还派人通知所经各国供应人马，一直到达唐境，归途比之来的时候是顺利多了。到于阗后，派人送信到长安报告唐太宗以归国情况，唐太宗很喜欢，要他立刻回长安，沿路都着地方官迎候。贞观十九年正月，玄奘回到长安，百姓听说他回来了，夹道欢迎，万人空巷，连路都走不通了，只好住在城外，第二天才能进城。他带回来经典五百二十箧，六百五十七部。

从贞观十九年三月起，一直到麟德元年（公元664）二十年中，玄奘用全力作翻译工作。唐朝政府从各地调来证义学者通解大小乘经论的十二人，缀文学者九人，字学学者一人，证梵语梵文学者一人，和记录、抄写人员，帮助他工作。显庆元年（公元 656）又特派朝廷大官于志宁、来济、许敬宗、薛元超、李义府、杜正伦等帮助看阅译文，有不稳便处，随手润饰。范义硕、郭瑜、高若思等文人也参加了翻译工作。

玄奘对工作非常认真，爱惜时间，连一分钟也不轻易放过，每天都按计划工作，万一白天有别的事延误了，一定要在晚上补足。晚上睡得很少，五更便起床读梵文原本，用朱笔标点次第，准备好当天的译文。到黄昏时，还对学生讲授新得的经论。

翻译的方法也有了改变。过去译经的办法，梵文是倒写的，第一步照样直译，第二步再把文字倒过来，符合汉文语法，第三步由文人整理词句，往往任意增损，有时会把整段或者主要的意思漏掉。玄奘对汉、梵文都有很高的造就，翻译时由梵本口授汉译，意思独断，出语成章，文人笔录，便可披玩，不但正确译出意思，文词也斐然可观，翻译的水平也大大提高了。

对梵文底本也采用多本互校的方法，如《大般若经》梵本总有二十万颂，玄奘共得到三个本子，翻译的时候，遇到文有疑错，便用三本互校，仔细对比，方才定案，这种审慎的态度，也是前人所不曾有过的。

他所译的《大般若经》一共有六百卷，耗费了很长的时间和精力。译完了这部书，又开始另一部大经典的翻译，他感觉到精力不行了，译了一部分，实在支持不下去，只好叹口气停笔，和同事们告别，不多几天就死去了。

经过二十年的努力，玄奘译出经论七十四部，总共一千三百十五卷。就译书的数量说不只是空前的，在他以后的翻译家，也很少有人能够相比。

玄奘用一生的力量学习和介绍佛教哲学思想和语言文字学、逻辑学等学问。他在取经以前，用十七年的时间，奔走各地，求师学习，打下了扎实的基础，并学习梵文，排除语文隔阂的障碍。在这个基础上，发现了经论中许多问题，为了解决问题，提高知识、学术水平，下决心去取经。在出国往返的十七年中，克服了一切困难，到处努力学习，勤学勤问，解决了疑难，求得了新知识，发表了独创性的学术论文，取得了国际上学术界的崇高地位，为祖国争取了荣誉。取了经回国以后，又以二十年的时间专心一意作翻译工作，就质量数量说都达到很高的水平。通过他的努力，丰富了祖国的文化，对哲学、语言文字学、逻辑学、文学各方面都起了有益的作用。此外，他的游记《大唐西域记》翔实地记录了经行各国的各种情况，对研究这个时期我国新疆境内各民族，和葱岭以西诸国的历史、地理、物产、交通、宗教信仰等，具有极为重要的价值，这是他又一方面的贡献。

玄奘是虔诚的佛教徒，当然是唯心论者，这一点应该说清楚。作为一个历史人物，他对当代文化提供了有益的贡献，对中国和外国的文化交流做出巨大的成绩，他千方百计寻求知识，永远不满足于已有的成就，正视困难，勇于克服困难，艰苦奋斗，终于取得胜利，这种顽强、勇敢、聪明、智慧的美德，体现了我国民族的优良传统。他是我国历史上杰出的学者,永远值得后人怀念和学习。

3 月 31 日

(原载《人民文学》,1961 年 6 月号)

 **注 释**

[1] 曾到缚喝罗国,从磔迦国小乘三藏般石羯罗读《毗婆沙论》;到迦湿弥罗国,从称法师学《俱舍》《正理》《因明》《声明论》;到磔迦国,从长年婆罗门学《经百论》《广百论》;到至那仆底国,从毗腻多钵腊婆学《对法论》《显宗论》《理门论》等;到阇烂达罗国,从旃达罗伐摩学《众事分毗婆沙》;到禄勒那国,从阇耶鞠多学《经部婆沙》到秣底补罗国,从毗多斯那学《辩真论》《随发智论》等;到羯若鞠阇国,从毗阇耶犀那三藏读《佛使毗婆沙》《日胄毗婆沙》。

 **谈武则天**

## 一

　　武则天（公元 624—705）是我国历史上一个了不起的人物，对她所处的时代起推进作用的人物。但是，由于封建礼教作怪，她被不少卫道的"正人君子"们所辱骂，名誉不好。郭沫若同志的新作《武则天》五幕历史剧，替武则天翻了案，我双手赞成，拥护。

　　本来，我正在研究武则天，用充分的史实肯定武则天在历史上的地位。这个工作牵涉面很广，引用史料很多，得要几个月工夫才能完成。在工作进行中，读到郭沫若同志《武则天》的初稿和改定稿，非常高兴，有话要说，写《谈武则天》。

## 二

　　《武则天》这个历史剧中的人物都是实有其人的，所涉及各个人物的故事也都是有文献根据的，沫若同志尽可能忠实于历史，做到无一字无来历，无一事无出处。通过艺术手法，把武则天这个历史上的伟大政治家的形象更加强化、集中，和现代人见面了。

　　《武则天》历史剧的主要根据是旧、新《唐书》有关武则天的记载，和裴炎、程务挺、徐敬业、骆宾王、上官婉儿、明崇俨等人的传，参以司马光的《资治通鉴》和《全唐诗》《骆宾王集》等书。

关于裴炎和徐敬业通谋，裴炎又阴谋在成功以后自己做皇帝，这一故事也是有出处的，唐张文成《朝野佥载》卷五：

> 裴炎为中书令，时徐敬业欲反，令骆宾王画计，取裴炎同起事。宾王足蹈壁静思食顷，乃为谣曰：一片火，两片火，绯衣小儿当殿坐。教炎庄上小儿诵之，并都下童子皆唱。炎乃访学者令解之，召宾王至，数啖以宝物锦绮皆不言，又赂以音乐女伎骏马亦不语。乃将古忠臣烈士图共观之，见司马宣王，宾王欻然起曰，此英雄丈夫也。即说自古大臣执政多移社稷，炎大喜。宾王曰，但不知谣谶何如耳？炎以谣言片火绯衣之事白，宾王即下，北面而拜曰，此真人矣。遂与敬业等合谋，扬州兵起，炎从内应，书与敬业等合谋，惟有青鹅字，人有告者朝廷莫之能解。则天曰，此青字十二月，鹅者我自与也。遂诛炎，敬业等寻败。

司马宣王即司马懿。这段故事司马光是看到的，收在《资治通鉴考异》[1]里，但他不相信，认为"此皆当时构炎者所言耳，非其实也"。不管怎样，当时有过这样传说，则是可以肯定的。

关于裴炎这个人的评价，除了两《唐书》以外，明朝末年人王夫之《读通鉴论》二十一说他：

> 自霍光行非常之事，而司马懿、桓温、谢晦、傅亮、徐羡

之托以仇其私。裴炎赞武氏，废中宗，立豫王，亦其故智也。不然，恶有嗣位两月，失德未彰，片言之妄，而为之臣者遽更置之，如仆隶之任使乎？炎之不自揣也，不知其权与奸出武氏之下，倍蓰而无算。且谓豫王立而己居震世之功，其欲仅如霍氏之乘权与懿、温之图篡也，皆不可知。然时可为则进而窥天位，时未可，抑足以压天下而永其富贵。岂意一为武氏用，而豫王浮寄宫中，承嗣、三思先己而为捷足也哉！其请反政豫王也，懿、温之心，天下后世有目有心者知之，而岂武氏之不觉耶？家无甔石之储，似清；请反政于豫王，似忠；从子仙先忘死以讼冤，似义。以此而挟滔天之胆，解天子之玺绂，以更授一人，则其似是而非者，视王莽之恭俭，诚无以过。而武氏非元后，已非武氏之姻族，妄生非分之想，则白昼攫金，见金而不见人，其愚亦甚矣。

不只是这些主要人物和故事有出处，连次要人物也是有根据的，如剧中的赵道生杀明崇俨，见《通鉴》卷二〇二，洛阳的宫殿名称是根据徐松的《唐两京城坊考》的。

## 三

我对武则天的看法。

我认为武则天是历史上伟大的政治家，从她参与政权到掌握政权的五十年中，继承和巩固并且发展了唐太宗贞观治世的事业，足食安民，知人善用，从谏如流，发扬文化，为下一代培养了人才，下启唐玄宗开元时代的太平盛世，就唐朝前期历史说是个承先启后的人物，就整个我国历史说，她也是封建统治者中的杰出的人物。

不说别的，单就她在位时期，文献上还没有发现大规模农民起义的记载这一点来看，和历史上任何王朝，任何封建统治者统治时期是有所区别的。这一点说明当时的人民是支持她、爱戴她的。宋朝人修的《新唐书》骂她骂得很厉害，但是，宋祁在大骂之后，也还是不能不说一句公道话，"僭于上而治于下"。从今天来说，僭不僭不干我们的事，"治于下"三个字却是武则天的定评，我看，评论武则天要从这一点出发，也就是从政治出发。从她当时对百姓是做好事还是做坏事出发，她对生产的作用是推进还是阻碍出发。

武则天在杀裴炎、程务挺，平定徐敬业以后，曾经召集群臣讲过一次话，这番话实质上是对她自己的评价。她说："朕辅先帝逾三十年，忧劳天下。爵位富贵，朕所与也。天下安佚，朕所养也。先帝弃群臣以社稷为托，不敢爱身而知爱人。今为戎首者皆将相大臣；何见负之遽乎？且受遗老臣伉扈难制，有若裴炎乎？世将种，能合亡命，有若徐敬业乎？宿将善战有若程务挺乎？彼皆人豪，朕能戮之。公等才能过彼，则蚤为之，不然，谨以事朕，无自悔也！"这番话明朝末年人李贽逐段加以批点，"忧劳天下"，批"真"！"天下安佚，朕所养也"，批"真"！"不敢爱身而知爱人"，批"真"！从当时情况看来，武则天这段话确如李卓吾所批的都是真话。

反对她的是些什么人呢？是一部分老臣宿将和勋贵子孙，

她做了皇帝以后呢，是一部分唐朝宗室。她曾经两次大规模杀人，杀的就是这些人，政治上的反对派。在你死我活的斗争中，在封建统治阶级内部的激烈斗争中，武则天是很坚强果断的，她消灭了所有反对她的官僚和贵族，其中包括她自己的儿子、女婿、孙子、孙女和孙女婿，不只杀李家人，也杀武家人。道理很简单，不杀这些人，这些人就会推翻她，不是东风压倒西风，就是西风压倒东风。沫若同志的剧本通过太子贤、裴炎等人和武则天的斗争，很突出地阐明了这一历史情况。

她杀了不少李家人，还曾经把第三个儿子英王哲从皇帝宝座撵下来，废为卢陵王，幽禁在房州十五年，照理说这个儿子应该恨她了，但是不然。公元705年的宫廷政变，武则天下台，卢陵王做了皇帝，是为唐中宗。同年武则天死。景龙元年（707年）二月唐中宗下诏把诸州纪念他重做皇帝的中兴寺、观，一律改为龙兴，并禁止说他的再次做皇帝是中兴。《唐大诏令集》一一四载他的诏书说：

> 则天大圣皇后思顾托之隆，审变通之数，忘己济物，从权御字，四海由其率顺，万姓所以成宁，唐周之号渐殊，社稷之祚斯永……朕……事惟继体，义即缵戎……中兴之号，理异于兹，宜革前非，以归事实，自今以后，更不得言中兴。

表扬武则天在位时忘己济物，万姓成宁，他是继承武则天的统治的，不能说是中兴。岂但不恨，还十分尊重呢！当时还有人建议"神龙元年（公元705）制书，一事以上，并依贞观故事。岂可近舍母仪，远尊祖德?"意思是说705年的命令规定政治措施都要学贞观时代，也就是废除则天时代的成规，这是不对的。怎么可以把近时母亲的行政作为抛弃，去学习遥远的祖父呢？中宗很赞成这个意见，写信表扬。由此看来，则天时代的某些政治措施是和贞观时代有所不同的。她根据时代的进展，规定了自己的政策方针。

不只她的儿子，以后唐朝的历代皇帝也都对她很尊重，没有说过什么坏话。

同样，唐朝的大政治家如陆贽、李绛都对她有很高的评价。陆宣公《翰苑集》十七《请许台省长官举荐属吏状》说：

往者则天大后践祚临朝，欲收人心，尤务拔擢，弘委任之意，开汲引之门，进用不疑，求访无倦，非但人得荐士，亦得自举其才。所荐必行，所举辄试。其于选士之道岂不伤于容易哉？然而课责既严，进退皆速，不肖者旋黜，才能者骤升。是以当代谓知人之明，累朝赖多士之用。

说她善于用人，严于课责，不但当时称为知人，还培养了下几代的人才。在另一篇文章中，他把唐太宗和武则天并举，要当时皇帝"法太宗、天后英迈之风"。李绛也说她用的官虽然稍微多了一些，但"开元中名臣多出其选"。指出开元时代的名臣大多是她培养的。

宋人编的《新唐书》骂武则天很凶，但洪迈却赞扬她是明主"汉之武帝，唐之武后，不可谓不明。"[2]明人李贽更称她为圣后。[3]清人赵翼说她："纳谏知人，自有不可及者……别白人才，主持国是，有大过人者。"还替她分析，回击那些"正人君子"们对她的恶毒诬蔑，他说："人主富有四海，妃嫔动至千百。后既身为女主，而所宠幸不过数人，固亦无足深怪，后初不以为讳，并若不必讳也。"结论是"区区帷薄不修，固其末节，而知人善任，权不下移，不可谓非女中英主也！"[4]赞扬她是英主，指出她的政治成就是根本的，是主要的，私人生活是末节，是小事，而且，在封建时代，男皇帝可以有千百个小老婆，女皇帝有几个男宠，又值得什么大惊小怪呢！这是对武则天最公平的评价。

当然，骂武则天的人更多，特别是明朝人骂得多，骂得狠。例如胡应麟骂她为"逆后"，连她的朝代也骂为"牝朝"。[5]王夫之她为"淫姬"，为"妖淫凶狠之武氏"[6]。专门攻讦她的私人生活，不谈政治，只攻一点，不及其余，这种评论是站不住脚的。

另一种攻击是女人不该做皇帝，管政治，就像母鸡不能司晨，从骆宾王的檄文"伪临朝武氏"一直到胡应麟的"牝朝"，都攻的是这一点。这种维护封建秩序、男尊女卑、不许妇女参加政治生活的论调，到今天应该用不着反驳了。相反，我们应该说，武则天不只是一个伟大的政治家，同时她还是历史上最伟大的妇女！她的一生是战斗的一生！当然，武则天决不是十全十美的人物。相反，她是有不少缺点的。例如，她杀了许多政治上的反对派，其中有一些人看来是不应该杀的。此外，当然她也具有一般封建统治者所共有的某些缺点。在这篇短文中，就不一一谈到了。

（原载《人民文学》，1960 年 7 月号）

# 注释

[1]《通鉴》卷二百三。

[2]《容斋续笔》五。

[3] 李贽《藏书》。

[4]《廿二史劄记》卷十九,《武后纳谏知人》。

[5] 胡应麟《少室山房笔丛》。

[6] 王夫之《读通鉴论》。

历史的镜子

# 文天祥的骨气

我们中国人是有骨气的。

有骨气是我们优良的民族传统，历史上有数不清的有骨气的人物，文天祥是其中之一。

公元 1276 年，元将伯颜统军进攻临安（今浙江杭州，南宋首都），驻军皋亭山（离杭州三十里）。宋朝宰相陈宜中逃跑了。文天祥受命于民族危机最严重的时刻，拜右丞相，奉命到元军讲和，他毅然决然到敌人军中，和伯颜当面争论，被拘留押送去大都（今北京）。途中经过镇江，设计逃脱，经历了许多艰险，回到浙江台州，又立刻招募军队，进行抗敌的坚决斗争。

南宋景炎二年（1277 年）七月，文天祥兵败于江西永丰空坑，妻女都被俘虏。但他并不丧气，跌倒了，爬起来，揩干血迹，再干。又组织队伍，继续斗争。祥兴元年（1278 年）十二月从广东潮阳移驻海丰的途中，被敌军袭击，军溃被俘。

文天样早有了准备，宁死也不肯屈服。被俘后立刻服了脑子（毒药），他原来害眼病，不料大泻了一场，不但没有死，连眼病也好了。

在从广州被押解到大都的路上，他绝食了八天，没有死。过长江时，设计逃跑没有成功。到大都后，被囚在一个低窄的土室里，阴暗污浊，下雨时水漂床脚，暑热时像个蒸笼，秽气触鼻，人不能堪，他就在这里被拘囚到至元十九年（1282年）十二月，始终没有低头，在柴市就义。

被俘后，元将张弘范要他写信招降宋将张世杰，天祥说："我不能救国，难道还能教人叛国？"弘范还是强迫他写，天祥就写了一首《过零丁洋》诗，末两句是："人生自古谁无死，留取丹心照汗青。"弘范只好作罢。

崖山军溃，陆秀夫、张世杰殉国，宋亡。张弘范大会诸将庆功，对文天样说，宋已亡了，你的责任也尽了，要是你能够以事宋的忠心来事元朝，元朝的宰相不是你，还有谁呢？天祥痛哭流涕，誓死拒绝。

在大都被拘留期间，元朝派宰相孛罗、阿合马，劝他投降，最后派投降的宋朝皇帝瀛国公来，都说不动他。宋朝降官留梦炎求说降，被文天祥痛骂一顿。至元十九年（1282年）十二月初八日，元朝皇帝忽必烈亲自来当说客了，说，"汝在此久，如能改心易虑，以事亡宋者事我，当令汝中书省一处坐。"答应他当宰相，天祥答以不愿事二姓。忽必烈问他愿做什么，天祥说："愿与一死足矣。"第二天，他便被杀了。衣带中藏有预先写好的赞："孔曰成仁，孟曰取义，惟其义尽，所以仁至，读圣贤书，所学何事？而今而后，庶几无愧！"

文天祥是宋朝的状元宰相，声望很高。他一向生活豪侈，自奉甚厚，歌儿舞女，不离左右，到了元军大举过江，临安危急的时候，立刻改变生活方式，朴素节约，把所有家产都作为抗元军费，一心一意保卫家国，屡败屡起，毫不气馁，对当时的知识分子和爱国人民号召力很大。元朝政府想利用他的声望，许以高官厚禄，来收拾南宋的人心，减少抵抗，文天祥却不为所动，第一坚决不投降，第二只要求一死，对于连死都不怕的人，敌人的一切威胁、折磨、利诱的手段，便毫无作用了，在这一点上，失败的是元朝政府，文天祥是胜利者，表现了我们民族的英雄气概。

文天祥不只在政治大节上表现了坚强的骨气，在礼节和生活上也和敌人进行了顽强的斗争。

在封建社会里，幼少对尊长，下属见长官，跪拜是当然的礼节。

但是文天祥藐视敌人，无论如何不肯屈膝。在皋亭山和元将伯颜见面时，只是长揖。被俘后见张弘范，断然决然地说，我只能死，不能拜，弘范只好以客礼相见。到大都后，见孛罗丞相，要他跪，他说：南人不能跪。孛罗的左右按着他跪，他索性坐在地上，许多人按他的脖子，牵他的手，用膝盖顶他的背，还是不跪。阿合马来说降，只是长揖。阿合马说：你知道我是谁？天祥说：他们说是宰相。阿合马说：既知是宰相，何以不跪？天祥说：南朝宰相见北朝宰相，为什么要跪？阿合马对左右说：此人生死尚由我。天祥说：亡国之人，要杀便杀，道甚由你不由你。阿合马只好默然而去。最后和忽必烈见面，还是长揖不拜，卫士们一定要他跪，按着他不行，用金挝敲他的膝盖，天祥受了伤，还是坚立不动。他在强大的敌人面前，始终一贯地表现了英雄气概。

甚至在生活上也进行了斗争，他不吃敌人供应的饭。

他一到大都，元朝政府十分款待，住的吃的都像对上宾一样。天祥不睡不吃，坚决抵抗。后来因在土室，敌人把他所带的银钱封存，每天从他自己的存款中拨钞一钱五分为饮食费，就这样过了四年。宋朝降官王积翁感他的忠义，经常给他送钱。宋福王与芮也托王积翁送来一百两银子。王积翁还向忽必烈建议说：文天样是宋朝状元宰相，忠于所事。假若把他放了，好好礼待，亦可以为人臣好样子。忽必烈想了一会，说：且令千户所好好与茶饭者。天祥知道了，叫人告诉王积翁：我几年来都不吃敌人供应的饭，你这样做，我只好绝食了！王积翁怕他真的绝食，再也不敢说了。

文天祥像

陆秀夫像

总之，文天祥在被拘囚的几年内，利用一切机会，对敌人进行了顽强的不屈的斗争，表现了伟大的民族气节。

孟子说过："富贵不能淫，贫贱不能移，威武不能屈，此之谓大丈夫！"这三句话文天祥是完全当之无愧的，他是我国历史上的大丈夫，是继承民族优良传统的有骨气的人，是民族英雄。

（原载《中国青年报》，1962 年 9 月 4 日）

#  明代民族英雄于谦

有一首《石灰吟》：

千锤万击出深山，烈火焚烧若等闲，

粉骨碎身全不怕，要留清白在人间。

这首诗是明朝民族英雄于谦写的，经过千锤万击，不怕烈火焚烧，不怕粉骨碎身，要留下清白在人间，写的是石灰，同时也象征了于谦自己的一生。

于谦（公元 1398—1457），字廷益，浙江钱塘（今杭州）人。小时候很聪明，性格坚强。明成祖永乐十九年（公元 1421）二十四岁时中了进士。明宣宗宣德初年（公元 1426）做了御史（监察官），明宣宗的叔父汉王高煦在山东造反，明宣宗亲自带兵讨伐，高煦投降，明宣宗叫于谦当面指斥高煦罪状，于谦义正词严，说得有声有色，明宣宗很赏识他，认为是个了不起的人才。接着于谦被派巡按江西，发现有几百件冤枉的案件，都给平反了。

宣德五年（公元 1430），明朝政府为了加强中央的权力，特派中央比较能干的官员去治理重要的地方，五月间派况钟、何文渊等九人为苏州等府知府。到九月又特派于谦、周忱等六人为侍郎（中央的副部长），巡抚各重要省区。明宣宗亲自写了于谦的名字给吏部，破格升官为兵部右侍郎（国防部的副部长），巡抚河南、山西两省，宰相也支持这主张。明朝制度，除了南北两直隶（以北京和南京为中心的中央直辖地区）以外，地方设有十三个布政使司，每个布政使司（通称为省）设有布政使管民政赋税，按察使管刑名司法，此外还有都指挥使管军政，号称三司，是地方上三个最高长官，职权不同，彼此都不能互相管辖。布政使是从二品官，按察使是正三品官，都指挥使是正二品官，兵部右侍郎虽只是正三品官，却因为是中央官，又是皇帝特派的，奉有敕书（皇帝的手令）可以便宜行事，是中央派驻地方的最高官员，职权就在三司之上了。

　　于谦做河南山西巡抚，前后一共十九年（公元 1430—1448），除周忱连任江南巡抚二十一年以外，他是当时巡抚当中任期最长的一个。

　　于谦极重视调查研究工作，一上任便骑马到处视察，所到地方都延请当地有年纪的人谈话，了解地方情况，政治上的得失利弊，老百姓的负担、痛苦，该办的和不该办的事，一发现问题，立刻提出具体意见，写报告给皇帝。遇有水灾、旱灾，也及时上报，进行救济。他对地方的情况很清楚，政治上的措施也很及时，因之，得到人民的歌颂和支持。

明英宗正统六年（公元 1441）他向皇帝报告，为了解决缺粮户的暂时困难，当时河南、山西仓库里存有几百万石粮食，建议在每年三月间，由州县官调查，报告缺粮户数的所需粮食数量，依数支借，到秋收时归还，不取利息。对老病和穷极不能归还的特许免还。还规定所有州县都要存有预备粮，凡是预备得不够数的，即使任期满了也不许离任，作为前一措施的物质保证，这一款由监察官按时查考。皇帝批准了这一建议。这样一来，广大的缺粮户，在青黄不接的时候，就可以免除地主的高利贷剥削了，他为穷困的农民办了好事。

黄河经过河南，常常闹决口，造成水灾。于谦注意水利，在农闲时动用民力，加厚堤身，还按里数设亭，亭设亭长，负责及时督促修缮。在境内交通要道，都要种树、凿井，十几年间，榆树、柳树都成长了，一条条的绿化带，无数的水井，使行道的人都觉得阴凉，沿途都有水喝。

大同是边上要塞，巡按山西的官员很少到那里去，于谦建议专设御史监察。边地许多将领私自役使军人，为他们私垦田地，国家的屯田日益减少，边将私人的垦田却日益增加，影响到国家的收入和边防的力量，于谦下令没收边将的私田为国家屯田，供给边军开支。

于谦做了九年巡抚，政治清明，威信很高，强盗小偷都四散逃避，老百姓过了比较安定的生活。由于他政治上的成就，明朝政府升他为兵部左侍郎，支二品俸禄，仍旧做巡抚的官。

在这九年中，于谦的建议到了北京，早上到，晚上就批准，是有其政治背景的。原来这时的皇帝是年轻人，明英宗当皇帝时才十岁，太皇太后和皇太后（皇帝的祖母和母亲）很敬重元老重臣三杨：杨士奇、杨溥、杨荣，这三个老宰相都是从明成祖时就当权的，比较正直，有经验，也有魄力，国家大事都由他们做主张。他们同意于谦做巡抚，对于谦很信任，于谦有了朝廷上三杨的支持，才能在地方办了一些好事。到了正统后期，正统五年（公元1440）杨荣死，七年杨士奇死，太皇太后死，十一年杨溥死，三杨死后，朝廷上不但没有支持于谦的力量，反对于谦的政治力量反而日益增加了，于谦的政治地位动摇了。

反对于谦的政治力量主要来自两方面，一是宦官，一是权贵。

宦官王振是明英宗的亲信，英宗做了皇帝，他也做了内廷的司礼监太监（皇帝私人秘书长）。英宗年轻，什么事都听他的，只是宫里有老祖母管着，朝廷上有三杨当家，王振还不大敢放肆。到了正统五年以后，太皇太后死了，杨荣也死了，杨士奇因为儿子犯法判死罪不管事，杨溥老病，新的宰相名位都较轻，王振便当起家来了，谁也管不住了，英宗叫他做先生，公侯勋贵叫他作翁父，专权纳贿，无恶不作。他恨于谦不肯逢迎，正统六年三月，趁于谦入朝的时候，借一个题目，把于谦关在牢里，判处死刑。关了三个月，找不出于谦的罪状，只好放了，降官为大理寺少卿。

另一种反对于谦的力量是权贵。照例地方官入朝，是要送礼以至纳贿赂给朝廷权贵的。于谦是清官，在山西、河南十九年，父母和儿子住在杭州，老婆留在北京，单身过着极清苦的生活。每次入朝，不但不运礼、纳贿，连普通的人事也不送，空手去，空手回，他有一首著名的诗，为河南人民所传诵的：

手帕蘑菇与线香，本资民用反为殃，

清风两袖朝天去，免得闾阎话短长。

他这样做，老百姓虽然很喜欢，朝廷权贵却恨死他了。

虽然如此，山西、河南的官吏和百姓却非常想念于谦，到北京请愿要求于谦回去的有一千来起。河南的周王和山西的晋王（皇帝的家族）也说于谦确是好官，朝廷迫于民意，只好让于谦再回去做巡抚。

这时，山东、陕西闹灾荒，流民逃到河南的有二十几万人，于谦请准朝廷，发放河南、怀庆两府的存粮救济，又安排田地和耕牛、种子，让流民安居乐业。

这十九年中，于谦的父母先后死了，照当时礼法，应该辞官在家守孝三年，父母两丧合计六年。朝廷特别命令他"起复"，不要守孝，回家办了丧事便复职。

正统十三年（公元 1448）于谦被召入京，回到兵部左侍郎任上。

第二年发生"土木之变"。

瓦剌是蒙古部族之一，可汗脱脱不花，太师也先，知院阿剌各拥重兵，以也先为最强，各自和明朝通好往来，也经常和明朝发生军事冲突。照规定，每次来的使臣不超过五十人，明朝政府按照人数给予各种物资，也先为了多得物资，逐年增加使臣到两千多人，明朝政府要他减少人数，也先不肯。瓦剌的使臣往来，有时还沿途杀掠。到正统末年，也先西破哈密，东破兀良哈，威胁朝鲜，军事力量日益强大。明朝使臣到瓦剌的，也先提出各种无理要求，使臣怕事，一一答应，回来后又不敢报告，也先看到使臣所答应的事都没有下落，认为明朝背信，极不高兴。正统十四年也先派使臣三千人到北京，还虚报名额，交换的马匹也大多驽劣，礼部（管对外工作和朝廷礼仪的部）按实有人数计算，对提出要求的物资也只给予五分之一，还减了马价，也先大怒，决定发兵入侵。

正统十四年（公元1449）七月，瓦剌大举入侵，脱脱不花攻辽东，阿剌知院攻宣府（今河北宣化市），也先亲自领军围大同，参将吴浩战死，羽书警报，不断送到北京。

军事情况紧急，王振决策，由明英宗亲自率领军队阻击，朝廷大臣以吏部尚书王直和兵部尚书邝埜、兵部左侍郎于谦为首坚决反对，王振不听，命令英宗的弟弟郕王留守，带领朝廷主要官员和五万大军向大同出发。邝埜随军到前方，于谦留在北京管理部事。

王振的出兵是完全没有计划的。他根本不会打仗，却指挥着五万大军。大同守将西宁候宋瑛、武进伯朱冕、都督石亨等和也先战于阳和（今山西阳高），为王振的亲信监军太监郭敬所制，胡乱指择，全军覆没，宋瑛、朱冕战死，石亨、郭敬逃归，明英宗的大军到了大同，连日风雨，军中夜惊，人心恟惧，王振还要向北进军，郭敬背地里告诉他敌军情况，才决定退兵。

路上又碰着大雨，王振原来打算取道紫荆关经过他的家乡蔚州（今河北蔚县），请明英宗到他家做客的，走了一程，又怕大军过境，会糟蹋他家的庄稼，又下令取道宣府，这样一折腾，闹得军士晕头转向。到宣府时，也先大军追上袭击，恭顺侯吴克忠拒战败死。成国公朱勇、永顺伯薛绶带四万人迎战，到鹞儿岭，敌军设下埋伏，又全军覆没。好容易走到土木堡（今北京市官厅水库附近），诸将商量进入怀来县城据守，王振要保护行李辎重，便下令就地宿营。这地方地形高，没有荫蔽，无险可守，掘地两丈还不见水，也先大军追到，把水源都占据了，军士又饥又渴，挤成一堆。第二天，也先看到明军不动，便假装撤退，王振不知是计，立刻下令移营，阵脚一动，瓦剌骑兵便四面冲锋，明军仓皇逃命，阵势大乱，敌军冲入，明军崩溃，死伤达几十万人，明朝政府的高级官员五十多人都被敌军所杀，王振也死在乱军中。明英宗被敌军俘虏。这次不光彩的战役就叫"土木之变"。

土木败报传到北京，北京震动。达时明军的精锐都已在土木覆没了，北京空虚，形势极为危急。翰林院侍讲（为皇帝讲书的官）徐珵是苏州人，在土木变前，看到局面不好，就打发妻子老小回苏州去了。败报传到后，郕王召集文武百官商量对策，徐珵大声说，从天文看，从历数看，天命已去了。只有南迁，才能免祸。这个主意是亡国的主意，当时要照他的意见办，明朝政府从北京撤退到南方，瓦剌进占北京，黄河以北便会全部沦陷，造成历史上南北朝和金宋对立的局面。于谦坚决反对说，北京是全国根本，一动便大事去了，宋朝南渡的覆辙，岂可重蹈。并且说主张南迁的人应该杀头。大臣胡濙、陈循和太监金英都赞成于谦的主张，郕王也下了坚守的决心，徐珵不敢再说话了，从此恨死了于谦。

明朝政府虽然决定坚守，但是北京剩下的老弱残兵不满十万人，上上下下都胆战心惊，怕守不住。于谦建议征调各地军队到京守卫，分别部署前方要塞军事，人心才稍稍安定。郕王十分信赖于谦，升他为兵部尚书（国防部长），领导北京的保卫战。

王振是土木败军的祸首，群臣提出要追究责任，王振的党羽马顺还倚仗王振的威风，当面叱责提出这主张的人，引起了公愤，给事中（官名，管稽察六部和各机关的工作）王竑抓住马顺便打，群臣也跟着打，把马顺打成肉泥，朝班大乱，连守卫的卫士也呼噪起来了。郕王吓得发抖，站起来要走，于谦赶紧上前拉住，并教郕王宣布马顺有罪应该处死，这才扭转了乱纷纷的局面。退朝时，于谦穿的衣裳，袖子和下襟都裂开了。吏部尚书（管选用罢免官员的部长）王直看到他，拉住手叹口气说，国家只靠着你！像今天的事，一百个王直也办不了。从此，郕王和朝廷大臣，京城百姓都倚靠于谦，认为他有担当，可以支撑危局。于谦也毅然决然把国家的事情担当起来。

英宗被俘，他的儿子还是小孩子，当时形势，没有皇帝是不行的。大臣们商量立郕王为皇帝，郕王再三推辞。于谦说，我们是为国家着想，不是为了任何个人。郕王才答应。九月，郕王即位为皇帝，是为明景帝。

于谦建议景帝，瓦剌得胜，一定要长驱南下。一要命令守边诸将协力防守；二要分道招募民兵；三要制造兵器盔甲；四要派遣诸将分守九门，结营城外；五要迁城关居民入城，免遭敌军杀掠；六要派军队自运通州存有的大量粮食作为军饷，不要被敌人利用。又保荐一些有能力的文官出任巡抚，军官用为将帅。景帝一一依从，并命令于谦提督各营军马，统帅全军。

也先带着明英宗，率军南下，每到一个城池，便说皇帝来了，要守将开门迎接，守将遵从于谦的指示，说我们已经有了皇帝了，拒不接受。也先利用明英宗要挟明朝政府不成功，很丧气。明朝北部各个城池虽然因此保住了，明英宗却也因此对于谦怀恨在心。

瓦剌大军突破紫荆关，直入包围北京。都督石亨主张收兵入城，坚壁拒守。于谦反对，认为怎么可以向敌人示弱，使敌人越发轻视呢。下令诸将统兵二十二万分别在九门外拒守，亲自率领石亨和副总兵范广、武兴列阵德胜门外，和也先决战。通告全军，将不顾军，先退者斩其将，军不顾将，先退者后队斩前队。将士知道只有决战才有生路，都奋勇争先。由于于谦保卫北京的主张是和北京人民的利益一致的，获得了广大人民的支持。也先原来认为北京不战可下，一见明军严阵以待，便泄气了，派人提出要大臣出迎明英宗，要索金帛，和于谦等大臣出来商议等条款，都被拒绝，越发气沮。进攻德胜门，明军火器齐发，也先弟中炮死。转攻西直门，又被击退。进攻彰义门，当地的老百姓配合守军，爬上房顶呐喊，投掷砖石，又被击退。相持了五天，敌军始终没有占到便宜，听说各路援军就要到达，怕归路被截断，只好解围退兵，北京的保卫战就此胜利结束。景帝以于谦功大，加官为少保（从一品），总督军务。

景泰元年（公元1450）大同守将报告也先派人来讲和，于谦严令申斥守将，从此边将都坚决主战，没有一个人敢倡议讲和的。

也先看到明朝有了新皇帝，不承认明英宗，便在蒙古重立英宗为皇帝，来和明朝对抗，结果明朝政府置之不理，这个法宝也不灵了。俘虏到皇帝，不但没有用处，还得供养，成了累赘，便另出花招，派使臣声明愿意送还皇帝，制造明朝统治阶级的内部矛盾。明朝大臣都主张派使迎接，景帝很不高兴，说我本来不愿做皇帝，是你们要我当的。于谦说，皇位已定，不可再变。也先既然提出送回皇帝，理当迎接，万一有诈，道理在我们这面。景帝一听说皇位不再更动，忙说依你依你。派大臣接回英宗，一到北京，就把这个皇帝关在南宫里。

从景泰元年到景泰七年（公元1450—1456），于谦在兵部尚书任上，所提的意见，明景帝没有不同意的。朝廷用人，也一定先征求于谦意见，于谦不避嫌怨，有意见便说，由此，有些做不了大官的人，都恨于谦，有些大官作用比不上于谦的，也恨于谦，特别是徐珵，他一心想做大官，拜托于谦的门客，想做国子祭酒（大学校长），于谦对景帝说了，景帝说，这人倡议逃亡，心术不正，怎能当这官，败坏学生风气。徐珵不知于谦

　　　　　　　　　　　　　　历史的镜子

已经推荐，反而以为是于谦阻挠，仇恨越发深了。改名有贞，等候机会报复。大将石亨原先因为打了败仗削职，于谦保荐领军抗敌立了功，封侯世袭。他嫌于谦约束过严，很不乐意。保卫北京之战，于谦是主帅，功劳最大，结果石亨倒封了侯爵，心里过意不去，写信给景帝，保荐于谦的儿子做官。于谦说国家多事，做臣子的照道理讲不该顾私恩。石亨是大将，没有举荐一个好人，一个行伍有功的，却单单举荐我的儿子，这讲得过去吗？而且我对军功，主张防止侥幸，决不敢以儿子冒功。石亨巴结不上，反而碰了一鼻子灰，越发生气。都督张轨打仗失败，为于谦所劾。太监曹吉祥是王振门下，也深憾于谦。这批人共同对于谦不满，便暗地里通声气，要搞倒于谦，出一口气，做升官的打算。

于谦性格刚直，处在那样一个时代，遇事都有人出来反对，只靠景帝的信任，做了一些事。他在碰到不如意事情的时候，便拍胸叹气说：这一腔热血，竟洒何地？他又看不起那些庸庸碌碌的大臣和勋臣贵戚，语气间时常流露出来，恨他的人便越发多了。他坚决拒绝讲和，虽然明英宗是因为明朝拒和，也先无法利用才被送回来的，心里却不免有些不痛快。这样，在明景帝统治的七年间，在表面上，于谦虽然权力很大，在另一面，却上上下下都有人对他怀恨，只是不敢公开活动而已。

于谦才力过人，当军务紧急，顷刻变化的时候，他指挥若定，眼睛看着报告，手头屈指计算，口授机宜，合于实际，底下的工做人员看着，不由得不衷心佩服。号令严明，不管是勋臣宿将，一有错误，便报告皇帝行文申责，几千里外的守将，一得到于谦指示，无不奉行。思虑周密开阔，当时人没有能比得上的。忧国忘身，虽然立了大功，保住了北京城，接还了皇帝，却很谦虚，口不言功。生性朴素俭约，住的地方才蔽风雨，景帝给他一所西华门内的房子，几次辞谢不许才搬过去。土木之变后，索性住在办公室里不回家。晚年害了痰病，景帝派人去看，发现他生活过于俭约，特别叫宫内替他送去菜肴。有人说皇帝宠待于谦太过了，太监兴安说，这人日日夜夜为国家操心，不问家庭生活。他要去了，朝廷哪儿能找得这样的人！死后抄家，除了皇帝给的东西以外，更没有别的家财。

景泰八年正月，明景帝害了重病，不能起床。派石亨代他举行祭天仪式。石亨认为景帝活不长久了，便和徐有贞、曹吉祥、张轨等阴谋打开南宫，迎明英宗复位，史称夺门之变。明英宗第三次做了皇帝，办的第一件事就是把于谦和大学士（宰相）王文关在牢里。石亨等诬告于谦、王文谋立外藩（明朝皇帝的本家，封在外地的），法司判处谋逆，应处死刑。审案时，王文据理申辩，于谦笑着说，这是石亨等人的主意，申辩有什么用。判决书送到明英宗那里，英宗还觉得有些过意不去，说于谦实在有功。徐有贞说，不然，不杀于谦，夺门这一着就说不出名堂来了。于谦、王文同时被杀，明景帝也被绞死，这一年于谦六十岁，明景帝才三十岁。

于谦死后，家属被充军到边地。大将范广、贵州巡抚蒋琳也因为是于谦所提拔的牵连被杀。还刻板通告全国，说明于谦的罪状，这个板子一直到成化三年（公元1467）才因有人提出意见毁掉。

曹吉祥是于谦的死对头，可是他的部下指挥朵儿却深感于谦的忠义，到刑场祭奠痛哭，曹吉祥大为生气，把他打了一顿。第二天，朵儿又去刑场祭奠了。都督同知陈逵冒着危险，收拾于谦的尸首殡葬，过了一年，才归葬杭州。

广大人民深深悼念于谦，当时不敢指名，做了一个歌谣：

鹭鸶冰上走，何处觅鱼嗛？

鱼嗛是于谦的谐音，这个民族英雄的形象是永远留存在人民的记忆中的。明末抗清民族英雄张煌言有一首诗：

国亡家破欲何之？西子湖头有我师。

日月双悬于氏庙，乾坤半壁岳家祠。

于谦的事迹直接教育了这个有骨气的好汉，宁死勿屈，保持了民族的正气。

石亨的党羽陈汝言代于谦做兵部尚书，不到一年就撤职抄家，有很多金银财宝，明英宗叫大臣们参观，并说，于谦在景泰朝极被亲信，死后没有一点家业，陈汝言怎么会有这么多！石亨听了，说不出一句话。过些日子，边方传来警报，英宗很发愁，恭顺侯吴瑾在旁边说，要是于谦在的话，不会有这情况。英宗听了也说不出一句话。

于谦的政敌都先后失败，徐有贞充军云南，石亨下狱死，曹吉祥造反灭族。

明宪宗成化初年（公元1465），于谦的儿子于冕遇赦回家，写信给皇帝申冤，明宪宗恢复了于谦的官位，派人祭奠，祭文中说："当国家之多难，保社稷以无虞，惟公道之独持，为权奸所并嫉，在先帝已知其枉，而朕心实怜其忠。"这几句话，传诵一时。于谦的名誉恢复了。明孝宗弘治二年（公元 1489）谥于谦为肃愍，并建立祠堂，号为旌功。明神宗万历时又改谥忠肃。杭州、开封、山西和北京的人民都建立了他的祠堂，广大人民永远纪念这个保卫北京城的民族英雄，永垂不朽！

于谦的著作流传到今天的有《于肃愍公集》八卷，《少保于公奏议》十卷。演绎他的故事的小说有孙高亮所著的《于少保萃忠全传》十卷。

（原载《新建设》第 6 期，1961 年）

 海 瑞

海瑞（公元 1514—1587），广东琼州（今海南岛海口市）人。是明朝，也是我国历史上有名的清官，好官。

他的一生经历正好和况钟、周忱相反。

况钟和周忱在苏州和江南的政治措施，是执行封建王朝巩固统治基础、缓和阶级矛盾的政策的，在执行中，不但得到朝廷当局的支持，还得到皇帝的特别命令，可以便宜行事。在推

行以后，不但增加了封建王朝的财政收人，也适当地减轻了农民的负担，以此也获得了人民的拥护，歌颂。虽然也遭遇到专管财政收入的户部的阻挠、反对，和部分地主的攻击、抗议以至污蔑，但是，那毕竟是少数，不是主要的潮流。

海瑞的经历便不同了。虽然他的主要政治生活，任江南巡抚和周忱相同，驻地在苏州和况钟相同，得到人民拥护、歌颂，被叫作青天，也和两人相同。他的政治措施的目的，也是巩固封建王朝统治基础，缓和阶级矛盾，是封建统治阶级的忠臣、良臣，但是他却遭受到和况钟、周忱不同的对待，他不但得不到朝廷当局的支持，皇帝的保护，却反而遭到反对、排挤，他被地主阶级集中攻击，终于罢官，不能够贯彻他的政治主张。虽然也有些官僚、地主、青年知识分子支持、鼓励他，但是，那毕竟是少数，不是主要的潮流。

况钟做了十三年苏州知府，周忱做了二十一年江南巡抚。海瑞呢，只做了半年多江南巡抚，便被自己的阶级代表撵下台了。为什么海瑞遭受到和况钟、周忱不同的对待？却又受到人民同样的拥护、歌颂？

这是因为，第一，时代不同，第二，地主阶级的利害不同，第三，人民得到了好处。

说时代不同。况钟、周忱所处的十五世纪前期，正是明封建王朝的全盛时期。经过十四世纪中期二十年的长期战争以后，明王朝采取恢复、鼓励生产的政策，把荒废的田地分配给有劳动力而缺地少地的农民耕种，经过了三四十年，到十五世纪前期，生产恢复了，发展了，地主阶级通过经济压力，政治力量，兼并分散的农民土地。这时期，土地正处于从农民手中逐步被地主阶级兼并的过程中。土地基本上还是分散的，高度集中的现象还没有形成。其次，苏州、松江等地区虽然有大量官田，苏州的官田甚至比民田多许多倍，这些官田名义上的地主是以皇帝为代表的封建统治阶级，但耕种的却仍然是分散的农户，官田虽然租额特别重，但皇帝并没有直接经营。同时，也正因为这一地区，官田比例较大，一般地主的兼并手段便不能不受到限制，集中的过程便比较缓慢了。

正因为当时土地比较分散，大地主的数量还不是很多，在政治上代表中、小地主利益的朝廷当局，也就不能不较多地考虑中、小地主和富农、自耕农的利益，采取了一些和缓阶级矛盾的措施。这些措施在历史上被称为政治修明，博得史家的赞叹。

到了海瑞的时代，情况不同了。他生在明封建王朝从全盛走向衰落的时代。他生于明武宗正德九年，死于明神宗万历十五年，经历了正德、嘉靖、隆庆、万历四个王朝。这几十年中，社会情况发生了很大变化，土地更加集中了。皇帝大量侵夺百姓的田地，建立了无数皇庄，后妃、亲王、公主、宦官和勋戚、将军、大官僚都有许多庄田，直接派庄头经营，有的还非法收税，亲王的庄田从几千顷以至到几万顷，有的亲王占有的田地跨越好几个省。嘉靖时的宰相严嵩、徐阶都是当时最大的地主。万历初期有一个地主的田地多到七万顷。农民的田地被地主所侵夺，沦为佃客、庄客，过着牛马般的生活。庄园的庄头庄仆，作威作福，欺侮百姓。贵族和官僚家里养着无数的奴仆，有的是用钱买的，更多的是农民忍受不了田租和差役的负担，投靠来的。他们终年为主人服役，除家庭劳役以外，有的学习歌舞，演奏戏剧，有的纺纱织布，四出贩卖，有的经营商业，开设店铺，没有工资，没有自由，世代子孙都遭受同样的命运。无处投靠的便只好逃奔四方，寻找活路，大量人口脱离了原来户籍，流移各地。这样，被抑勒为私家奴仆的、逃亡外地的人口越来越多，封建王朝户籍上的人口便越来越少，当差服役的人相应的也就少了。同时，田地册上的土地数字也大大减少了，这是因为农民土地大量地集中到地主手中，地主隐瞒不报，逃避租税；因为庄田数量越来越大；因为农民大量逃亡，土地无人耕种，闲置荒废。这样，封建王朝的地租收入便自然日益减少了。收入不够用，只好使用加税的办法解决，租税越重，中小地主、自耕农不能负担，便更多地采用隐蔽手段，投靠在大地主名下，大地主土地越多，势力越大，把自己名下的赋税和差役都尽量设法分摊给农民，农民的负担便越重阶级矛盾便越尖锐。

这个时期是阶级矛盾日益尖锐的时期。

第一，反映在政治上。当权的统治阶级既然本身就是大地主，当然要为大地主阶级的利益服务，凡是不利于大地主阶级利益的政治措施，也就不能不遭遇到他们的代表的坚决的反对了。相反，更多的更重的剥削，不择手段的剥削，皇帝对官僚、大官对小官、上级对下级的种种勒索，便成为理所当然的了。贪污成为风气，凡事非钱不行，是这个时期的政治特点。

第二，地主阶级的利害不同。十五世纪前期况钟、周忱在苏州和江南的主要政治措施，是减削官田过重的租额，官田的地主代表是皇帝，但是，皇帝并没有直接经营这些土地，以此，官田减租并不损害到一般地主的利益。而且，减了租，缓和了阶级矛盾，是和整个地主阶级长远利益相符合的，以此，不只是没有遭遇到地主阶级的联合反对，相反，却得到支持和鼓励。当时，明摆着的事实是：照旧收高租而大量拖欠，逼不出来，弄得田荒民逃，收入更加减少好呢？还是适当减轻，少取而多收，比例上减少而实质上如数收到，名为减租而实则增加收入，粮不欠，民不逃好呢？地主阶级是最会打算盘的，一算账就明白了。尽管户部反对，还是办通了。

至于海瑞的措施，便不同了。他鉴于土地过分集中、农民无地或少地耕种而主张均田。均谁的田呢？当然是大地主。这就直接损害了大地主阶级的利益，他们当然要坚决反对，行不通。

均田一时行不通，海瑞便主张要大地主退还一部分非法侵占的田地给被剥夺侵占的农民。这办法，是符合大地主们的长远利益的，但是，却严重地损害了他们的眼前利益，地主们的眼光是只能看到眼前，看到自己的儿孙的，当然坚决反对。在大地主们的联合反对下，通过他们在朝廷的代表，内外夹攻，海瑞终于被逐出统治阶级，以失败而告终。

同时，海瑞坚决主张贯彻一条鞭法，这个办法虽然普遍地损害了地主阶级的一些利益，增加了一些负担，减少了一些收入。但是，一来，并没有动摇大地主阶级的根本利益，相反，还起了巩固作用。二来，普遍推行，并不特别针对某些个别特大地主的利益，以此，便行通了，人民得到了好处，封建王朝也增加了收入。

第三，人民得到好处。尽管况钟、周忱、海瑞都是站在封建统治阶级立场，为了巩固封建统治，缓和阶级矛盾，在政治上做了一些改良工作，他们做的是符合封建统治阶级的长远利益的。但是，也和广大人民的当前利益一致，人民得到好处，田租和徭役的负担减轻了，生产情绪安定了，尽管还是被剥削、压迫，毕竟比过去轻了一些了，尽管还是过苦日子，但是，毕竟可以不必逃亡转徙，卖儿卖女了。人民是讲理的，能够分清是非好坏的，他们怎能不高兴，不拥护、歌颂？

海瑞出身于官僚家庭，祖父做过知县，父亲在海瑞四岁时就死了。家境不很宽裕，只靠祖传十多亩田地，又没有劳动力，光收些租子，母子两人是不够过日子的。他母亲很能干、刚直，做些针线贴补生活，教育海瑞很严格。海瑞和穷苦人民接触，同情他们，对大地主的无情剥削，抱有反感。另一面，受了多年的封建教育，脑子里装满忠君爱国的思想。

中了举人以后，做了几年福建南平县学的教谕（校长），升任浙江淳安县知县。

淳安山多地少，地方穷苦。地主占好地，地多，出的田租少；贫农耕坏地，地少，田租负担反而重，由之富的越富，穷的便越穷了。徭役出银子，每丁少的出一两二钱，多的要十几两，海瑞解决的办法是清丈和均徭，清丈实有土地面积，重新按土地等级规定租额；均徭按负担能力多少，没有力量的不负担。这样，农民的负担才减轻了些，地主们可不乐意了。

当时，奸臣严嵩做首相，总督胡宗宪和巡盐的都御史鄢懋卿都是严嵩的党羽，作威作福，无官不怕。总督的儿子路过淳安，嫌供应不好，吊打驿吏。海瑞没收了他带的大量银子，还报告总督说这个恶棍冒充总督公子，败坏总督名誉。总督怕海瑞张扬出去，发做不得，只好算了。鄢懋卿到各地巡查盐政，一路贪污勒索，铺张浪费。海瑞写一封信说，淳安地方小，百姓穷，容不下都老爷的大驾。把这个大官顶回去，不来淳安了。

因为得罪了大官僚，海瑞虽然升了官，又被降职做江西兴国知县。

南昌有个做过兵部尚书的张鳌，在家养老，是个恶霸地主。他有两个侄子到兴国买木材，为非作恶，害得老百姓气苦得很。海瑞调查了情况，叫他们来，不肯来。一天，忽然又跑到县衙大闹。海瑞叫人拿下送到府里，反而判处无罪。海瑞要追究，张鳌便出面写信求情，又四处托人，这两个坏蛋居然摇摇摆摆回家了。海瑞大怒，写信向上官力争，终于把两个坏蛋依法判罪。

公元 1564 年，海瑞调到北京做官。

两年以后，海瑞写信给嘉靖皇帝，提出了严厉的批评。说他迷信道教，妄想长生，多年不上朝办事，又自以为是，拒绝批评，弄得君道不正，臣职不明，吏贪将弱，政治腐败，语气很尖锐。嘉靖皇帝看了，气极，丢在地下，又捡起来看。想要杀海瑞，一听说海瑞在写信前已经托人买了棺材，并不怕死，倒愣住了。把海瑞关了几个月，嘉靖皇帝死后，被赦出狱。

隆庆三年（1569年）六月，海瑞被任命为江南巡抚，管理现在江苏、安徽大部分地方，巡抚驻在苏州。

这一年，江南遭到严重水灾，田地被淹，粮食涨价，农民逃荒，情况很严重。

江南是鱼米之乡，号称全国最富庶的地方。但实际上百姓生活很困苦，原因是田租、徭役的负担特别重。土地集中在大地主手里特别是松江，乡官（退休的官僚）田宅、奴仆之多，全国找不出第二个，乡官中以前任首相徐阶家为第一，他一家就有田四十万亩。

闹水灾的原因，经过亲自勘察研究，是因为多年水利不修，吴淞江淤塞了，太湖的水排不出去，一遇特大雨量，便泛滥成灾。海瑞想法子张罗了一些粮食，采工赈办法，救灾和治水并举，让灾民做工疏浚。他坐上小船，到处巡视督促，灾民很兴奋，不到一个月就完工了。这项工程不但没有向人民要钱，还救了灾，变水害为水利，对生产好处很大，人民很是喜欢，感激。

解决人民生活问题的关键，海瑞认为一条鞭法是好法子。这办法已经有好几十年历史了，各地具体做法也不尽相同。主要的是把过去数不清的种种赋、役名目，都编成一条，通算一省的田租，人丁，通派一省的徭役，官收官解，除秋粮以外，一律改折银两交纳。把复杂的制度简化了，把实物赋税的大部分改为货币赋税，不只可以减轻农民的负担，并且，在经济发展过程中，也具有进步意义。例如，过去南粮北运，运费由农民负担，往往超过正税很多，现在改折银两，省去运输费用，人民的负担也就相应减轻了。又如徭役，只要交了钱，由官府雇工应差，农民就可以安心生产，不必再受徭役的牵累了，而且，徭役的编派，人丁居四分之一，田租居四分之三，农民人口多，大地主田租多，这样也就减轻了贫、中农的负担，对生产是有好处的。只是对地主们不好，因为实行新法，地主的有些负担确是加重了。地主们有意见，海瑞坚决要办，终于办成了，成绩是田不荒了，人不逃了，田租也不拖欠了，当时的人民很高兴，很感激。后代的史家也称赞是永久的利益。

最困难的还是限制大地主的过分剥削。海瑞决心强迫大地主退田，首先是徐阶。徐阶当年做首相，海瑞坐牢的时候，曾经在嘉靖皇帝面前，替海瑞说过好话，对海瑞有恩。但是，海瑞知道徐家是恶霸地主，便坚决不顾私人关系，执行退田法令，徐阶知道海瑞刚直，不讲情面，勉强推出一部分，海瑞不满意，亲自写信，要退出一半以上，才算了事。

这一来，乡官们、大地主们都吓慌了，有的逃到外地躲风头，有的只好忍痛退田。徐阶恨极了，想尽法子，派人到北京，买通了当权的太监和同乡京官，同乡京官告海瑞"纵容刁民，鱼肉乡官"。说老百姓像虎像狼，把乡官吃惨了。大地主阶级联合反攻，终于把海瑞赶出了江南巡抚衙门，回到海南岛，一直闲住了十六年。

公元 1585 年，海瑞已经七十二岁了，被起用到南京做官，他虽然年老，却不肯放弃着实做一点好事的机会，一到任就革除了一些弊政，把多年来各个衙门要商户无偿供应物品的陋规禁止了。他严惩贪污，反对浪费，生活朴素，主张节俭。有个大贪污犯怕被揭发，诬告海瑞许多罪状，骂得不像人。引起了一批青年知识分子和有正义感的官僚的抗议，攻击的和为海瑞说公道话的吵开了，统治阶级内部发生了争论。由于海瑞为大地主们所痛恨，虽然他做的一贯是好事，名气极大，当国的在想却两面都不支持，一直到这个大贪污犯罪行被揭露以后，才把他免职，这已经是海瑞死后的事了。

海瑞是死在南京任所上的。同官替他清点遗物，发现他十分清苦，只好凑钱办理丧事。临死前三天，送来薪俸多算了七钱银子，立刻退回去。做官几十年，没有买过田地，添了一所房子，是用历年官俸积蓄买的。作知县时候，母亲生日，特地买了两斤肉，有人听说，大为惊奇，作为新闻，到处传说。

海瑞从做知县起，就重视刑狱，审案着重调查研究，注意科学证据和人情事理，平反了许多冤狱，其中一些案件的判决书编在他自己的文集里。后来的小说家、戏剧家选取了一些，加以渲染，《大红袍》《小红袍》《生死牌》《五彩舆》这一类作品在民间流传很广，叫作公案小说。

人民是爱戴他的。他在苏州罢官的时候，老百姓沿街哭着送别，有些人家画了他的像供在中堂里。死在南京任上，老百姓非常哀痛，市面停止了营业，白色衣冠送葬的行列，夹着江岸悼祭哀哭的百里不绝。

人民喜欢他，大地主反对他。他为人民办了许多好事，在大地主们看来，却是坏事。他忠于封建统治阶级，一心一意要为自己阶级的长远利益服务，却和本阶级某些代表人物的当前利益发生矛盾，他不能理解，也不可能解决这个矛盾。他在统治阶级内部，为一部分人所反对，却同时又为另一部分人所支持，骂他的人说他"鱼肉乡官"，支持他的人说他"卵翼穷民"，这是因为他的作为虽然损害了这一部分地主的当前利益，却符合了另一部分地主的长远利益。他主张减少剥削，却决不反对剥削，他反对贪污、浪费、繁文，主张并且实行廉洁、节约、减省文牍，他重视人命，反对豪强，一生反对坏人坏事，不屈不挠，从不灰心丧气，连骂他的大地主也不能不说他是铁铮铮一汉子，说他为国为民，说他爱民。这样的历史人物是应该肯定的，值得后人纪念和学习的。

（原载《新建设》第 10、11 期，1960 年）

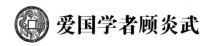

# 爱国学者顾炎武

今年是伟大的爱国学者顾炎武逝世二百八十周年。

关于顾炎武的历史评价，全祖望写的《顾先生炎武神道表》最后一段话很中肯。他说：离开顾炎武的时代逐渐远了，读他的书的人虽然很多，但是能够说出他的大节的人却很少。只有王高士不庵曾说：炎武抱着沉痛的心，想表白他母亲的志向，一生奔走流离，心里的话，几十年来也没有机会说出来。可是后起的年轻人，不懂得他的志趣，却只称赞他多闻博学，这对他来说，简直是耻辱，只好一辈子不回家，客死外地了。这段话很好，可以表他的墓。我读了也认为很好，可以使人们对顾炎武这个人有更好的了解。

顾炎武首先是有气节的有骨头的坚强的爱国主义者，其次才是有伟大成就的学者。

顾炎武（公元1613—1682），字宁人，原来名绛，明亡后改名，有时自称为蒋山佣，学者称为亭林先生，江苏昆山人。他家世代有人做官，藏书很多。祖父和母亲对他的教育十分关心，六岁时母亲亲自教他《大学》，七岁跟老师读《四书》，九岁读《周易》，接着祖父就教他读古代军事家孙子、吴子的著作，和《左传》《国语》《战国策》《史记》等书，十一岁读《资治通鉴》，到十三四岁才读完。十四岁进了县学以后，又读《尚书》

《诗经》《春秋》等书，打下了很扎实的学术基础。母亲更时常以刘基、方孝孺、于谦等人的事迹教育他，要他做一个忠于国家、忠于民族的人。

炎武受教育的时代，也正是明王朝政治日益腐化，统治阶级内部分崩离析、互相倾轧，人民负担日益加重，民不聊生；东北建州（后称满族）崛起，明王朝接连打败仗，丧师失地，满汉民族上层统治集团矛盾最尖锐，汉族人民和统治集团矛盾最尖锐的时代。炎武的祖父教炎武读军事学书籍和史书，是有很深的用意的。

当时东南地区的知识分子组织了一个团体叫复社，吟诗作文，议论时事，名气很大，炎武和他的好友归庄也参加了。两人脾气都有些怪，就得了"归奇顾怪"的外号

炎武的祖父很留心时事，那时候还没有报纸，有一种政府公报叫《邸报》，是靠抄写流传的，到崇祯十一年（公元1638）才有活版印刷。炎武跟祖父读了泰昌元年（公元1620）以来的《邸报》，对国家大事有了丰富的知识。二十七岁时考乡试没有录取，他"感四国之多虞，耻经生之寡术"，发愤读书，遍览二十一史和全国州县志书、当代名人文集、章奏文册等等，单是志书就读了一千多部，抄录有关材料，以后还随时增补，著成两部书，一部叫《天下郡国利病书》，一部叫《肇域志》。《天下郡国利病书》着重记录各地疆域、形胜、水利、兵防、物产、赋税等资料。《肇域志》则记述地理形势和山川要塞。他晚年游历北方时，用两匹马、两匹骡装着书，到了关、河、塞、障，

就访问老兵退卒，记录情况。说的有和过去知道不符合的，就立刻检书查对，力求记载的真实。他这种从实际出发，研究当前现实的学风，一反那个时代空谈性命，不务实际的学风。他这种治学精神、方法，为后来的学术界开辟了道路，指出了方向。

炎武从三十岁以后，读的经书、史书，都写有笔记，反复研究，经过长期的思索、改订，写成了著名的《日知录》。

顺治二年（1645 年）五月，清兵渡长江，炎武到苏州参加了抗清斗争。清军围昆山，昆山人民合力拒守，城破，军民死了四万多人，炎武的好友吴其沆也牺牲了。炎武的母亲绝食自杀，临死时嘱咐炎武不要做异国臣子，不要忘了祖父的教训。炎武在军败、国亡、母死的惨痛、悲愤心情中，昂起头来，进行深入的隐蔽的反清斗争。这时期他写的诗如《秋山》："北去三百艒，艒艒好红颜。"记录了清军掳掠妇女的惨状。"勾践栖山中，国人能致死，叹息思古人，存亡自今始。"以勾践复国自勉，表明了他爱国抗清的坚决意志。在以后的许多诗篇中，也经常流露出这种壮烈情感，如《又酬傅处士（山）次韵》："时当汉腊遗臣祭，义激韩仇旧相家。""三户已亡熊绎国，一成犹启少康家。"如《五十初度时在昌平》："远路不须愁日暮，老年终自望河清。"又如："苍龙日暮还行雨，老树春深更着花。"都表明了他至老不衰的英雄气概。

明宗室福王由崧在南京称帝，改元弘光，任命炎武为兵部司务，炎武到过南京。福王被俘，唐王聿键在福建称监国，改元隆武。鲁王以海也在绍兴称监国。唐王遥授炎武为兵部职方司主事，炎武因母丧未葬不能去，不久，唐王也兵败被杀。鲁王流亡沿海一带。1647 年秋天，炎武曾到沿海地方，和抗清力量联系。地方上有汉奸地主要陷害他，炎武不得已伪装成商人，奔走江、浙各地，前后五年。《流转》诗中说："稍稍去鬓毛，改容做商贾，却念五年来，守此良辛苦，畏途穷水陆，仇雠在门户，故乡不可宿，飘然去其宇。"便是这几年间的事。

1655 年发生了陆恩之狱。

陆恩是炎武家的世仆。在炎武出游时，投奔到官僚地主叶方恒家。炎武家庭经历丧乱，缺钱使用，把田产八百亩卖给叶家，叶方恒存心想吞并顾家产业，揢勒只给半价，这半价还不给钱，炎武讨了几年才给了一点。恰好陆恩得罪了主人，叶方恒便叫他出面告炎武通海，通海指的是和沿海抗清军事力量勾结，在当时是最大的罪名。炎武急了，便和家人设法擒住陆恩，扔进水里淹死了。陆恩的女婿又求叶方恒出面告状，用钱买通地方官，把炎武关在叶方恒家奴家里，情况十分危急。炎武的好友归庄只好求救于当时赫赫有名的汉奸官僚钱谦益，谦益说，这也不难，不过要他送一门生帖子才行。归庄知道炎武决不肯这样做，便代写了一个送去。炎武知道了立刻叫人去要回来，要不回来，便在大街上贴通告，说并无此事。谦益听了苦笑说，顾宁人真是倔强啊！后来炎武的另一朋友路泽溥认识兵备道，说明了情由，才把案子转到松江府，判处为主杀家奴，炎武才得脱祸。

叶方恒中过清朝进士，做过官，有钱有势，炎武和他结了仇，家乡再也住不下去了。1657年炎武四十五岁，决定到北方游历，一来避仇，二来也为了更广泛地结纳抗清志士，继续进行斗争。

从这一年起，炎武便仆仆风尘，奔走于山东、河北、山西、陕西等地。他的生活情况，在与潘次耕（耒）信中说："频年足迹所至，无三月之淹，友人赠以二马二骡，装驮书卷，一年之中，半宿旅店。"旅途的艰苦，《旅中》一诗说："久客仍流转，愁人独远征，釜遭行路夺，席与舍儿争，混迹同佣贩，甘心变姓名，寒依车下草，饥糁鬲中羹……买臣降五十，何处谒承明？"他的心境，在《寄弟纾及友人江南》诗中说："自昔遭难初，城邑遭屠割，几同赵卒坑，独此一人活，既偷须臾生，讵敢辞播越，十年四五迁，今复客天末，田园已侵并，书卷亦剽夺，尚虞陷微文，雉罗不自脱。"是十分沉重、紧张的。

在游历中，结识了孙奇逢、徐夜、王宏撰、傅山、李中孚等爱国学者，李因笃、朱彝尊、毛奇龄等文人，观察了中原地区和塞外的地理形势，并且在山东章丘买了田产，在雁门之北，五台之东，和李因笃等二十多人集资垦荒，建立庐舍，作为进行隐蔽活动的基地。

1663年，南浔庄氏史案发，炎武的好友吴炎、潘柽章牵连被杀，炎武所藏史录、奏状一二千本借给吴潘两人的，也随同散失。庄廷鑨修史时，也曾托人邀请炎武参加，炎武看了情况，知道庄廷鑨没有学问，不肯留下。书刻版时没有列上炎武姓名，这才幸免于死。

五年后，莱州黄培诗狱案发，炎武又被牵连，从北京赶到山东投案。案情是莱州人姜元衡告发他的主人黄培写逆诗（反对清朝的诗），又揭发吴人陈济生所编《忠节录》，说这书是顾宁人编的，书上有名的牵连到三百多人。李因笃听到消息，立刻赶到北京告急营救，炎武的许多朋友也到济南帮忙，这时朱彝尊正在山东巡抚处做幕僚，几方面想法子，炎武打了半年官司，居然免祸，可也够危险了。

炎武虽然饱经忧患，跋涉半生，却勤勉好学，没有一天不读书，没有一天不抄书，蝇头行楷，万字如一。朋友们有时终日宴饮，他总是皱眉头，客人走了，叹口气说：可惜又是一天白白度过了。读的书越多，游历的地方越多，写的书也越多，名气也就越大。1671年熊赐履要举荐炎武助修《明史》，他当面拒绝说："果有此举，不为介推之逃，则为屈原之死矣。"1678年叶方霭、韩菼又打算举荐炎武应博学鸿儒科，炎武坚决辞谢，一连给叶方霭写了三封信，表明态度，叶方霭知道不能勉强，方才作罢。为了避免这类麻烦，炎武从此再也不到北京来了。

公元1677年，炎武已经六十五岁了。从山东到陕西华阴，住王宏撰家。王宏撰替他盖了几间房子，决定在此定居。两年后写信告诉他的侄子说：陕西人喜欢经学，看重处士，主持清议，和他省人不同。在此买水田四五十亩，可以维持生活。华阴这地方是交通枢纽，就是不出门，也可以看到各方面来的人，知道各地方的事情。一旦局势有变化，跑进山里去守险，也不过十来里路。要是志在四方呢，一出关门，就可以掌握形势。从这封信可以看出，炎武之定居华阴，是和他的一生志愿抗清斗争密切相关的。

这时候，炎武的三个外甥都已做了大官，徐元文是顺治十六年（公元 1659）状元，康熙十八年（公元 1679）任《明史》监修总裁官，第二年任都察院左都御史。徐乾学是康熙九年（公元 1670）探花，徐秉义是康熙十二年的探花。三兄弟在青年时都曾得到过炎武的资助和教育。他们看到舅父年老，流离外方，几次写信迎接炎武南归，答应给准备房子和田产，炎武回信坚决拒绝。他不但自己不肯受这几个清朝新贵的供养，连他的外甥要请他的得意门生潘耒去做门客，也去信劝止。义正词严地指出这些人官越大，门客越多，好巴结的人留下，刚正方直的人走开，他们不过要找一两个有学问的人在身边来遮丑而已。应该知道香的和臭的东西是不可以放在一个盒子里的，要记住白沙在泥，与之俱黑的话，不要和客豪奴混在一起才是。从这两件事，可以看出炎武的生性刚介和气节。

和他的为人一样，炎武做学问也是丝毫不苟的，总是拿最严格的要求来要求自己，从不自满。所著《音学五书》，前后历时三十多年，所过山川亭障，没有一天不带在身边。稿子改了五次，亲自抄写了三次，到刻版的时候，还改了许多地方。著名的《日知录》1670 年刻了八卷，过了六七年，他的学问进步了，检查旧作，深悔过去学问不博，见解不深，有很多缺点，又渐次增改，写成二十多卷。他很虚心，朋友中有指出书中错误的地方，便立刻改正。又十分郑重，有人问他近来《日知录》又写成几卷了，他说，别来一年，反复研究，只写得十几条。他认为知识是无穷无尽的，过去的成绩不可以骄傲，未来的成就更不可以限制自己。做学问不是一天天进步，便会一天天退步。个人独学，没有朋友帮助，就很难有成就，老是住在一个地方，见闻寡陋，也会习染而不自觉。对于自己在学术上的错误，从不宽恕，在给潘耒信上说：读书不多的人，轻易写书，一定会害了读者，像我《跋广韵》那篇文章便是例子。现在把它作废，重写一篇，送给你看，也记住我的过失。我生平所写的书，类此的也还很多，凡是存在徐家的旧作，可以一字不存，自己思量精力还不很衰，不一定就会死，再过些年，总可以搞出一个定本来。

对搜辑资料，也付出极大的努力。例如他在《金石文字记序》所说：我从年轻时就喜欢访求古人金石文字，那时还不很懂，后来读了欧阳修的《集古录》，才知道可以和史书相证明，阐幽表微，补阙正误，不只是文字之好而已。这二十年来，周游各地，所到名山、大镇、桐庙、伽蓝，无不寻求，登危峰，探窈壑，扪落石，履荒榛，伐颓垣，畚朽壤，只要发现可读的碑文，就亲手抄录，要是得到一篇为前人所没有看到的，往往喜欢得睡不着觉。对写作文字，态度也极为谨严，他立定宗旨，凡是文章不关联到学术的，和当代实际没有关系的，一概不写。并且慨叹像韩愈那样的人，假如只写《原道》《原毁》《争臣论》

《平淮西碑》《张中丞传后叙》这几篇，其他捧死人骨头的铭状一概不写，那就真是近代的泰山北斗了！可惜他没有这样做。

他主张为人要"行己有耻"。有耻就是有气节，有骨头，做学要"好古敏求"，要继承过去的遗产，努力钻研。对明代末期和当时的学风，他是很不以为然的，在《与友人论学书》里说："鸣呼！士而不先言耻，则为无本之人，非好古而多闻，则为空虚之学。以无本之人而讲空虚之学，吾见其日从事于圣人而去之弥远也。"也正因为他这样主张，这样做，所以有些人叫他为怪，和他合不来。

炎武于康熙二十一年（公元1682）正月，因上马失足坠地，病死于山西曲沃，年七十岁。

（原载《人民日报》，1962年2月7日）

#  爱国的历史家谈迁

公元1647年，是清朝顺治四年。四年前的五月初一，清摄政王多尔衮入北京。同一天明宗室福王入南京，过了十二天做了皇帝一改次年年号为弘光。第二年五月清军入南京，弘光被俘，明朝亡国。

丁亥（1647年）八月间，浙江海宁县的一个村落麻泾，村边一片枣林里，住着一位老秀才谈迁，此人既老且穷，半夜里忽然被小偷光顾，破衣烂衫，什么也没有动，只偷走一部文稿，叫作《国榷》。

这部书是谈迁编的明朝编年史，从公元1328年到公元1645年，每年按月按日编的大事纪。内容主要根据明朝的实录和一百多家明朝史家的著作，经过细心的编排考订，写了改，改了再写，一连改了六次才编成的一部大书。

他是一个穷秀才，买不起书，当时也没有图书馆可以借书。明朝实录是记载每一皇帝在位时的编年史，没有刻本，只有少数的大官僚家里才有传抄本。他为了研究明朝历史，托人情、拉关系、左求右求，好容易才求通了邻县的几家大乡绅，经常跑一百多里路，带着铺盖伙食去抄书，抄了多少年，费了多少精力，终于把这部五百多万字的大书编成了，十分得意。纵然刻不起版，不能传布开去，但是，只要有了稿子，将来总会有机会出版的。

他为什么要编这部书？公元1621年，他二十九岁，那一年，母亲死了，在家守孝。他原来对历史有兴趣，读了不少书，积累了丰富的历史知识，恰好得到一部陈建著的《皇明通纪》，便仔细阅读，不料越读越生气，书里记载的史事有很多错误，见解也很肤浅，心想这样的书不是害人吗，不但糟塌人的时间，还给人以错误的史实和看法。便下决心自己编写。编书的主要根据是明朝实录，经过仔细研究，有几朝实录也很不可靠，例如《明太祖实录》是经过三次改写的，改一次便隐没了不少历史真相。明孝宗的实录是正德时的奸臣焦芳编的，凡是他所不满意的好人都乱骂一通，把白的说成黑的，很不可靠。为了求得历史事实的比较真实可靠，他便发愤通读所能借到抄到的一百几十家明朝历史家的著作，互相对证比较，一条条的札记，按年月分别放在有很多抽屉的柜子里，再按年月按事综合研究，择善而从，编成这部书。总之，他原来编《国榷》的目的是从历史的真实性出发的，要通过自己的辛勤劳动，编成一部可信的国史。

不料 1644 年清人入关，1645 年弘光被俘，这一年他已经五十岁了。亡国之恸，十分悲愤，在所著《枣林杂俎》里写上一段题记说："我的祖先，因南宋亡，避难搬到海宁的枣林。如今不到四百年，又是南宋亡国时的局面了。我年纪大了，说不上哪个早上晚上死去，能逃到哪里去呢？桃花源在哪里呢？只好在枣林算了！"崇祯、弘光这两朝是没有实录的，他便根据当时的《邸报》（政府公报）继续编写，认为国虽亡了，但史不可亡，保存故国的真实历史，是亡国遗民应尽的责任。从此，他的著作，署名为江左遗民，原来他名以训，字观若，也改名为迁，字孺木，纪念亡国的哀痛。

书写成了，慢慢传开了。他家虽穷，但这部书却是件大财富。当时有的人有钱有地位，却缺少社会名望，很想有部书出版，流传后代。但写书要有学问，要花苦工夫。知道谈迁生性耿介，拿钱是买不动的，便只好偷了。结果，这部花了二十七年时间、改了六次才编成的书被偷走了，谈迁一生的精力白费了。

谈迁遭受了这样严重的打击，伤心得很，在大哭一场之后，下定决定：我的手不是还在吗？再从头干吧！

为了保存祖国的真实历史，也为了通过历史给后代人以深刻的教育，于是，这位五十多岁的老人，满头白发，背着雨伞、包袱、干粮、纸笔，跑到嘉善、归安、吴兴、钱塘，向乡绅大族说好话求情，借书抄书，读遍了有关的参考书，抄得了所需要的材料，不顾严寒，不顾酷暑，以炽盛的精力，像三十年前一样又投身到学术的战斗中。

这样，经过了四年，他已经六十岁了，又第二次完成了《国榷》的初稿。

但是，还有困难。南方虽然有许多大乡绅，有些史书可以借读借抄，毕竟他们注意的是举业，更多收藏的是八股帖括之类。有好多性质较为专门的书对他们没有用，因之也就看不到。更重要的是万历到崇祯这几十年的史事，由于党争翻复，各人的立场不同，记载也就是非不一，同一事有许多不同的说法，差别很大。崇祯一朝史事，有许多记载是得之传闻的，很不可信。要多找书读，要多找人谈，特别是找身经其事的人谈，要达到这样要求，就非到北京不可。

北京怎么能去呢？没有路费，即使借到钱，到北京后的吃住又怎么办呢？

谈迁过去的职业是当官僚的幕友，替东家代写些应酬文字，办些文墨事务。例如 1642 年他就胶东高弘图之聘，做高的记室，一直到 1645 年高弘图罢相为止，在当时官僚中有些名气。1653 年义乌朱之锡进京做弘文院编修，聘谈迁做记室，约他一路从运河坐船进京，谈迁多年来的愿望实现了，一口答应。在北京朱家住了两年半，除了替朱之锡做些文墨工作以外，便用全力收集史料和访问有关史事的人物，补充和纠正《国榷》这部书。

当时在北京有不少藏书家，著名的一个叫曹溶，浙江秀水人，由于同乡关系，谈迁写信给他，见了面，曹溶答应借书并且介绍别的藏书家。由曹溶的介绍，他又认识了太仓吴伟业和武功霍达。这三个人都是现任官员，都是明朝崇祯时的时士，都收藏了很多外边不经见的秘书。其中吴伟业熟识明末掌故，亲身经历过许多事变，是当时的大名士，交游相当广泛，从此谈迁便经常和他们往来，问以先朝遗事，一一笔录。又借到《万历实录》和《崇祯邸报》，和《国榷》原稿核对。

他到北京去的时候是带着《国榷》去的，把原稿送给曹溶、吴伟业、霍达，要求他们指出错误，随时改正。

此外，他到处访问明朝的降官、贵族子孙、太监、官僚贵族、门客、城市和乡村居民，只要有一点线索，就不放过。他还访问历史遗迹，如景泰帝和崇祯帝的坟墓，金山明代皇族丛葬地区，香山和西山的古寺等。从运河北上和南下时，所过城市也都核对史书，记载有关事迹。到 1656 年回家时，已经记录了几千张纸的材料，满载而归了。

朱之锡序他的《北游录》，描写谈迁搜访史料的情形说："为了访问遗迹，登山涉水，脚都起了泡，有时迷了路，只好请看牛的小孩和雇工带路，觉得很高兴，不以为倦，人家笑他也不理会。到一个村子里，就做下笔记，一块块小纸头，写满了字，有时写在用过的纸背上，歪歪扭扭的，很难认出。路上听到的看到的，一堵围墙，一块破碑，也不放过，只要耳目所能接触的都用心记下，真是勤勤恳恳，很感动人。"

这两年多的生活，使他的历史知识更丰富了，《国榷》的史料质量更提高了。除此以外，他还把所作诗文编成《北游录》，内容包括在北京时的日记和见闻记录，北游的旅程，把一部分材料补充了以前所著的《枣林杂俎》。

他在学术上有很大收获，但在精神上则很痛苦。因为他只是个穷老秀才，一个替人帮忙的幕客，这样的身份求人借书，访人问事都不是很容易的。他在给朋友信中诉苦说："我不善于说话，年纪又大，北京游人多得像蚂蚁，成天去拜访贵人，听候接见，往往早上去等中午，有时得等到晚上才能见着面，简直受不了。北京气候又干燥，到处是尘土，鼻子口腔都脏得很。无处可去，只有离住所两里外的报国寺有两棵松树，有时跑到树下坐一会儿，算是休息了。"他早就要回南方，只因东家挽留不放，后来朱之锡奉命修书，想来或者可以看到一些难得的秘书，一打听内阁的书也都残缺不全了，没有了指望，便决心回家了。

1657 年他又应聘做幕友到山西，一来是为了生活，二来也想趁机会去拜哭平阳的张慎言墓。张慎言是弘光时的吏部尚书，高弘图的朋友，很器重谈迁。这年十月，他还没有到平阳，就病死在路上，年六十五岁。

谈迁的《国榷》，三百年来只有传抄本。二十五年前我因为要查对一些材料，曾在前中央研究院历史语言研究所翻阅了一遍，因为不能外借，没有机会细读。想望了这多年，现在中华书局终于把它出版了，这是学术界的一件大好事。对爱国的历史家谈迁说，隔了三百年出版了他的著作，他应该十分高兴。对学习历史的我来说，也是绝好的今昔对比，从前看不到的书现在却搁在我的书桌上，不但有机会细读《国榷》，而且还能读到他的《北游录》，比较深切地了解谈迁这个人，十分感动，也十分高兴。这篇短文的目的，介绍这部书，也介绍这个人。这书的编写经过，这人对历史的求真精神和顽强的研究精神是值得我们学习的。

1959 年 7 月 14 日

（原载《新观察》1959 年第 15 期）

# 关于魏忠贤

## 一、生祠

替活人盖祠堂叫作生祠，大概是从那一个时代父母官"自动"请老百姓替他立长生禄位而扩大之的。单有牌位不过瘾，进一步而有画像，后来连画像也不够格了，进而为塑像。有了画像塑像自然得有宫殿，金碧辉煌，初一十五文武官员一齐来朝拜，文东武西，环珮铿锵，口中念念有词，好不风光，好不威武。

历史上生祠盖得最多的是魏忠贤，盖得最漂亮的是魏忠贤的生祠，盖得最起劲的是魏忠贤的干儿子、干孙子、干曾孙子、重孙子、灰孙子。

据《明史·魏忠贤传》说，天启六年（公元1625）魏忠贤大杀反对党，周起元、高攀龙、周宗建、缪昌期、周顺昌、黄尊素、李应昇一些东林党人一网打尽之后，修《三朝要典》（《东林罪状录》），立"东林党人碑"之后，浙江巡抚潘汝桢奏请为忠贤建祠。跟着是一大堆官歌颂功德。于是督抚大吏阎鸣泰、刘诏、李精白、姚宗文等抢先建立生祠。风气一成，连军人，做买卖的流氓棍徒都跟着来了，造成一阵建祠热，而且互相比赛，越富丽越好。地皮有的是，随便圈老百姓的，材料也不愁，砍老百姓的。接着道统论也被提起了，监生陆万龄建议以魏忠贤配享孔子，忠贤的父亲配享启圣公，有谁敢说个不字？

当潘汝桢请建生祠的奏本到达朝廷后，御史刘之待签名迟了一天，立刻革职。苏州道胡士容不识相，没有附和请求，遵化道耿如杞人生祠没有致最敬礼——下拜，都下狱判死刑。

据《明史·阎鸣泰传》，建生祠最多的是少师兼太子太师、兵部尚书阎鸣泰，在葡辽一带建了七所。在颂文里有"民心归依，即天心向顺"的话。

潘汝桢所建忠贤生祠，在杭州西湖，朝廷赐名普德。

这年十月孝陵卫指挥李士才建忠贤生祠于南京。

次年正月宣大总督张朴、宣府巡抚秦士文、宣大巡按张素养建祠于宣府和大同。应天巡抚毛一鹭、巡按王拱建桐于虎丘。

二月闫鸣泰又和顺天巡抚刘诏、巡按倪文焕建祠于景忠山。宣大总督张朴又和大同巡抚王点、巡按张素养在大同建立第二个生祠。

三月阎鸣泰又和刘诏、倪文焕、巡按御史梁梦环建祠于西密云丫髻山，又建于昌平，于通州。太仆寺卿何宗圣建于房山。

四月阎鸣泰和巡抚袁崇焕建祠于宁前。张朴和山西巡抚曹尔祯、巡按刘弘光又建于五台山。庶吉士李若琳建于蕃育署，工部郎中曾国祯建于卢沟桥。

五月通政司经历孙如冽、顺天府尹李春茂建祠于宣武门外，巡抚朱童蒙建于延缓，巡视五城御史黄宪卿、王大年、汪若极、张枢智，建于顺天，户部主事张化愚建于崇文门外，武清侯李诚铭建于药王庙，保定侯梁世勋建于五军营、大教场，登莱巡抚李嵩、山东巡抚李精白建于蓬莱阁宣海院，督饷尚书黄运泰、保定巡抚张凤翼、提督学政李蕃、顺天巡按倪文焕建于河间、于天津，河南巡抚郭增光、巡按鲍奇谟建于开封，上林监丞张永祚建于良牧嘉蔬林衡三署，博平侯郭振明建于都督府、于锦衣卫。

六月总漕尚书郭尚友建祠于淮安。顺天巡按卢承钦、山东巡按黄宪卿、顺天巡按卓迈，也在六月分别在顺天、山东建祠。

七月长芦巡盐龚萃肃、淮扬巡盐许其孝、应天巡按宋祯汉、陕西巡按庄谦建祠于长芦、淮扬、应天、陕西等地。

八月总河李从心、总漕郭尚友、山东巡抚李精白、巡按黄宪卿、巡漕何可及建祠于济宁。湖广巡抚姚宗文、郧阳抚治梁应泽、湖广巡按温皋谟建祠于武昌，于承天，于均州。三边总督史永安、陕西巡按胡建晏、巡按庄谦、袁鲸建于固原大白山，楚王朱华奎建于高观山，山西巡抚牟志夔、巡按李灿然、刘弘光建于河东。

踊跃修建的官员，从朝官到外官，从文官到武官，从大官到小、到亲王勋爵、治河官、卖盐官，没有一个不争先恐后，统一建生祠。

建立的地点从都城到省城，到名山，甚至都督府、锦衣卫、五军营等军事衙门，蕃育署、上林监等宫廷衙门，甚至建立到皇城东街。只要替魏忠贤建生祠，没有谁可以拦阻。

每一祠的建立费用，多的要数十万两银子，少的也要几万两，合起今天的纸币要以多少亿计。

开封建祠的时候，地方不够大，毁了民房二千多间，用渗金塑像。

都城几十里的地面，到处是生祠。上林苑一地就有四个。

延绥生祠用琉璃瓦，苏州生祠金像用冕旒。南昌建生祠，毁周程三贤祠，出卖澹台灭明祠作经费。

督饷尚书黄运泰迎像，用五拜三稽首礼，立像后又率文武将吏列阶下五拜三稽首。再到像前祝告，某事幸亏九千岁（这些魏忠贤的党羽子孙称皇帝为万岁，忠贤九千岁）扶持，行一套礼，又某事蒙九千岁提拔，又行一套礼。退还本位以后，再行大礼。又特派游击将军一人守祠，以后凡建祠的都依例派专官看守。

国子监生（大学生）陆万龄以孔子作春秋，忠贤作要典，孔子杀少正卯，忠贤杀东林党人，应在国学西建生桐和先圣并尊。这简直是孔子再世，道统重光了。国子司业（大学校长）朱之俊接受了这意见，正预备动工，不凑巧天启皇帝驾崩，政局一变，魏忠贤一下子从云端跌下来了。

崇祯帝即位，魏忠贤自杀。崇祯二年（公元1629）三月定逆案，全国魏忠贤生祠都拆毁，建生祠的官员也列名逆案，依法处刑。

《三朝要典》的原刻本在北平很容易见到，印得非常考究，大有翻印影印流传的必要。

魏忠贤的办公处东厂，原来叫东厂胡同，从沙滩一转弯便是。中央研究院北平办事处在焉，近来改为东昌胡同了，不知是敌伪改的，还是最近改的。其实何必呢？魏忠贤之臭，六君子的血，留着这个名词让北平市民多想想也是好的。

## 二、义子干孙

魏忠贤不大识字，智力也极平常。他之所以能弄权，第一私通熹宗的奶妈客氏，宫中有内线。熹宗听客氏的话，忠贤就可以为所欲为。第二是熹宗庸骏，十足的阿斗，凡事听凭忠贤作主张。

光是这两点，也不过和前朝的刘瑾、冯保一样，还不至于起党狱，开黑名单，建生祠，称九千岁，闹得民穷财尽，天翻地覆。原因是第一，政府在他手上，首相、次相不但和他合作，魏广微还和这位太监攀通家，送情报，居然题为内阁家报。其二是，他有政权，就能养活一批官，反正官爵都出于朝廷，俸禄都出于国库。凡要官者入我门来，于是政权军权合一，内廷处廷合一。魏忠贤的威权不但超过过去任何一个宦官，也超过任何一个权相，甚至皇帝。

《明史》说，内外大权，一归忠贤。内监（宦官）自王体乾等外，又有李朝饮、王朝辅、孙进、王国泰、梁栋等三十余人为"左右拥护"。外廷文臣则崔呈秀、田吉、吴淳夫、李夔龙、倪文焕主谋议，号"五虎"。武臣则田尔耕、许显纯、孙云鹤、杨寰、崔应元主杀戮，号"五彪"。又吏部尚书周应秋、太仆卿曹钦程等号"十狗"。又有"十孩儿""四十孙"之号。而为呈秀辈门下者又不可数计。

"虎""彪""狗"都是魏忠贤的义子。举例说，崔呈秀在天启初年巡按淮扬，贪污狡狯，不修士行，看见东林正红得发紫，想尽方法要挤进去，被拒不纳。四年还朝，都察院都御史高攀龙尽列他在淮扬的贪污条款，提出弹劾。吏部尚书赵南星批定充军处分。朝命革职查办。呈秀急了，半夜里到魏忠贤家叩头乞哀，求为养子。结果呈秀不但复职，而且升官，不但升官，而且成为忠贤的谋主，残杀东林的刽子手了。两年后做到兵部尚书兼都察院左都御史。儿子不会作文也中了举，兄弟做浙江总兵官，女婿呢，吏部主事，连姨太太的兄弟、唱小旦的也做了密云参将。

其他四"虎"，吴淳夫是工部尚书，田吉兵部尚书，倪文焕太常卿，李夔龙副都御史。都是呈秀拉纤拜在忠贤门下当义子的。

"十狗"中如曹钦程，《明史》本传说："由座主冯铨父事魏忠贤为十狗之一。于群小中尤无耻，日夜走忠贤门，卑谄无所不至，同类颇羞称之。"到后来，连魏忠贤也不喜欢他了，责以败群革职，可是此狗在被赶出门时，还向忠贤叩头说："君臣之义已绝，父子之恩难忘。"大哭一场而去。忠贤死后，被处死刑，关在牢里等行刑。日子久了，家人也厌烦，不给送饭。他居然有本领抢别人的牢饭，成天醉饱。李自成陷北京，破狱出降。自成失败西走，此狗也跟着，不知所终。

"十孩儿"中有个石三畏，闹了个不大不小的笑话。有一天某贵戚请吃饭，在座的有魏忠贤的侄儿魏良卿。三畏喝醉，点戏点了《刘瑾醉酒》，犯了忌讳。忠贤大怒，立刻革职回籍。忠贤死后，他还借此复官，到头还是被弹劾免职。

这一群虎狗彪儿孙细按本传，有一个共通的特征，几乎没有一个不是贪官污吏。

例外的也有：如造《点将录》的王绍徽，早年"居官强执，颇以清操闻"。还有作《春灯谜》《燕子笺》文采风流、和左光斗诸人交游的阮大铖，和叶向高同年友好的刘志选，以及《玉芝堂谈荟》作者的周应秋，都肩着当时"社会贤达"的招牌，颇有名气的，只是利欲熏心，想做官，想做大官，要做官迷得发了疯，一百八十度一个大转弯，拜在魏忠贤膝下，终至身败名裂，在《明史》里列名阉党传。阮大铖在崇祯朝寂寞了十几年，还在南京冒充东林，附庸风雅，千方百计要证明他是东林，千方百计要洗去他当魏珰干儿的污渍，结果被一批年青气盛的东林子弟出了留都防乱揭，"鸣鼓而攻之"，落得一场没趣。孔云亭的《桃花扇》真是妙笔奇文，到今天读了，还觉得这副嘴脸很熟，"如"闻其声，"如"见其人。

## 三、黑名单

黑名单也是古已有之的，著例还是魏忠贤时代。

《明史·魏忠贤传》说："天启四年（公元1624）忠贤用崔呈秀为御史。呈秀造天监同志诸录，王绍徽亦造点将录，皆以邹元标、顾宪成、叶向高、刘一燝等为魁，尽罗入不附忠贤者，号曰东林党人，献于忠贤。忠贤喜。于是群小益求媚忠贤，攘臂攻东林矣。"

替魏忠贤造名单的，有魏广微、顾秉谦，都是大学士（宰相）。名单有黑红两种，《明史·顾秉谦传》说："广微和秉谦谋，尽逐诸正人，点缙绅便览一册，如叶向高、韩爌、何如宠、成基命、缪昌期、姚希孟、陈子壮、侯恪、赵南星、高攀龙、乔允昇、李邦华、郑三俊、杨涟、左光斗、魏大中、黄尊素、周宗廷、李应昇等百余人目为邪党，而以黄克缵、王永光、徐大化、贾继春、霍维华等六十余人为正人。由阉人王朝用进之，俾据是为黜陟。忠贤得内阁为羽翼，势益张。秉谦、广微亦曲奉忠贤，若奴役然。"

《缙绅便览》是当时坊间出版的朝官人名录。魏广微、顾秉谦根据这名单来点出正人邪人，必定是用两种颜色，以今例古，必定是红黑两种颜色，是可以断言的。

崔呈秀比这两位宰相更进一步，抄了两份。一份是《同志录》专记东林党人，是该杀该关该革职该充军的。另一份是《天鉴录》，是东林的仇人，也就是反东林的健将，是自己人。据《明史·崔呈秀传》说："忠贤凭以黜陟，善类为一空。"

《明史·曹钦程传附卢承钦传》："承钦又向政府提出，东林自顾宪成、李三才、赵南星而外，如王图、高攀龙等谓之副帅，曹於汴、汤兆京、史记事、魏大中、袁化中谓之先锋，丁元荐、沈正宗、李朴、贺烺谓之敢死军人，孙丕扬、邹元标谓之土木魔神，请以党人姓名榜示海内。忠贤大喜，敕所司刊籍，凡党人已罪未罪者恐编名其中。"这又更进一步了，不但把东林人列在黑名单上，而且还每人都给一个绰号、匪号，其意义正如现在一些刊物上的闻一多夫、罗隆斯基同。

王绍徽，魏忠贤用为吏部尚书，仿民间《水浒传》，编东林一百零八人为《点将录》献上，令按名黜汰，以是越发为忠贤所喜。绍徽也名列《明史·阉党传》。

这几种黑名单十五六年前都曾读过，记得最后一种《点将录》李三才是托塔天王，黄尊素是智多星，每人都配上《水浒传》里的绰号，而且还分中军左军右军，天罡地煞，很整齐。似乎还是影印本。可惜记忆力差了，再也记不起在什么丛书中见到。可惜！可惜！

附录

 史 话

## 一、元末的军政

元李士瞻《经济文集》一《上中书丞相书》，指出当时的军政情形说：

承平以来，百年于兹，礼乐教纪，日益不明，纪纲法度，日益废弛，上下之间，玩岁愒日，率以为常，恬不为怪，一旦盗贼猝起，甚若无睹。总兵者唯事虚声，秉钧者务存姑息，其失律丧师者未闻显戮一人，玩兵养寇者未闻明诛一将，是以不数年间，使中原震扰，海内鼎沸，山东河北，莽为丘墟，千里王畿，举皆骚动，而终未见尺寸之效。此无他，赏罚不明而是非不公故也。

这是胡元亡国前夕的实况。也可以说是每一个朝代覆亡的前夕的共有的实况，也可以说是因为这样，才闹到国亡家破。六百年前的李士瞻很懂得军政之腐化由于政治之不修，社会风气之恶化，无纪纲，无法度，大官大贪，小官小贪。上下交征利，只顾个人生活的享受，家族姻戚以至乡党的提携引用，残民以逞，竭泽而渔，把国家民族的利益置之不顾，一旦外寇内患交起，还是以不了了之，还是个人利益第一，自己这集团利益第一，带兵的将帅尽是政府当局的私人，自家人说得上什么

军法军纪！而且所谓将帅还不是银样镴枪头，说起来有一套，只凭一点门生故旧的因缘，弄得杀人民找大钱的机会，怎么谈得上战略战术？又怎么能谈得上军民一致，军民合作？"失律丧师者未闻显戮一人，玩兵养寇者未闻明诛一将。"又怎么不应该？

只是可惜，照规矩胡元的中书丞相必定是蒙古或者色目人，蒙古、色目人不懂得汉文，这意见白糟蹋了。

## 二、撒花

彭大雅《黑鞑事略》记蒙古军队抢劫情形说："其见物则欲，谓之撒花，予之则曰捺杀因，鞑语好也，不予则曰冒乌，鞑语不好也，撒花者汉语觅也。"跟着宋谢太后和小皇帝被俘到北边的词人汪元量，在他的名著《水云集》里，有一首醉歌："北军要讨撒花银，官府行移逼市民。"

撒花这一名词，可以作为今典。

## 三、两道檄文

元至正二十六年（公元 1366）八月朱元璋传檄姑苏，在数张士诚罪状以前，先指斥当时的胡元政府说："皇帝圣旨，吴王令旨：近睹有元之末，王居深宫，臣操威福，官以贿成，罪以情免，宪台举亲而劾仇，有司差贫而优富，庙堂不以为忧，方添冗官，又改钞法。"举出：一、政出权臣，二、政治腐败，三、贿赂公行，四、刑赏颠倒，五、刳贫优富，六、组织扩大，

七、通货膨胀。

明崇祯十六年（公元1643）李自成数檄明廷罪状说："君非甚暗，孤立而炀灶恒多，臣尽行私，比党而公忠绝少。"又说："明朝昏主不仁，宠官宦，重科第，贪税敛，重刑罚，不能救民水火，日罄师旅，掳掠民财，奸人妻女，吸髓剥肤。"

## 四、黄菜叶

《明太祖实录》二十五："初张士诚用事者黄参军、蔡参军、叶参军辈迂阔书生，不知大计，吴中童谣云：黄菜叶，作齿颊，一夜西风来，干鳖。"按《明史·五行志》载此谣作："吴王做事业，专凭黄菜叶，一夜西风来，干鳖。"

这两个记载把一世枭雄张士诚的灭亡，归罪于三个迂阔书生，初看似乎不很合理，迂阔何能亡国！检《明史·张士诚传》，原来这三人并不迂阔，相反的倒是搜刮聚敛、贪污的能手。《士诚传》说：

士诚以弟士信及女夫潘元绍为腹心，参军黄敬夫、蔡彦文、叶德新主谋议。既据有吴中，吴中承平久，户口殷盛。士诚渐奢纵，怠于政事，士信、元绍尤好聚敛金玉珍宝及古书法名画，无不充牣，日夜歌舞自娱。将帅亦偃蹇不用命，每有攻战，辄称疾邀官爵田宅，然后起。甫至军，所载婢妾乐器，踵相接不绝。或大会游谈之士，樗蒲蹴鞠，皆不以军务为意。及丧师失地还，士诚概置不问，已复用为将，上下嬉娱，以至于亡。

在六百年前，没有对外交通，虽然不怕封锁，可是外汇走私和囤积器材以至粮食这类办法也无从发明，金玉珍宝、法书名画等等便成为达官名将所注意聚敛的对象了，贪污聚敛不问，丧师失地不问，终至地丧尽到无可丧，民剥尽而无可贪，踽踽姑苏城中，被朱元璋所困死。如此政治，如此军官，不亡才是奇迹！

迂阔只是不合现实，贪污才是当前的现实的问题。

## 五、人生五计

陶奭龄《小柴桑喃喃录》上说："朱平涵（国桢）有五计之说亦可喜。十岁为儿童，依依父母，嬉嬉饱暖，无虑无营，忘得忘失，其名曰仙计。二十以还，坚强自用，舞蹈欲前，视青紫如拾芥，骛声名若逐膻，其名曰贾计。三十至四十，利欲熏心，趋避著念，官欲高，名欲大，子孙欲多，奴婢欲众，其名曰丐计。五十之年，嗜好渐减，经变已多，仆趋于斗争之场，享塞于险巇之境，得意尚有强阳，失意遂成枯木，其名曰囚计。过此以往，聪明既衰，齿发非故，子弟为卿，方有后手，阅颐未艾，愿为婴儿，其名曰尸计。大概世人一生，尽此五计，非学道人。鲜自脱者。"

过了三百多年，时代变了，人的脑子也变了，当今士大夫的五计，十岁以前，被训被塞，识了之无，头脑没得，其名曰填鸭子计。十至二十，中学大学，奖金贷金，利诱威吓，其名曰塑猢狲计。廿至三十，留学情殷，护照奥援，是经是营，其名曰良心病计。（参看××日报蔡×女士谈话）三十以还，学成名遂，博士头衔，摸鱼心肺，狗揹骨头，留心虾米，文化班头，为人狂吠，其名摸虾米计。五十左右，儿女镀金，岸然道貌，青年所矜，官方讲演，道统留心，发为文章，值钱半文，其名曰冷猪肉计。（准备进新孔庙也）过此以往，后台无人，名为利累，生为世轻，死灰枯木，焚香诵经，老而不死，急急如律令，其名曰活死人计，大概士大夫一生，尽此五计，非学道人，鲜自脱者。

## 六、特权阶级与礼

为了维持统治权的尊严，历代以来，都会费心思规定了一大套生活服用的限制，某些人可以如何，某些人不可以如何如何。可以不可以，全凭人的身份来决定。这些决定，美其名曰礼，正史里每一套都有极其啰唆、乏味的礼志，或者舆服志、仪卫志之类，看了叫人头痛。其实说穿了，正有大道理在。原来上帝造人，极其平等，虽然有高短肥瘦白黑美丑之不同，原则上，作为具备"人"的条件却是相同的，不管你是地主或农奴，皇帝或小兵，都有鼻子眼睛，都有牙齿耳朵，也都有两条腿，以及其他的一切。脱了衣服，大家都光着身子，一切的阶级区别便会荡然无存，没有穿衣服的光身皇帝，在大街上捡一块破蒲包，遮着身子，立刻变成叫化子。因之，一些特殊的人物为了矫正这天然的平等，便不能不用人为的方式来造成不平等，用衣服冠履，用宫室仪卫，来造成一种尊严显赫以至神秘的景象，使另外一些人感觉不同，感觉异样，以至感觉羡慕，景仰。以为统治者果然是另一种人，不敢生非分之想，一辈子，而且子子孙孙做奴才下去，如此，天下便太平了。

平心而论，做一个皇帝，戴十二旒的冕，累累赘赘的拖着许多珠宝，压得头昏脑涨，穿的又是五颜六色，多少种名目。上朝时规规矩矩坐在大殿正中死硬正方或长方的蟠龙椅上，实在不舒服。不能随便出门，见人也得板着脸孔，不能随便说笑。作为一个自由人的可爱可享乐处，他都被剥夺了。然而，他还是要耍这一套，为的是，他除开这一套，脱了衣服，他只是一个普普通通上帝所造的人。

礼乎礼乎，衣服云乎哉，礼乎礼乎，宫室云乎哉！

明白了这一点，也就可以明白如今不管什么机关，即使是什么部的，什么局的第几军需处的第几服装厂的第几针织部，门口都有一个荷枪的卫兵在守卫着的缘故了。

明白了这一点，也就可以明白古代许多陵，埋死人的坟，为什么花这么多钱的理由，也可以明白在北平在上海，阔人们的大出丧，以至公务人员每七天都要做的那一套，以至看电影前那一些不谐和的情调的由来了。

## 七、刑与礼

刑不上大夫，礼不下庶人。

大夫与庶人是两个阶级，一个是劳心者，是君子，也就是贵族。一个是劳力者，是小人，是野人，也就是老百姓，有义务而无权利的老百姓。天生着贵族是为治理小民的，该老百姓养他，天生着老百姓是做粗活的，种田锄地，饲蚕喂猪，养活贵族。

刑是法律，法律只是为着管制老百姓而设，至于贵族，那是自己人，自己人怎么可以用法律对待，"本是同根生"，共存共荣，自己人只能谈礼，除非是谋叛，那又作为别论。

贵族也会做错事，万不能照对付老百姓的办法，于是乎有八议，议什么呢？第一是议亲，第二是议故，第三是议贤，第四是议能，第五是议功，第六是议贵，第七是议宾，第八是议勋。一句话，和统治者有亲，有故，有功，都不受普通法律的制裁，亲故功都说不上，还有贵，官做大了就不会犯罪，再不，还有贤啊，能啊，勋啊，总可以说上一个，反正贤能无角无形，只要说是，谁又能反驳呢？于是乎贵人不死了。

继承尧、舜、禹、汤、文、武、周公、孔子以及什么什么以来的道统，允执厥中的我中华民国，忝列为世界五强之一，凭的是，就是这个"道"

而且，过去的议宾，只是很少数的例外，前朝的统治者家族早已杀光，无宾可议，（只有宋朝，优待柴世宗子孙，《水浒传》上的小旋风柴进家藏免死铁券，是个例外，还有民国初年的溥仪。）而现在呢，把它解释为外国使节的驻外法权，不更是为有经有据吗？

就刑不上大夫这一古代的历史事实，来了解当前的许多问题，也许不是白费精力的吧！

## 八、庶民服饰

在过去，虽然有贵贱尊卑的等差。虽然有贵族庶民的分别，生存的机会倒还算平等，皇帝得活，老百姓也得活。而且，统治者们纵然昏庸腐烂到了极点，至少还剩一点小聪明，他们的生活是建筑在对老百姓的剥削上，"留得青山在，不怕没柴烧"，慢慢地一滴滴地享用，打个长远算盘，竭泽而渔，杀鸡求卵，取快一时，遗臭百世的短命办法，他们是不愿而且也不敢采取的。因此，历代以来的重农政策，历代以来的救荒赈灾政策，以及士大夫不许与民争利的法令，小恩小惠，以及治河渠，修水利，贷种子，抚流民种种治国鸿猷，多多少少为老百姓保障一点生存的权利。

剥削老百姓有个分寸，是汉唐宋明所以历年数百的主因。末叶的不肖子孙，剥溜了手，分寸也忘了。官逼民反，是汉唐宋明以及其他朝代之所以崩溃覆灭的原因。

因为有个分寸，老百姓还剩得点饭吃，他们以无比的勤劳刻苦，披星戴月，胼手胝足，少有点积蓄，也就不免润屋润身，装点一下。然而，这一来，又不免使统治者头痛了，他们以为章服、居室、舆从是所以别贵贱，限尊卑的，一切中看中吃中用的东西都应该为贵者尊者所专利，老百姓发了迹，居然也要闹排场，"唯名与器，不可以假人"，孔子尚在惜繁缨，自命为尊奉孔子道统的君王巨卿，又岂敢不诚惶诚恐地遵守，自绝于名教！以此，历代史乘上不许老百姓这样，不许老百姓那样的法令也就层出不穷了，试举一例，《明太祖实录》卷五十五：

洪武三年（公元1370）八月庚申，省部定议，职官自一品
至九品，房舍车舆器用衣服各有等差。庶民房舍不过三间，不
得用斗拱彩色。其男女衣服并不得用金绣锦绮丝绫罗，只用绸
绢素纱。首饰钏镯不得用金玉珠翠，只用银，靴不得裁制花样，
金线装饰，违者罪之。

卷七十三：

洪武五年三月乙卯，诏庶民妇女袍衫，只以紫绿桃红及诸
浅淡颜色，其大红鸦青黄色，悉禁勿用，带以蓝绢布为之。

六百年后的今天，贵贱尊卑的等差固然被革命革除，可是，
附带的最低的一点老百姓生存的权利也跟着革掉了，跟着买办
资本、官僚资本、地主和军阀资本的发展，社会上显然只剩两
个集团，一个有钱有势的，一个无钱无势的。靠着战争的赐予，
有的愈有，无的愈无；一面是朱门酒肉臭，一面是路有冻死骨；
一面逃囤资金于国外，一面是肘穿踵露，儿女啼饥号寒；一面
是荒淫无耻，一面是流徙四方。不但金绣锦绮丝绫罗，被有的
集团所专利，就连绸绢素纱也被囤积了，不但金玉珠翠，被有
的集团所专利，连银子也运到外国去了，老百姓所剩下的唯一
财产是一条不值半文钱的命。

钱的有无和多少决定了新的社会阶层，造成对立的两个阶
级，也决定了道德、名誉、人品以至一切的一切。

"法令滋彰，盗贼多有"，在当前的新趋势新社会风气之下，
像明太祖所颁发的这一类法令，看来真是多事。

　　　　　　　　　　　　历史的镜子

政简刑清，国以大治！

## 九、阮圆海

提起了明末的词人，风流文采、照耀一时的阮圆海，立刻会联想到他的名著《春灯谜》《燕子笺》。云亭山人的《桃花扇》，逼真活现，三百年后，此公形象如在目前。

阮圆海的一生，可以分为若干时期。第一时期声华未著，依附同乡清流东林重望左光斗，以为自重之计。第二时期急于做官，为东林所挤。立刻投奔魏忠贤，拜在门下为干儿，成为东林死敌。第三时期东林党人为魏阉所一网打尽，圆海的官也大了，和干爹相处得很好，可是他绝顶聪明，看出场面要散，就预留地步，每次见干爹，总花钱给门房买回名片。第四时期，忠贤被杀，阉党失势，他立刻反咬一口，清算总账，东林阉党混同攻击，可是结果还是挂名逆案，削官为民。崇祯一朝十七年，再也爬不起来。第五时期，南方诸名士缔盟结社，正在热闹，圆海也不甘寂寞，自托东林人物，谈兵说剑，想借此翻身，不料惹了复社名士的公愤。出了留都防乱揭，指出他是魏珰干儿，一棍打下去。第六时期，北都倾覆，马士英拥立弘光帝，圆海又勾上马士英，重翻旧案，排斥东林，屠死端士，重新引起党案，招引逆案人物，组织特务，准备把正人君子一网打尽。朝政浊乱，贿赂公行，闹到"职方贱如狗，都督满街走"。（职方有点像现在的军政部军政司长，都督相当于总司令。）把南京政权断送了。第七时期清兵南下，圆海叩马乞降，终为清军所杀。

总算圆海一生，前后七变，变来变去，都是从左到右，从右到左，明末三十年是东林党和阉党对立，一起一伏，互相倾轧排陷，变幻莫测，陆离光怪的时代，圆海算是经过所有的风波，用左制右，附右排左，有时不左不右，自命中立，有时不管左右，一味乱咬，有时以东林孽子的道貌求哀于正人，有时又以魏珰干儿的色相求援于阉寺，"有奶便是娘，无官不可做。"于是扶之摇之，魏珰时代他做到太常少卿，马士英时代他做到兵部尚书兼右副都御史。最后是做了降敌的国贼，原形毕露。

明末三十年党争黑暗面的代表是阮圆海，和阮圆海形迹相类的还有几千百人。这一类人可名之曰阮圆海型。

三百年后的历史和三百年前当然不同。最大的不同是如今是人民的世纪，黑白不但分明，而且有人民在裁判。然而，阮圆海型的正人君子们还是车载斗量，朝秦暮楚，南辕北辙，以清流之面目，作市侩之营生：一变两变三变都已记在历史上了，最后的一变将由人民来判决。

阮圆海名大铖，安徽怀宁人，《明史》卷三百八《奸臣传》有传。

## 十、债帅

债帅这一古典名词，始见《旧唐书》卷一六二《高瑀传》：

自大历（唐代宗年号，公元 766—779）以来，节制之除拜，多出禁军中尉。凡命一帅，必广行赂略。禁军将校当为帅者，虽无家财，必取资于人，得镇之后，则膏血疲民以偿之，及高瑀之拜（忠武节度使，治河南许州）以内外公议，缙绅相庆，韦公（处厚）做相，债帅鲜矣。

到地方做掌军权的节度使，事先必须用钱报效禁军统帅由宦官充当的神策中尉，即使你资历才能都合格，即使你清廉到儿女啼饥号寒，你没有钱，还是不济事，反之，只要有钱行贿，力可通神，资格才能都可不问，中尉一笑，旌节上门。因之，贪污的军官，由此道而升官统兵，可以大展搜刮之鸿猷。不贪污的军官难甘寂寞，也只好向人借债，到任之后，再刮军士括地皮还债。使贪者更贪，不贪者也非贪不可。闹得军士饿病，逃亡，闹得军纪扫地，军气消沉，闹得军队和人民对立，闹得民穷财尽，国亡家破。

唐代后期之国威不振，纪纲荡然，以至亡国，由于债帅，债帅之所以造成，决不是军事的，而是基本的政治的原因。

抚今怀古，不免对"债帅"一词低徊婉怅，想望韦处厚风采。

## 十一、小民和巨室

明代中叶，一位很懂得政治道理的学者谢肇淛，在所著《五杂俎》十三《事部》论小民和巨室说：

今为仕者，宁得罪于朝廷，无得罪于官长，宁得罪于小民，无得罪于巨室，得罪朝廷者竟盗批鳞之名，得罪小民者可施弥缝之术，惟官长巨室，朝忤旨而夕报罢矣。欲使吏治之善，安

可得哉

晚近得一精抄本，文字和刻本多有不同，这一段抄本作：

今之士大夫，应结欢于朝廷，无得罪于官长，宁得罪于人民，无得罪于巨室。结欢朝廷者可得召见之荣，得罪人民者可膺茅士之赏。惟官长巨室，朝忤旨而夕入营矣。欲使吏治之善，安可得哉！

## 十二、□员论

家藏顾炎武《亭林文集》。虫蛀破损，卷一有三篇《□员论》分上中下，□字都蛀损了，不能找得善本补正。《□员论》中有一段妙文，足以发人深省，逐录如下：

天下之病民者有三：日乡宦，日□员，日吏胥。是三者法皆得复其户而无杂泛之差，于是杂泛之差乃尽归于小民，今之大县至有□员千人以上者比比也。且如一县之地有十万顷，而□员之地五万，则民以五万而当十万之差矣。一县之地有十万顷，而□员之地九万，则民以一万而当十万之差矣。民地愈少，则诡寄愈多，诡寄愈多则民地愈少，而□员愈重。富者行关节以求为□员，而贫者相率而逃且死，故□员之于其邑人，无秋毫之益，而有丘山之累，然而一切□□□□之费，犹皆取派于民。故病民之尤者□员也。

文中有几个地方需要注释。"复户"是享有特权免除公民义务，例如工役军役以至完粮纳赋等义务。"杂泛之差"指人民的额外负担，例如运输买办，迎接以及款待官府，供应军队之类。

"诡寄"的现代术语是"转嫁",地主把自己应输的粮,应服的工役或兵役,用特殊方法派给小民负担,自己则置身事外,叫作诡寄,诡是用不正当的方法,寄是叫别人负担。"关节"是贿赂以及人情的雅称,□□□□之费,似乎可以解释为运动选举之费。

## 十三、衍圣公和张天师

明王世贞《弇山堂别集》记明宪宗成化二年(公元1466),中国两个最有历史最受朝野尊敬的家族族长的故事。第一个是孔子的嫡系子孙衍圣公孔弘绪:

三月癸卯,衍圣公孔弘绪坐奸淫乐妇四十余人,勒杀无辜四人,法当斩。以宣圣故,削爵为民,以弟弘泰代官。

第二个是张道陵的嫡系子孙正一嗣教大真人张元吉:

四月戊午,正一嗣教大真人张元吉坐僭用器物,擅易制书,强奸子女,先后杀平人四十余人,至有一家三人者。坐法当凌迟处死。下狱禁锢。寻杖一百,戍铁岭。而子玄庆得袭。元吉竟以母老放归。

一个在山东,一个在江西,生在同一时代,同一罪名,奸淫杀人,而且判决书上还写着杀的是无辜平民。都因为有好祖宗,不但不受法律处分,连官也不丢,一个给兄弟,一个给儿子。这叫作法治?这叫作中国式的民主?

没有好祖宗,得硬攀一个。再不然,也得结一门好亲戚,此之谓最民主的国家之国情有别。

这两个故事也被记载在《明史》，不重引。

## 十四、班禄惩贪

《通鉴》一三六：

太和八年（公元484）九月，魏诏班禄，以十月为始，季别受之。旧律枉法十匹，义赃二十匹罪死。至是义赃一匹，枉法无多少皆死。（枉法谓受赇枉法而出入人罪者，义赃谓人私情相馈遗，虽非乞取，亦计所受论赃）仍分命使者按守宰之贪者，秦益二州刺史恒农李洪之以外戚贵显（魏显祖高祖皆李氏出），为治贪暴。班禄之后，洪之首以赃败。魏主命锁赴平城，集百官亲临数之，犹以其大臣，听在家自裁。自余守宰坐赃死者四十余人，受禄者无不蹜，赇赂殆绝。……久之淮南王佗奏请依旧断禄，文明太后召群臣议之，中书监高闾以为饥寒切身，慈母不能保其子，今给禄则廉者足以无滥，贪者足以劝慕，不给则贪者得肆其奸，廉者不能自保，淮南之议，不亦谬乎，诏从闾议。

……

十三年六月，……魏怀朔镇将汝阴灵王天赐长安镇都大将雍州刺史南安惠王桢皆坐赃当死。冯太后及魏主临皇信堂引见王公，太后令曰，卿等以为当存亲以毁令耶？当灭亲以明法耶？群臣皆言二王景穆皇帝之子，宜蒙矜恕。太后不应。魏主乃下诏称二王所犯难恕，而太皇太后追惟高宗孔怀之恩，且南安王事母孝谨，闻于中外，并特免死，削夺官爵，禁锢终身。

太和是北魏的盛世，细究上引两条史料，便可明白太和之所以治，是因为有一个法度，在这个法度之下，外戚犯法，处死刑，皇族犯法，则夺官爵，禁锢终身。虽然限于时代，限于议亲议贵的八议，毕竟亲也罢，贵也罢，还得照治亲治贵的法来办！存亲呢？毁法。明法呢？只得灭亲。一般阿谀无耻的小人虽然一味巴结，劝人主毁法，结果还是法度第一。此北魏太和之所以治，也是历代末叶之所以不治的主因。

次之，两件案子的主角都是贪污，而且主角都是皇亲皇族。在枉法无多少皆死的大法之下，主角都受明刑处分。而且，法从上始，先从顶尖顶上的红人大员开刀，风行草偃，自然可以办到赇赂皆绝的地步！

次之，北魏在严刑惩贪之先。先有一个预备步骤，调整公务人员的薪给，使每一等级的官吏都可得到生活的保障。规定以前的旧账不算，以后，一发现贪污，立刻以大法从事，令出法随，毫不姑息。

假如历史也有点用处，一千五百年前的两件旧案子，不妨让人民多多研究。要办贪污，不必挑出科长科员顶缸，而且和一千五百年前有点不同，现在的法律一律平等，八议谈不上。只要能行法从上始，杀一两打高高在上的主角，没收他们的家产作全国公务人员的生活补助费用，我们相信，今人不一定不如古人，也一定可以办到纲纪修饬，赇赂殆绝！

## 十五、言官与舆论

清同治四年（1865），方宗诚在《光禄大夫吏部右侍郎王公（茂荫）神道碑》中曾指出咸丰朝的政治情形说：

时天下承平久，吏治习为粉饰因循，言官习为唯阿缄默，即有言多琐屑，无关事务之要。其非言官，则自以为吾循分尽职，苟可以寡过，进秩而已，视天下事若无与于己而不敢进一辞，酿为风气，军国大事，日即于颓坏而莫之省。

言官是过去历史上一种特殊制度，代表着士大夫——统治集团的舆论，专门照顾主子和这一集团的共同利益，从旧制度崩溃以后，代替皇帝做主子的是人民，代替言官的任务的是报纸，对象改变了。自然，报纸所发扬的舆论应该是照顾人民的利益。然而，今天的情形依然和咸丰朝一样，方宗诚的记载依然适合，试转为今典：

时天下乱离久，吏治习为粉饰因循，官与民争利，军需民为卫，幅壤日窄，而衙署日多，诛求之术，日精月进，桎梏之法，如环无端，钞币日增，民生日困，而报章习为唯阿缄默，巧为圆融传衍之说，即有言多琐屑，无关事务之要，其甚者则移于赇赂，惕于刑诛，不惜自绝于民，以逢迎弥缝谄媚摇尾应声之态，为妻子儿女稻粱衣食之谋，敷粉弄姿，恬不知廉耻之为何物。其非任言责者，则自以为吾循分安命，明哲保身，俯仰随人，沉浮自适，视国家民族几若无与于己，拔一毛而不为，不愿进一言，不敢进一辞，酿为风气，军国大事，日即颓坏而不之省。呜呼！

## 十六、家天下

过去国家的主人是皇帝，如今国家的主人是人民。

过去皇帝拥有大量的财富，人民挨饿。而今，人民中的少数特殊分子，拥有大量的财富，最大多数的人民挨饿。

过去是皇帝家天下，而今是少数特殊分子家天下。

家天下的解释是："我的不是你的，你的都是我的。"因为不论皇帝，不论少数特殊分子，所有财富的来源都是取之于民，然而，都不肯用之于民。皇帝的故事，试举一例。

1618年，建州族努尔哈赤起兵，政府无钱增兵，《明史》说：

> 时内帑充积，帝靳不肯发。

户部只好取之于民，普加全国田赋，亩加三厘五毫，第二年又加三厘五毫，第三年又加二厘，通前后增加九厘，增赋银五百二十万两。

1619年军事局面危急，政府负责人杨嗣昌向皇帝呼吁：

> 今日见钱，户部无有，工部无有，太仆寺无有，各处直省地方无有。自有辽事以来，户部一议挪借，而挪借尽矣，一议加派，而加派尽矣，一议搜刮，而搜刮尽矣。有法不寻，有路不寻，则是户部之罪也。至于法已尽，路已寻，再无银两，则是户部无可奈何，千辛万苦，臣等只得相率恳请皇上将内帑多年蓄积银两，即日发出亿万，存贮太仓（国库），听户部差官星夜赍赴辽东，急救辽阳，如辽阳已失，急救广宁，广宁已失，急救山海关等处。除此见着急着，再无别法。[1]

话说得恳切到家，声泪俱尽，可是结果还是"我的不是你的"，辽阳、广宁等军略据点相继失守。

三百三十年后的中华民族的主人，百分之九十以上最穷最苦的人民都已尽了最大的财力的人力的贡献，公务人员的收入，照比例已经贡献给国家百分之九十六了。然而，富人地主，以及资本家呢？三万万美金以及更多的南美洲的存款和产业呢？

取之于民而不肯用之于民的历史教训，1644 年的朱明政权倾覆，和当时朝官、显宦、勋戚、富人的被夹棍板子挤出几千万匹驮马的金银，终于不免一死，得罪子孙，贻羞青史，是值得穿针孔的人们多想想的。

## 十七、主奴之间（一）

奴才有许多等级，有一等奴才，有二等奴才，也有奴才的奴才，甚至有奴才的奴才的奴才。

我们的人民，自来是被看作最纯良的奴才的，"不可使知之"，是一贯的对付奴才的办法，就是"民为邦本，本固邦宁"，和"民为贵，社稷次之，君为轻"一套话，虽然曾被主张中国式的民主的学者们，解释为民主，民权，以至民本等等，其实拆穿了，正是一等或二等奴才替主人效忠，要吃蛋当心不要饿瘦，或者杀死了母鸡，高抬贵手，留得青山在，不怕没柴烧，图一个长久享用的毒辣主意。证据是"有劳心，有劳力，劳心者食于人，劳力者食人"。老百姓应该养贵族，没有老百姓，贵族哪得饭吃！

老百姓是该贡献一切，喂饱主人的，其他的一切，根本无权过问，要不然，就是大逆不道。六百年前一位爽直的典型的主子，流氓头儿朱元璋曾毫不粉饰地说出这样的话，《明太祖实录》卷一百五十：

洪武十五年（公元1382）十一月丁卯，上命户部榜谕两浙江西之民曰：为吾民者当知其分。田赋力役出以供上者，乃其分也。能安其分，则保父母妻子，家昌身裕，为仁义忠孝之民，刑罚何由及哉！近来两浙江西之民多好争讼，不遵法度，有田而不输租，有丁而不应役，累其身以及有司，其愚亦甚矣！曷不观中原之民，奉法守分，不妄兴词讼，不代人陈诉，惟知应役输租，无烦官府，是以上下相安，风俗淳美，共享太平之福，以此较彼，善恶昭然。今特谕尔等，宜速改过从善，为吾良民，苟或不悛，则不但国法不容，天道亦不容矣！

"分"译成现代话，就是义务，纳税力役是人民的义务，能尽义务的是忠孝仁义之民。要不，刑罚一大套，你试试看，再不，你不怕国法总得怕天，连天地也不容，可是见义务之不可不尽。至于义务以外的什么，现代人所常提的什么民权，政治上的平等，经济上的平等，等等，不但主子没有提，连想也没有想到。朱元璋这一副嘴脸，被这番话活灵活现地画出来了

朱元璋为什么单指两浙江西的人民说，明白得很，这是全国的谷仓，人口也最稠密。拿这个比那个，也还是指桑骂槐的老办法。其实，中原之民也不见得比东南更奴化，不过为了对衬，这么说说而已。

# 十八、主奴之间（二）

在古代，主子和奴才的等级很多，举例说，周王是主子，诸侯是奴才。就诸侯说，诸侯是主子，卿大夫又是他的奴才。就卿大夫说，卿大夫是主子，他的家臣是奴才。就家臣说，家臣是主子，家臣的家臣又是奴才。就整个上层的统治者说，对庶民全是主人，庶民是奴才，庶民之下，也还有大量的连形式上都是奴才的奴隶。

主奴之间的体系是剥削关系，一层吃一层，也就是一层养一层，等到奴才有了自觉，我凭什么要白养他，一层不肯养一层，愈下层的人愈多，正如金字塔一样，下面的础石不肯替上层驮起，哗啦一下，上层组织整个垮下来，历史也就走进一个新阶段了。

这时期主奴关系的特征，除了有该尽义务的庶民和奴隶以外，上层的主子（除王以外，同时又是奴才），全有土地的基础，大小虽不等，却都有世世继承的权利。跟着土地继承下来的是政治，社会上法律上的特殊的固定的地位。因之，所谓主奴只有相对的区分，都是土地领主，主子是大领主，奴才是小领主。也就是世仆。一层层互为君臣，构成一个剥削系统。

维护这个剥削系统的理论，叫作忠。一层服从一层，奴才应该养主子。在这系统将要垮的时候，又提出正名，君君臣臣父父子子，主子永远是主子，奴才永远是奴才。又提出尊王，最上层的主子被尊重了，下几层的主子自然也会同样被尊重，他们的利益就全得到保障。用现代话说，也就是维持阶级制度，维持旧时的剥削系统。

在这系统下，互为主奴的领主，在利害上是一致的，因之，主奴的形式的对立就不十分显明。而且，这金字塔式的系统，愈下层基础就愈宽，人数愈多，力量愈大，因之，在政治上，很容易走上君不君臣不臣，诸侯和王对立，卿大夫和诸侯对立，家臣和卿大夫对立的局面。

假如我们抛开后代所形成的君臣的观念，纯粹从经济基础来看上古时代的剥削系统，可以下这样一个结论，就是那时代的主奴关系，是若干小领主和大领主的关系，大小虽然不同，在领主的地位上说是一样的。而且，因为分割的缘故，名义上最大的领主，事实上反而占有土地最少。因之，他所继承的最高地位是一个权力的象征，徒拥武器。实权完全在他的奴才，分取他的土地的卿大夫手上，家臣手上。因之，主奴又易位了，奴才当家，挟天子以令诸侯，陪臣执国政，名义上的奴才是实质上的主人。

出主入奴，亦主亦奴，是主而奴，是奴而主，奴主之间，怕连他们自己也闹不十分清楚。

 注　释

[1]《杨文弱集》卷一《请帑稿》。

# 旧史新谈

## 一、糊涂和卑鄙

这个有趣的谈话，谈的人是子思和卫侯，地点在卫国的都城，时间是纪元前 377 年。

有一天，卫侯出了一个不合式的主意，话犹未了，左右群臣齐声称颂，说了一大堆恭维话。

子思说："看样子，卫国真合着老话：'做主子的不像主子，臣下的不像臣下！'满不是那回事！"

有人听了就反驳："你说得太过火了！"

子思说："你不明白这个道理，大凡一个做主子的自以为了不得，人家就不敢替他出好主意。即使做对了，自吹自擂一阵，也要不得，何况做错了，还受人乱恭维！看不清事情的是非，一味喜欢恭维附和是糊涂，认不明道理的所在，只是阿谀巴结是卑鄙。在上的糊涂，在下的卑鄙，这样的政府是不会得民心的，长此不改，必然亡国。"

子思想了又想，忍不住，直对卫侯说："你的国家有危险了！"卫侯问："为什么？"

子思老实不客气，说出一番话："道理很明白，你说出话自以为是，群臣左右没有人敢说错，文武大臣也自以为是，老百

姓没人敢说错，你们都自以为是不错，底下人又恭维你们不错，说好捧场，顺而有福，喝倒彩，逆而有祸，如此这般，怎样能做出好事？做不出好事的政府，怎么不危险！"卫侯听了大不高兴。过了几天，子思只好凄凄惶惶，卷起铺盖，离开了卫国。

## 二、桓灵和晋武帝

公元282年正月，晋武帝亲自举行了祭天大典，好容易把一切礼节都合合式式表演完了，满腔得意，叹一口气，问在左右的大官司隶校尉刘毅说："我可以比汉朝的哪个皇帝?"刘毅答："桓帝和灵帝。"晋武帝脸都白了："何至于此?"刘毅答："桓灵二帝卖官钱入官库，你的呢？填私房。这样比来，你还不如呢。"

晋武帝碰了钉子，只好大笑："桓灵的时候，听不到这话。我有你这样的直臣，还比他二位强一点。"

## 三、拍卖行

六世纪初年，北魏有两个大官，一个是侍中卢昶，一个是侍中领左卫将军元晖，都得北魏主的宠任，都贪污放纵，人民给这两个人外号，卢昶叫饥鹰侍中，元晖叫饿虎将军，饿虎将军后来升了官，做吏部尚书，定下市价，大地方郡守绢二千匹，中下等依次对折，其余的官也各有定价。人民又给这机关一个外号——拍卖行。

——《资治通鉴》卷一四六

## 四、墨敕斜封

李唐的制度，人主的命令必须经中书省的审议，门下省的副署，然后交由尚书省执行，"不经凤阁鸾台，何名为敕？"敕令用黄纸书写，经过一定的法律程序，才发生效力。反之，只是用人主的名义发令写敕，直接交当事机关执行的，叫作墨敕斜封，虽然生效，舆论却抗议以为违法，由斜封得官的人称为斜封官，虽然得势，却无人看重，不得与于士大夫之列。

《唐会要》六十七："景龙二年（公元 708），长宁宜城定安新都金城等公主及皇后陆氏妹郕国夫人冯氏妹崇国夫人，并昭容上官氏与其母沛国夫人郑氏，尚宫柴氏，贺娄氏女夫第五英儿，陇西夫人赵氏，咸共树朋党，降墨敕斜封以授官。"

《旧唐书》卷五一《韦庶人传》："时上官昭容与其母郑氏及尚官柴氏贺娄氏，树用亲党，广纳货赂，别降墨敕斜封授官，或出臧获屠贩之类，累居荣秩。"

《新唐书》卷八十三《安乐公主传》："安乐与太平等七公主皆开府，而主府官属尤滥，皆出屠贩，纳赀售官，降墨敕斜封授之，故号斜封官。"

不到五年工夫，开元皇帝即位，刷新政治，这些斜封官依旧回去做酒店掌柜屠肆掌刀，只是死后的铭旌上落得多添一道官衔，历史上留下一点污渍。

　　　　　　　　　　　　　　　历史的镜子

## 五、官商合一

纪元前140年，大儒董仲舒提出一个严重的社会问题，给政府以警告，他指出一般官僚和贵族，平时盘踞政府高位，钱够多了，生活够舒适了，却凭借他们的势位，做买卖，做生意，和小民争利，小民怎能相比，成天成年被剥削，刮得精穷。一边荒淫无耻，一边呢，穷急愁苦。小百姓反正活着无趣，又怎能不闹事！刑罚因之日多，危机也因之日重了。

由此看来，官商合一，由来久矣！

——《资治通鉴》卷十七

## 六、报功文书

建安十七年（公元212），一个中级军官向他的统帅曹操上报功文书，照规矩纸上数目应该比实数增加十倍，以一报十，为的是夸大武功，吓住老百姓。这军官居然反常，只照实数报告，惹得曹操惊异大大夸奖了一顿。

这是一个秘密，一个尺度，历史上所有记载战功的数字，都可以用这个尺度去衡量。

——《资治通鉴》卷六十六

## 七、空谈和实践

靖康之变（公元1127），金人长驱深入，开封的大臣们，正在雍容商讨，有的主张抗战，有的主张讲和，有的主张迁都，意见纷纷，莫衷一是。大家抢着说话，谁也不能做事，弄得战的准备没有，和的准备没有，连逃的准备也没有，却又一面在敷衍作战，一面在遮遮掩掩地讲和。议论未定，金人已经渡河，开封已经被包围了。

宋人张端义《贵耳集》里有一段很沉痛的话："一时代有一时代的风度，唐虞尚德，夏尚功，商尚老，周尚亲，秦尚刑罚，汉尚才谋，东汉尚节义，魏尚辞章，晋尚清谈，周隋尚族望，唐尚制度文华，本朝尚法令议论！"

光从文字上形式上讲究，满意于纸面的空谈，靖康之变是最现实的一例。

## 八、冗兵冗吏

北宋这一个时代，就内政说，算是比较像样子的，有见识的政治家都能有充分的言论自由批评政府，指摘的题目之一是冗兵冗吏。

至道三年（公元997），有一个在政治上失势，被赶到外郡去的地方官，知扬州王禹偁写信给皇帝，指出冗兵冗吏的弊端说："过去三十年间的一切，就我所亲见的说，国初疆域，东未得江浙福建，南未得两湖两广，国家财赋收入不多，可是北伐山西，御契丹，财政不困难，兵威也强。道理在哪里？明白得很，第一，常备兵精而不多，第二，所用的大将专而不疑。其后，尽取东南诸国，山西也收复了，土地增加，收入增加，可是财政反而困难，兵威反而不振，道理在哪里？也明白得很，第一，常备兵多而不精，第二，所用的大将也多而不专。如今的办法，要国富兵强，只有学以前的办法，采用精兵主义，委任好将官，用全国的财力，培养数目不大的精兵，国富兵强自然不成问题。"

接着他举出冗官的实例，他说："我是山东济上人，记得未中进士时，地方只有刺史一人，司户一人，十年以来，政府不曾添过人，地方上也没有什么事办不了。以后又添了一个团练推官。到我中进士回乡时，除了刺史，又有通判，有副使，有判官，有监库，有司理，管卖酒收税的又有四个官，衙门天天增加，官的数目自然也多，可是算算地方收入，比过去反而减少，逃亡的人民呢，反而比过去增多。一州如此，全国可知，冗吏在上消耗，冗兵在下消耗，两头吃国家，国家如何能不穷！"

五十年后，户部副使包拯也告诉皇帝说："五十年前文武官的总数九千七百八十五员，现在是一万七千三百余员，这数目不包括未管差遣京官使臣和候补官在内。比五十年前增加了一倍。全国州郡三百二十，县一千二百五十，平均算来，照定额不过五六千个官就够办事，如今的数目恰好多了三倍。而且三年一开贡举，每次考取二千多人，再加上中央机关的小吏，加上大官的儿孙荫序，再加上出钱买官的，总共算来，逐年增加的新官又不止三倍！做官的一天天增多，种田的一天天减少，国家如何能不穷，民力如何能不竭！"

在承平时代，有如此公开的指摘，过了九百年，到了我们的时代，有史以来国难最严重的时代，我们读了这两个文件，有点惘然！

——《资治通鉴长编》卷四十二，卷一六七

## 九、书帕

明代后期贿赂之风盛行，官官相送，讲究用新刻书，面子上送书，底子里送黄的金子，白的银子，落得好看。一时东也刻书，西也刻书，赶刻得快，便顾不得校对，错字脱简，一塌糊涂。大凡那时地方官府所刻书，序文上写着"捐奉绣梓，用广厥传"的，例如弘治时温州知府黄淮重刻练埔《木钟集》，和州知州黄桓所刻都穆《南濠诗话》一类杂书，都是为着送大官的人情的点缀品。

明代后期书刻得不好，这是一个原因，我们现在还有许多明版书可读，这也是一个原因。

饮水思源，我们还得谢谢三百年前的那些贪官污吏。

——蒋超伯《南漘楛语》

## 十、贪污史例之一

元朝末年，官贪吏污，因为蒙古、色目人浑浑噩噩，根本不懂"廉耻"是什么意思。这一阶级向人讨钱都有名目，到任下属参见要"拜见钱"，无事白要叫"撒花钱"，逢节有"追节钱"，做生日要"生日钱"，管事而要叫"常例钱"，送往迎来有"人情钱"，差役提人要"赍发钱"，上衙门打官司要"公事钱"。做官的赚得钱多叫"得手"，分到好地方任职叫"好地"，补得要缺叫"好窠"。至于忠于国家，忠于人民，则一概"晓勿得！"

刘继庄说："这情形，明朝初年我知道不清楚，至于明末，我所耳闻目见的，又有哪一个官不如此！"

——刘献廷：《广阳杂记》卷三

## 十一、贪污史例之二

明代中期，离现在四百多年前，一个退休的显官何良俊，住在南京，告诉我们一个故事：

南京也照北京的样子，设有六部五府等机关，原来各有职掌，和百姓并不相干。这些官家里需用的货色，随时由家奴到铺子买用，名为和买。我初住南京的头几年，还是如此，不过五六年光景，情形渐渐不妙，各衙门里并无事权的闲官，也用官府的印票，叫皂隶去和买了，只给一半价钱，例如值银两钱的扇子只给一钱，其他可以类推。闹得一些铺户叫苦连天。至于有权有势的御史，气焰熏天，更是可怕。例如某御史叫买一斤糖食，照价和买只要五六分银子，承买的皂吏却乘机敲诈了五六两银子，他在票面上写明本官应用，要铺户到本衙交纳，第一个来交纳的，故意嫌其不好，押下打了十板，再照顾第二家，第二家一算，反正来差要钱，门上大爷又要钱，书办老爷还是要钱，稍有不到，还得挨十下板子，不如干脆拼上两三钱银子，消灾免祸，皂隶顺次到第三、四家一样对付，谁敢不应承，于是心满意足，发了一笔小财，够一年半载花销了。

南京某家买到一段做正梁的木料叫柏桐，很是名贵，巡城御史正想制一个书桌，听说有好材料，动了心，派人去要，这家舍不得，连夜竖了柱，把梁安上，以为没有事了。不料巡城御史更强，一得消息，立刻派皂隶夫役，一句话不说，推翻柱子，抬起大梁，扬长而去。

——何良俊：《四友斋丛说》

## 十二、贪污史例之三

明末的理学家刘宗周先生指出这时代的吏治情形说：

如今吏治贪污，例如催钱粮要火耗（零星交纳的几分几钱银子，镕铸成锭才解京，镕铸的亏蚀叫火耗，地方不肯担负这损失，照例由纳粮的人民吃亏，额外多交一两成，积少成多，地方官就用这款子来肥家），打官司要罚款，都算本分的常例，不算外水了。新办法是政府行一政策，这政策就成敲诈的借口，地方出一新事，这一新事又成剥削的机会，大体上是官得一成，办事的胥吏得九成，人民出十成，政府实得一成，政府愈穷，人民愈苦，官吏愈富，以此人民恨官吏如强寇，如仇敌，突然有变，能献城就献城，能造反便造反，当机立断，毫不踌躇。

举县官作例吧，上官有知府，有巡道，有布政使，有巡抚，有巡按，还有过客，有乡绅，更有京中的权要，一层层须得应付，敷衍，面面都到。此外钻肥缺，钻升官，更得格外使钱，当然也得养家，也得置产业，他们不吃人民吃什么？又如巡按御史吧，饶是正直自好的，你还未到任，地方大小官员早已凑好一份足够你吃几代的财宝，安安稳稳替你送到家里了。多一官百姓多受一番罪，多派一次巡按，百姓又多受一番罪，层层敲诈，层层剥削，人民怎能不造反？怎能不拼命？

——刘宗周:《刘子文编》卷四，《敬修职掌故》